ÇÖZÜMDEN ÇATIŞMAYA KÜRT MESELESİ

(2012-2016)

Dr. Mehmet YANMIŞ & Murat HANİLİ

ÇÖZÜMDEN ÇATIŞMAYA KÜRT MESELESİ

(2012-2016)

Dr. Mehmet YANMIŞ
&
Murat HANİLİ

Yazarı (Author): Dr. Mehmet YANMIŞ & Murat HANİLİ
(Turkish Researcher & Academician & Author)
Sayfa Düzenleme & Grafik Tasarım: e-KiTAP PROJESİ

Kapak Tasarımı: © E-Kitap Projesi
Editorial: Murat UKRAY

Yayıncı (Publisher): http://www.ekitaprojesi.com
Baskı ve Cilt (Print Publisher): www.lulu.com
Yayıncı Sertifika Numarası (Publisher Certificate Number): 32712
Istanbul, Kasım (November), 2016
ISBN: 978-1-365-50951-3

Yazar E-Posta (e-mail) Adresi:
m.yanmis@hotmail.com

Cevap ve yorumlarınız için:
{For reply and your Comments}
www.ekitaprojesi.com/books/cozumden-catismaya-kurt-meselesi-2012-2016
www.facebook.com/EKitapProjesi

ÖNSÖZ

Suriye'de 2011 yılından beri devam eden iç savaş ve bölgeden oraya savaşmaya giden-cenazesi geri gelen Kürt gençler birçok ailede PKK'ye yeni katılımları tetiklemiştir. Bu süreçte Türkiye'de devam eden barış görüşmeleri sebebiyle örgüte katılan gençler bir iç tehdit olarak algılanmazken 2015 çatışma sürecinin başlamasıyla "dağa çıkışlar" devlet için baş ağrıtıcı hale geldi.

Rojava'da Kürtlerin PKK destekli PYD öncülüğünde bir özerk bölge oluşturma isteğinin Türkiye'nin "Suriye'nin toprak bütünlüğünün korunması" politikasıyla çatışması ve iç politikada ortaya çıkan yeni şartlar barış görüşmelerini durma noktasına getirdi. Dahası, Haziran 2015 sonrasında fiili bir çatışma sürecine girilmiş, PKK'nin gençlik yapılanması şeklinde şehirlerde kurulan YDG-H (sonradan YPS) üyeleri bazı mahallelerde hendekler kazıp, barikatlar oluşturarak güvenlik güçleriyle çatışmaya başlamıştır. Kürt ulusalcı çevrelerce "halkın özsavunması" şeklinde tanıtılan bu strateji bölgede dokuz aya yakın bir sürede değişik ilçe ve illerde, 400'ün üzerinde güvenlik görevlisinin şehit olmasına, bir o dakar da sivil vatandaşın ölmesine, 350.000'den fazla insanın göç etmesine veya evlerini uzun süre terk etmelerine ve çok sayıda örgüt üyesinin ölmesine neden olmuştur. Bunun yanında uzun süreli sokağa çıkma yasakları, PKK'nin boykotları ve çatışmalar sebebiyle bölgede yer yer sosyo-ekonomik hayat durma noktasına geldi.

Bölgede yaşanan değişimi "yerinde" takip eden araştırmacılar son çatışmalarla beraber hem akademik hem de vicdani sorumluluk gereği bu araştırmanın yapılmasına karar verdiler. Çalışma, öncelikle Kürt toplumunun Haziran 2015 sonrasındaki süreçte, hendek-barikat stratejisi, devletin operasyonları ve sokağa çıkma yasaklarıyla ilgili algısını tespit etmeyi amaçlar. İkinci olarak yaşanan hadiselerin bölgeye ekonomik yansımaları belirlenmek istendi. Maalesef sosyo-ekonomik konularda kamu ve özel kuruluşların sistematik rapor hazırlama yetersizliği veya bunları kamuoyuna ve araştırmacılara sunma konusundaki isteksizlikleri gibi sebeplerle elde çok nitelikli veriler yoktur. Araştırmanın hazırlandığı tarihlerdeki verilere ulaşılmaya çalışılmış ve bunlar olabildiğince değerlendirildi.

Bu çalışmanın giriş, metodoloji ve ikinci bölümünü oluşturan saha çalışması 2016 Mart ayında ABD merkezli araştırma enstitüsü Rethink Institute tarafından, "Resurgence of the Kurdish Conflict in Turkey: How Kurds View It" ismiyle yayınlandı. Birinci bölüm sonradan çalışmaya dâhil edilmiştir. Ayrıca ikinci bölümde yer alan "Gerçek Kesit" isimli kısımlar da sonraki araştırmalarla metne eklendi.

Mülakat yapılan örneklem grubu seçilirken Hakkâri, Şırnak, Mardin, Diyarbakır ve Şanlıurfa illerindeki siyasal tablo gözönünde bulunduruldu. Araştırma sıcak bölgedeki "kamuoyu algısını" tarafsız bir şekilde resmetmeyi hedeflemektedir.

Murat HANİLİ - Mehmet YANMIŞ
2016 / DİYARBAKIR

YAZARLAR HAKKINDA

Dr. Mehmet YANMIŞ- Aslen Trabzonlu olup 1980 Samsun doğumludur. 2015 yılında Bursa Uludağ Ünv. SBE Din Sosyolojisi alanında doktorasını tamamladı. 2004-2010 yılları arasında MEB'na bağlı değişik okullarda öğretmenlik yaptı. Sonrasında 6 yıl (2010-16) Dicle Üniversitesi'nde Araştırma Görevlisi olarak çalıştı. 2013-14 yıllarında ABD'de bir yıl süreyle alanıyla ilgili çalışmalar yaptı.

Daha çok yakın dönem Kürt toplumunda dini ve toplumsal değişim, kimlik, dini gruplaşma, fundamentalizm-İslamofobi konuları üzerine çalışmaları vardır. Bazı yayınları: Diyarbakır Halkının Geleneksel ve Dini Değerlerdeki Değişime Yaklaşımı Üzerine Sosyolojik Bir İnceleme (1990-2013). Bursa: Uludağ Ünv. SBE. Yayınlanmamış Doktora Tezi (2015); 1980 Sonrası Diyarbakır Kent Kimliğinin Değişimi (Sosyal, Siyasal, Dini). *Kent Çalışmaları II.* ed. M. Karakuyu & A. Keçeli & Ş. Çelikoğlu, Ank. Pegem, (2015); Fundamentalizm Korkusunun Müslüman Toplumlara Etkileri. *Günümüz İslam Toplumları ve Problemleri.* İst. Ati Yay. (2015); Yanmış, M. (2016). Modern Kürt Toplumunda Dini Gruplaşma, *Kürdoloji 1,* ed. H. Karacan, Ank. Yargı Yay. 2016.

***

Murat HANİLİ- 1975 Diyarbakır Hani'de doğdu. İlk ve ortaokulu Eskişehir ve Ordu'da, lise öğrenimini de Gaziantep'te tamamlamıştır. Yükseköğrenimini Malatya İnönü Üniversitesi İİBF'nde ve yükseklisans'ını Dicle Üniversitesi SBE'nde yaptı. Bölgenin değişik illerinde 15 yıllık özel sektör pazarlama, satış ve finans yöneticiliği deneyimi var. Bu sürede değişik kurumlardan çok sayıda başarı ödülü kazanmıştır. Halen özel bir finans kuruluşunda üst düzey yönetici olarak çalışmaktadır..

İÇİNDEKİLER

İKİNCİ BÖLÜM

ARAŞTIRMANIN BULGULARI

TABLOLAR VE GRAFİKLER LİSTESİ

GİRİŞ

Kürt meselesi Cumhuriyet'in kuruluşundan beri Türkiye için öncelikli konulardan birisi oldu. Gerek bölgedeki ulus-devlet anlayışının inşa çalışmaları, gerek güvenliğin sağlanması gerekse sosyo-ekonomik kalkınma sorunları hükümetlerin herdaim gündemini meşgul etmiştir.

Osmanlı'nın 1800'lerden sonra başlattığı merkezileşme politikalarıyla görünür olmaya başlayan Kürt sorunu, İttihat-Terakki'nin erken ulus-inşa çalışmalarıyla etno-politik bir boyut kazanmıştır. 1923'te Cumhuriyet'in ilanı, Kürtlerle Türkler arasındaki mühim bağlardan biri olan Halifeliğin ilgası ve devrim politikalarıyla ülkenin Doğu ve Güneydoğu'sundaki Kürtler değişik sebeplerle isyan çıkardılar. Koçgiri (1921), Şeyh Said (1925), Ağrı (1926-1930), Oramar (1930) ve Dersim (1937) Cumhuriyet'in ilk yıllarında çıkan önemli isyanlardır. 1940-1970 yılları arasında burada belirtilen isyanların dışında ses getiren isyanlar yaşanmamış olsa da bölgede Kürt kimliğine yönelik baskılar sebebiyle bir memnuniyetsizliğin varlığı bilinmektedir. 70'li yıllarda bölgede artan çete eylemleri sebebiyle başlatılan Komando Harekâtları bu memnuniyetsizliği daha da artırmıştır.

50'lerden sonra, Ortadoğu'da sosyalizm, diğer gruplar için olduğu gibi Kürt gençler için de en önemli toplanma noktası ve motivasyon kaynaklarından biri oldu (Bozarslan, 2015). Türk soluyla yaşanan sorunlar ve 70'lerdeki son baskılar Kürtleri kendi gruplarını kurmaya sevk etti. PKK'nin kurulması ve 80'lerden sonra çatışmaların başlamasıyla Türkiye'deki Kürtler açısından oldukça sıkıntılı bir sürece girildi. Bu tarihlerden sonra devlet bu sorunu sıkı güvenlik politikalarıyla çözmeye çalıştı. Rutin dışına çıkıldığında da barış görüşmeleriyle değişik çıkış yolları arandı. Dolayısıyla, barış süreçlerinin daha çok istisnai durumlar olduğu söylenebilir. 70'li yıllarda Demirel kısa bir süre, 80'lerde Özal, 90'larda yine çok kısa bir süre Çiller ve 2000'li yıllardan sonra Erdoğan, Kürt sorununun barış yoluyla çözülebileceğini belirttiler ve bu konuda bazı adımlar da attılar. Ancak Özal'ın erken ölümü, Demirel ve Çiller'in güvenlikçi politika savunucuları karşısında yenik düşmeleri ve son olarak 7 Haziran akabinde AK Parti'nin çözüm sürecini buzdolabına koyması barışı geciktirdi.

PKK açısından bakıldığında, en başta siyasi yol yerine silahlı çözümü benimsemesi, Kürtlerin temel haklarından ziyade sosyalist bir yönetilebilir alan talep etmesi, zor felsefesini barışta-savaşta Kürt toplumunu kendi yanına çekmek için kullanması ve demokrasiye imkân tanımaması barışın önündeki engellerdir.[1] Dolayısıyla devlet ve PKK bir sonraki barış masasına eli daha güçlü şekilde oturmak için belirli aralıklarla çatışmaya ve yığınaklar yapmaya devam etmiştir/etmektedir. Son 40 yılın bilançosu kısaca özetlenirse, onbinlerce insan ölmüş, sakatlanmış, aileler parçalanmış, yüzlerce ilçe, köy ve mezra boşalmış veya yakılmıştır.[2]

Kürt sorunu üzerine çalışan uzmanların sıklıkla vurguladığı bazı noktaları burada da kısaca belirtmek gerekir. Öncelikle, Türkiye'deki Kürt, gayri Müslim ve Alevi sorunu önemli ölçüde ulus-devletleşmeyle başlamış ve bunun revize edilmesiyle aşılabilir. Devletin vatandaş için belirlediği kimlik Sunni/Hanefilik-Türklük üzerine inşa edildiğinden "ötekilerin" hakları çoğu zaman gözardı edilebilmekte ya da sonu getirilemeyen açılımlara kurban edilmektedir.[3] Bununla bağlantılı ikinci nokta, devletin Kürt

---

[1] PKK'nin düşünsel ve eylemsel yapısı konusunda bkz. (Marcus, 2007; McDowall, 2005; Çiçek, Ulus, Din, Sınıf: Türkiye'de Kürt Mutabakatının İnşası, 2015).
[2] Geniş bilgi için bkz. (Erder, 2007; Kalkınma Merkezi, 2010; MAZLUMDER, 2004; TBMM, 1997; TESEV, 2006; Yükseker, 2008/a; Yükseker, 2008/b; Erkan & Bağlı, 2005; Göç-Der, 2001; HÜNEE, 2006; Kaya, 2009; Keser, 2011/a).
[3] Türkiye'de ulus-devletleşme süreci konusunda bkz. (Lewis, 1969; Karpat, 2004; Mardin, 2007). Bu süreçte kurumların nasıl bir işlev gördüğü konusunda bkz. (Gözaydın, 2009; Kaplan, 2009; Çağlayan, 2014).

sorununun etno-politik boyutlarını kabul etmek istememesidir. Bunun yerine dikkatleri sürekli başka yönlere çekmektedir. Yeğen, bunları 5 maddede özetlemektedir; 1- Bölgesel geri kalmışlık sorunu, 2- Yerel otoritelerin kişisel çıkarları için halkı kışkırtması, 3- Ecnebilerin ülke bütünlüğünü bozma girişimi, 4, Eşkiyalık, 5- İrtica. Bu söylemler Kürt sorunu her gündeme geldiğinde farklı şekillerde devreye sokularak konunun özünü oluşturan etnik ve politik yanlarının konuşulmasının önü kesilmekte ve Türk kamuoyu farklı noktalara odaklanmaktadır (Yeğen, 2003).

Devletin kuruluş paradigmasının Kürt sorununu çözmekte yetersiz kaldığı açıktır. Bu sebeple geçmişte sol cenah ve İslamcı çevreler "Kürt sorununu ancak biz çözeriz" şeklideki bir mantıkla hareket etmekle birlikte Türk solunun uluslaştığı ve öncü parti CHP'nin bu konuda Kemalist hassasiyetlere takıldığı görülmektedir. İslamcı AK Parti'nin de uzun bir süre Kürtlerin kültürel taleplerine olumlu yaklaşıp barış görüşmeleri yaptıktan sonra Kobani'de yaşanan hadiseler ve sonrasındaki süreçte barış masasının devrilmesiyle tekrar güvenlikçi politikalara döndüğü görülmektedir.

Kürt ulusalcı çevreler açısından bugünkü sürece nasıl gelindiğini anlamak için zor kullanmanın rolü ve özyönetim birimlerinin kurulması çalışmalarının tarihi-felsefi temellerinin açıklanması gereklidir. Zira 2015'te şehirlerde hendeklerin kazılması, barikatların yapılması ve özyönetim birimlerinin kurulması bir anda ortaya çıkmış olgular değildir. İlk olarak, Kürt ulusalcı hareket ve onun lideri Öcalan, sosyalist Kürt devrimini silahla ve zor'la gerçekleştirmeyi hedeflemektedir. Bilindiği üzere PKK, kurulduğu süreçte Marksist felsefenin en kritik ajandalarını rehber alarak yola çıkmıştır. Bunlardan biri "Zorun Rolü Stratejisidir". PKK'nin Zorun Rolü yaklaşımının veya benzer nitelikte Dünya'daki diğer örgütlenmelerin uyguladığı zorun rolü mantığının temelinde Engels'in perspektifleri yatmaktadır. Buna göre "zor" kavramını teorik olarak iki ana kategoride tasnif etmek mümkündür. Birincisi "gerici zor", ikincisi ise "ilerici-devrimci zor"dur. Gerici zor bir devletin veya sömürgeci bir gücün/iktidarın kendi toplumuna ekonomik, siyasi veya askeri alanda uyguladığı baskı ve bu baskı neticesinde gerçekleştirdiği toplumsal dizayn olarak tanımlanabilir.

Devletin kendi halkına uyguladığı iç zor, bir çeşit otokrasi veya diktatörlüğe dönüşürken, başka ülkelere yönelik gerçekleştirilen dış zor ise sömürgeci-emperyalist bir politikayı netice verir. Marks, zor konusunda emperyal ve sömürgeci devletler ile finans-kapital ekseninde şekillenen veya alt-yapıyı elinde bulunduran sınıfa karşı uygulanabilecek tek yöntemin "karşı zor" olduğunu ifade etmektedir. Buna "ilerici veya devrimci zor" da denebilir (Öcalan, 1982).

Öcalan, zor teorisini iki yönlü ele almaktadır. Devletin Kürtlere yönelik uyguladığını söylediği iç zoru, yani baskı, sindirme veya silah zoruyla tahkim etme durumunu eleştirirken, bunu çok uzun bir periyotta ele almaktadır. Özellikle Osmanlı'nın bölgeye yerleşmeye çalışmasını dış zor olarak gören Öcalan ve örgüt literatürü, bölgenin fethedilmesi sonrası bu durumun iç zor olarak devam ettirildiğini sürekli vurgulamaktadırlar. Cumhuriyet sonrası zorun rolü tanımlanırken, Kürtlerin maruz kaldığı baskı ve şiddet politikaları üzerinden yola çıkılmakta, bunların yanı sıra bölgenin ekonomik olarak iç-sömürge haline getirildiği vurgulanmaktadır. Ona göre, siyasi zorla beraber ekonomik zor uygulamaları da her dönemin devlet politikası olarak öne çıkmıştır. Bu durumda, "Devletin on yıllardır sürdürdüğü bu zor politikasına karşı ne yapılabilir?" sorusu akla gelmektedir. Özellikle 90 öncesi dönemde bu soru Öcalan'ın cevap aradığı en temel hususlardan biri olmuştur. Devletin asimilasyon ve zor politikalarıyla halkı sindirmesi karşısında aynı silahla devletin vurulmasının tek seçenek olduğunu ifade eden Öcalan, bunun için Engels'in yaklaşımıyla "devrimci zoru" veya "karşı zor yönteminin" hayata geçirilmesinin şart olduğunu öne sürmüştür (Öcalan, 1982). 1980'lerin başlarında Öcalan'ın yanında sosyalizm teorilerine hâkim olan ve bu alanda söz söyleyebilecek altyapısı bulunan çekirdek kadrolar için zor teorisi, gecikmeksizin alanda uygulanması ve devletin zor politikalarını etkisiz hale getirmesi gereken başlıca konulardan birisiydi.

PKK, zor teorisini hayata geçirirken teorideki devrimci zor kavramını, şiddet üzerinden sosyal mühendislik politikası haline getirmeye başlamış, özellikle kır eksenli savaş stratejisini temel yöntem olarak belirlenmesiyle, kırsalda yaşayan insanlar zorun rolüyle tanışmışlardır. Örgüt, devrimci zoru hayata geçirebilmek için öncelikle alanda bunu uygulayabilecek bir halk dinamiğine ihtiyaç duymuştur. Ancak bölge halkının bu tarz eylemsel pratiğinin olmaması, o döneme kadar devletin baskı aygıtlarının farklı bir zorun rolü olarak ağırlığını hissettirmesi, Öcalan'ın halkı zorun rolü üzerinden kendi örgütsel dinamiğine kanalize ederek gerçek devrimci zorun yapılabileceği düşüncesine itti. Neticede 84 ile 90 yılları arasında PKK bir yandan asker ve polisle çatışırken diğer yandan Kürtleri güç ve şiddet üzerinden konsolide etmeye çalıştı. Kürtler, özellikle 1987-88 yıllarına kadar bu baskıdan büyük rahatsızlık duyarken, zorun rolünün tek taraflı olmadığı görülmeye başlandı. Yani halk bir taraftan örgüt zoru ve şiddetiyle diğer taraftan da devlet zoruyla preslendi. Bu durum karşısında halk zamanla örgüte doğru kanalize olurken, örgüt zorun rolü yaklaşımını 1990 yılında gerçekleştirdiği 4. Kongre'de ciddi şekilde ele aldı. Burada halka yönelik uygulanan zor yaklaşımının örgüte verdiği zararlar masaya yatırıldı.

Kürt ulusalcılar 1990 sonrasında zorun rolü stratejisini daha lokal alanlarda uygulayarak farklı bir aşamaya geçmiştir. Bu yaklaşımı daha ziyade kendisine karşı alanda karşı propaganda yapan ve savaşan belirli bölgelere ve özellikle koruculara yöneltmeye başlamıştır. Zorun rolünün lokalize olması ile birlikte, teorideki devrimci zor mantığı üzerinden polis, asker veya devleti temsil eden unsurları daha fazla baskı altına almaya, eylemlerle karşı zor harekatını yürütmeye çalışmıştır. Bu süreçte örgütün stratejisini değiştirmesi buna karşın devletin bölgedeki yaklaşımının stabil kalmasıyla, halkın aşama aşama örgüte doğru kanalize olduğu görülür. Örgüt 1990'ların başlarından itibaren Marksist retorikten uzaklaşmaya başlamış, pratikte zamana ve koşullara göre Marksist-Leninist stratejileri revize etmiştir.

1999'da Öcalan'ın yakalanması sonrası örgüt zorun rolü yaklaşımını geçmişe göre çok daha sofistike söylemler üzerinden yürütmeye başlamıştır. Yeni dönemde temel yaklaşım "özsavunma" söylemi üzerine inşa edilmiştir. Her canlının kendini savunmak zorunda olduğu gerçekliğini toplumsal bir gerçeklik olarak öne süren Öcalan, bu yaklaşım üzerinden Kürtlerin devlet(ler) tarafından baskı altına alındığını ve bu baskıya karşı halkın "özsavunmasını" yapmak zorunda olduğunu belirtir. Ona göre, öz savunma vazgeçilemezdir, doğuştan gelen bir haktır ve toplumun hızla her kademede bu doğrultuda örgütlenmesi gerekir (Öcalan, 1982). Bu dönemde zorun rolü doğrudan kabul edilen veya dile getirilen bir yöntem olmaktan ziyade, örgütün halkı "öz-savunma" perspektifi doğrultusunda tahkim etmek amacıyla uyguladığı baskının özündeki felsefe olarak tasvir edilebilir. Örgüt 2012 yılında geliştirdiği yeni perspektifle bu "özsavunma" konseptinin "kıra dayalı şehir gerillacılığı" olduğunu belirtmiştir (Arkadaş, 2012).

Geldiğimiz noktada ise zorun rolü geçmişte kalmış ve daha ziyade Soğuk Savaş döneminin bir kavramı olarak algılanmaktadır. Ancak örgüt bugün bölgede fiili veya psikolojik alan hakimiyetini elinde tutabilmek için sofistike bir zor politikasını sürdürmektedir. Ayrıca zorun rolü tek yönlü düşünülmemesi gereken geniş bir baskı aracı olarak da ele alınmalıdır. Althusser, devletin ve gücü elinde bulunduran elitlerin baskı ve ideolojik olmak üzere iki aygıtı kullandıklarını belirtmiştir (Althusser, 2010). Öcalan, 2005 yılında KCK Sözleşmesi'nde de Ortadoğu'daki mevcut iktidarcı-devletçi toplum sistemlerini yıkmayı hedeflediklerini yinelemiştir.[4] Bu noktada bir taraftan örgüt kendi baskı aygıtını devletin baskı aygıtlarına karşı konumlandırırken diğer taraftan Eğitim Destek Evleri-Halkevleri, Kültür Merkezleri ve çeşitli komünlerle kendi ideolojik aygıtlarını inşa etmeye çalışmaktadır (AÖSBA, 2014). Her ne kadar Sözleşme'de KCK'nin bir devlet yapılanması olmadığı ifade edilse de özyönetim birimlerinin kurulması ve burada zikredilen stratejiler devlete paralel bir yapılanmayı akla getirmektedir. Öcalan burada demokratik konfederalizmin zora ve şiddete başvurulmadan barışla kurulacağını ancak halka, özgürlüklere ve hukuka karşı yapılacak saldırılar karşısında meşru savunma durumunda olunacağını belirtmiştir.[5]

---

[4] Tam metin için bkz. (rojbas3.wordpress.com/kck-sozlesmesi/, 2015).
[5] Çiçek, hem siyasi kanat hem de Kürt ulusalcı bazı kanaat önderleriyle yaptığı görüşmelerde KCK'de belirtilen özyönetim birimlerinin federasyon, özerklik veya yerel yönetimlerin güçlendirilmesi gibi farklı sistemler içerisinde değirlendirildiğini tespit etmiştir. Özetle, örgütün bu konuda somut bir modeli görülmemektedir (Çiçek, Ulus, Din, Sınıf: Türkiye'de Kürt Mutabakatının İnşası, 2015).

Aralık 2015'te toplanan son DTK kongresinde hareketin en üst düzeyde temsilcilerinin de açıkça belirttiği üzere Kürt ulusalcı hareket nihai olarak demokratik özerklik talep ederek kendine siyasi olarak "yönetilebilir" bir alan açmak istemektedir. Bu yönetilebilir alanlar da hâlihazırda "halkın demokratik haklarını kullanarak özyönetim ilan ettiği sokak, mahalle, ilçe ve şehirlerdir". Bu kongre, Haziran 2015'ten sonra Türkiye kamuoyunda sıklıkla dile getirilen "hendek ve barikatları" Kürt halkının askeri, adli ve siyasi operasyonlara tepki göstermesi, "haklı ve meşru" demokratik hakkını kullanarak özyönetimlerini ilan etmesi şeklinde kabul etmiştir. Devletin "kamu düzenini" sağlamak için yaptığı askeri operasyonların ise "ağır saldırılar" olduğu belirtilmiştir.[6]

Zorun rolü, özyönetimlerin ilanı ve özsavunma stratejileri bir bütünün parçalarıdır. Diyarbakır Suriçi'nde Kasım 2015 tarihinde silahlı YDG-H üyeleriyle yapılan görüşmelerde bunları okumak mümkün olmuştur. YDG-H üyeleri önce barikat ve hendeklerin halkın desteğiyle yapıldığını ve kendilerine halktan tepki gelmediğini belirtmişlerdir. Ancak bazı mahalle sakinlerinin tepkisi olduğu ve buna karşı olduklarını ifade ettiğimizde, halkın her zaman gerçek menfaatini bilemediğini ve kısa vadeli, duygusal tepkiler verebileceklerini ifade ettiler. YDG-H'liler, hendek ve barikatların zamanla şehirlerin sosyo-ekonomik açıdan gelişmiş semtlerine de yayılacağı ve halkın buna hoş bakmamasına karşın Kürt halkının "kurtuluşunun" bu stratejilere bağlı olduğunu savunmuşlardır. Görüleceği gibi burada "zorun rolü" hâlâ belirgin bir stratejidir. Hem KCK Sözleşmesi hem de son DTK kongresinde söylem düzeyinde kuvvetli şekilde halkın demokratik tercihine vurgu yapılmasına karşın YDG-H'liler halkın kendi gerçek menfaatini belirleyemediğini ve kısa vadeli hesaplarla hendeklere yeterli desteği vermediklerini belirtmişlerdir.

PKK'nin savaşı şehirlere çekme stratejisi bölgede uzun bir aradan sonra yeniden silahların konuşmasına yol açmıştır. Haziran 2015 sonrası süreçte kırsal alanda başlayan çatışmaların aşama aşama şehir merkezlerine kayması ve şiddetlenmesi, yaşanan insan kayıpları,

---

[6] Kongrenin sonuç metni için bkz. (imctv.com.tr, 2015).

sivil halkın ciddi şekilde mağdur olması ve iki taraf adına konuşan siyasilerin de "kendi hedef kitlesine konuşması" barış beklentilerini zayıflatmaktadır. Bu süreçte devlet askeri operasyonlarla hendekleri kapatmaya çalışmıştır. Ancak özellikle sivil ölümler, sokağa çıkma yasakları ve tarihi-kültürel mirasın tahrip olması toplumda endişe yaratmıştır. Belirtmek gerekir ki, terörün sadece güvenlikçi politikalarla çözümü gerçekçi bulunmamaktadır. Diğer taraftan isyancı grupların amaçlarına ulaşması da aynı oranda mümkün görülmemektedir. Bu konuda Türkiye'de de çok ses getiren 2008 tarihli RAND[7] raporunun verilerine tekrar bakmak faydalı olacaktır.

"Terör nasıl sonlandırılır?" sorusundan yola çıkan uzmanlar, 1968-2006 yılları arasında Dünya'da faal olan değişik din, millet ve coğrafyalardan şiddete başvuran 648 grup üzerinde yaptıkları analizlerde en etkili yöntemin şiddet yanlısı grupların siyasal alana çekilmesi olduğunu tespit etmişlerdir. İncelemeye alınan gruplardan %40'ının yasal politik zemine çekilerek terör eylemlerini sonlandırdıkları, %43'ünün yerel polisin, istihbarat çalışmalarının ve grup liderlerinin öldürülmesi sonucu eylemlerini sonlandırdıkları ve ancak çok az bir kısmının askeri yollarla bitirildiği görülmektedir (Jones & Libicki, 2008). Bu çalışma, terör örgütlerinin bitirilmesi konusunda şu önerileri sunmaktadır; 1- Güçlü bir yerel polis ve istihbarat sisteminin kurulması. İstihbarat verilerinin ve ilgili diğer verilerin iyi analiz edilmesi. 2- Dini, siyasi, geleneksel anahtar roldeki kişilerin kazanılması. 3- Terörle mücadelede "kavramsal konseptin" iyi belirlenmesi. Terör gruplarının ve liderlerinin isimlendirilmesi, bunlarla ilgili haberlerin yayınlanmasında yanlış kullanılacak ifadeler terörle mücadelede yerli halkın desteğinin kaybedilmesine yol açabilir. 4- Grupların mali-insani kaynaklarının hukuk içerisinde daraltılması ve iletişim, propaganda aygıtlarını çökertmek buna karşın halkı kazanmak için güçlü bir bilgi ağı oluşturmak. 5- Son olarak askeri güçlerin de gerekli olabileceği unutulmamalıdır. Bunların lokal alanı bilmeleri operasyonu daha başarılı kılar.

Terör uzmanları, teröre karşı askeri yönetemlerin hem sonu gelmez operasyonlara (Irak-Afganista), ekonomik yıkımlara ve bütün

---

[7] ABD merkezli araştırma merkezi.

olarak da başarısızlığa mahkûm olduğunu hem de iç politikada özgürlük, demokrasi gibi temel değerlerin baskı altına alınmasına neden olduğunu belirtmektedirler (Jenkins, 2009). Ayrı bir raporda ise, terör gruplarına karşı askeri operasyonların caydırıcı olmadığı ve bu şekilde sağlıklı bir gelecek inşa etmenin ABD gibi güçlü bir ülke ölçeğinde dahi sağlam bir dayanağının olmadığı görülmektedir (Cragin & Gerwehr, 2005). Bensahel, terörle mücadelede bütünlüğün önemine dikkat çekmekte ve istihbarat, finans, hukuk, yeniden yapılanma, askeri önlemlerin birlikte ele alınması durumunda ancak başarı sağlanacağını vurgulamaktadır. Başka bir açıdan bakılırsa, örgütler çoğu zaman tek bir merkezden yönetilme avantajıyla güçleri ölçüsünde bu bütünlüğü korumaya çalışırken devletler bazen salt askeri çözümlere odaklanıp bütünlüğü kaçırabilmektedir (Bensahel, 2006).

Jones & Libicki (2008), ABD'nin 11 Eylül sonrası El Kaide'ye karşı başlatmış olduğu "terörle savaş"ının bu örgütün yayılmasını durduramadığını ve eylemlerini sonlandırma konusunda başarı elde edemediğini vurgulamaktadırlar. Aksine grup bu süreçte daha geniş alanlara yayıldı, yeni cihatçılar kazandı ve ABD için daha tehlikeli hale geldi. CIA adına uzun yıllar Ortadoğu'da çalışmalar yürüten Fuller de, siyasilerin, "teröre sıfır tolerans", "terörle bir şey elde edilemez" ve "teröristlerle masaya oturmayacağız" gibi klasikleşmiş sözlerinin çözümün önündeki engellerden birisi olduğunu belirtir. Ona göre, terör eylemlerinin bitirilmesi için önce isyan eden gruplarının meşru gerekçeleri devletler tarafından göz önünde bulundurulmalı ve siyasi müzakerelerle çözüm yolu aranmalıdır (Fuller, 2010).

Yukarıda belirtilen çalışmalar çerçevesinde, bölgede çatışmaların şehirlere yayılmasına karşın askeri tedbirlerin ne kadar gerçekçi olup olmadığı konusunda yeniden bir değerlendirme yapma gerekliliğinin ortaya çıktığı düşünülebilir. "Teröre sıfır tolerans" sloganının kulağa hoş gelmesine karşın Dünya'daki deneyimler akıl yolunun daha sağlıklı olduğunu bize göstermektedir. Buradan çıkan diğer sonuç da, şiddeti bir hak arama aracı olarak kullanan terör gruplarının da bu yöntemle başarı kazanma şansının çok zayıf olduğudur. Demokratik kanalların nisbeten açık olduğu Türkiye gibi ülkelerde şiddetin hak aramaktan ziyade yeni haksızlıklara zemin hazırlayacağı söylenebilir.

Metodoloji ve Amaç

Kürt sorunu Türkiye'nin en önemli problemlerinden birisidir. Devletin en tepe noktalarından sokaktaki vatandaşa kadar sorunun varlığı ve büyüklüğü kabul edilmekle birlikte nasıl çözüleceğine dair sağlam bir mutabakatın olmadığı da herkesin bilgisi dâhilindedir.

Konu, tarihsel derinliği, tanımlanması, iç ve dış politikaya bakan yönleriyle çok boyutlu bir sorundur. Her ideoloji, din, anlayış çevresi bunlara farklı perspektiflerden yaklaşmakta ve bu durum çözümü geciktirmektedir. AK Parti'nin başlattığı son çözüm süreci Türklerde ve Kürtlerde çözüm umutlarını oldukça artırmasına karşın Haziran 2015'ten beri süre gelen çatışmalar umutları tekrar azaltmaya başlamıştır. Bununla birlikte yakın dönemlerde Irak'ta Kürtlerin siyasi bir statü elde etmesi, Suriye'deki Kobani savunmasının Kürt kamuoyu üzerinde yarattığı olumlu hava[8] ve HDP'nin 7 Haziran 2015 seçimlerinde elde ettiği %13'lük seçim başarısı Kürtler açısından siyasi denklemleri değiştirmeye başlamıştır. Özellikle Kobani-Şengal savunmaları, Kürtlerde kuvvetli bir milli bilinçlenme meydana getirmiş ve "Kobani Kürtlerin Çanakkalesi'dir" sözü de bu süreçten sonra Kürtlerin arasında sıklıkla duyulmaya başlanmıştır. Türklerin, Kürt meselesi etrafındaki ana görüşlerinin devam ettiği gözlenirken Kürtlerdeki bu değişimler yeni dönemde politik arenada göz önünde bulundurulması gerekir. Fuller & Barkey'in (1998) bu sürecin çok öncesinde belirttiği gibi, Kürtlerin çevre ülkelerdeki kazanımları Türkiye'nin çözüm için daha fazla bedel ödemesine neden olacak şekilde gelişmeler yaşanmış ve bugün iki yıl öncesine göre genel Kürt kamuoyunun ve Kürt ulusalcı hareketin talepleri-beklentileri artmıştır.[9]

---

[8] Yakın tarihli jeopolitik gelişmelerin Türkiye'deki Kürtler üzerine etkileri için bkz. (Çiçek, Ulus, Din, Sınıf: Türkiye'de Kürt Mutabakatının İnşası, 2015; Attar, 2008; MacDonald & O'Leary, 2007; Yanmış, 2015).
[9] KCK Sözleşmesi ve Aralık 2015'teki DTK kongrelerindeki kararlar bunu göstermektedir.

Bu çalışmada, terör ve şiddetin bölgede yaşayan Kürt halkı tarafından nasıl değerlendirildiği tespit edilmek istenmiştir. Halk bir taraftan kendisi adına eylem yaptığını söyleyen örgütü diğer taraftan da kendisini korumak için operasyon yapan devleti hangi yönlerden eleştirmekte ve desteklemektedir? Araştırmada katılımcılara yönelttiğimiz sorularımız; barış süreci nasıl bitti ve bugünkü savaş durumuna neden gelindi? PKK'nin hendek, barikat siyaseti nasıl değerlendiriliyor. Savaşın şehre yayılmasının özyönetim birimlerinin kurulmasına etkisi nedir? Devlet ve hükümetin hendekler-barikatların oluşturulduğu dönemdeki tutumu nasıl değerlendiriliyor? Operasyonlar sebebiyle ilan edilen sokağa çıkma yasakları ve çatışmalar halkı nasıl etkiliyor? 7 Haziran 2015 sonrası YDG-H'nin eylemleri toplumda nasıl karşılık buldu? Diğer taraftan Kürt halkında oluşan beklenti ve endişeleri tespit etmek için ana sorulardan ayrı dört soru sorulmuştur; Operasyonların uzaması ve sokağa çıkma yasaklarının devam etmesi nasıl bir etki yaratır? Barış süreci tekrar başlar mı, sizce nasıl başlar? Yakın dönemdeki şiddet eylemleri sizde gelecekle ilgili endişe oluşturuyor mu? 90'lara geri mi dönüyoruz endişesi taşıyor musunuz? Ekonomik veriler kısmen bankacılık sistemi ve ilgili işadamları derneklerinden alınmıştır. Yer yer bölgedeki deneyimlerden yola çıkarak değerlendirmeler yapılmıştır.

Çalışma betimsel bir araştırmadır ve veri toplama aracı mülakat tekniğidir. Bölgede yaptığımız daha önceki araştırmalardan edindiğimiz tecrübeler, ankete dayalı araştırmaların sağlıklı sonuçlar vermediği yönündedir. Özellikle çatışma dönemlerinde marjinaller dışındaki halkın tanımadıkları kimselere, gündeme ilişkin görüş belirtmek istememesi sebebiyle "tanıdıklar" üzerinden giderek mülakatlarımızı yapmaya karar verdik. Hakkâri, Silopi, Cizre, İdil, Nusaybin, Şanlıurfa, Mardin ve ağırlıklı olarak da Diyarbakır'da yüz yüze görüşmeler yapıldı. Buna ek olarak elektronik haberleşme araçlarından (e-posta, msn, whatsapp) yararlanarak açık uçlu sorularımızı görüşmecilerimize gönderdik. Araştırma yapılan yerler, sıcak çatışmaların merkezinde bulunmaları sebebiyle seçilmiştir. Şanlıurfa nispeten diğer illere göre terör-şiddet hadiselerine daha az tanıklık etmektedir. Fakat barış sürecinin bitmesinde etkili olduğu düşünülen Suruç'taki intihar eylemi ve Ceylanpınar'daki iki polisin öldürülmesi hadiseleriyle Suriye'deki çatışma bölgesine yakın olması gibi sebeplerle çalışmaya katılmıştır. 38 kişiyle yapılan mülakatlar 1-2 saat süren oturumlarda gerçekleştirilmiştir. Bu kişiler daha çok belirli çevrelerin kanaatlerini yansıtacağını düşündüğümüz ve daha önce farklı çalışmalarda da kanaatlerine başvurduğumuz lider kimselerden seçilmiştir. Ancak sadece ideolojik, dini, siyasi grupların liderleriyle yapılacak bir çalışmanın genel toplumsal kanaati tespit edemeyeceği düşünülerek mülakatları tabana yaydık. TÜİK verileri ve yapılan diğer çalışmalardan hareketle belirli bir yaş ortalaması, cinsiyet, etnik ve ideoloji-din aidiyeti ortalaması yakalamaya çalıştık. Yüz yüze ve elektronik haberleşme araçlarıyla çok sayıda vatandaşa mülakat metni ulaştırılmış, bunların 148 tanesi tamamlanmış veya geri gönderilmiştir. Bu metinlerin bazısı eksik, okunamayacak kadar kötü veya demografik bilgiler bulunmadığı için iptal edilmiştir. Sadece 136 tanesi değerlendirmeye alınmıştır. Mülakat çalışmalarındaki örneklem sınırını "doyum noktası" oluşturduğundan bu sayının yeterli olduğuna karar verilmiştir. İlk saha araştırması 2015 yılı Kasım-Aralık ayları içerisindeki gerçekleştirilmiştir. Raporun kitaplaşma sürecinde de Nisan 2016'da özellikle çatışma bölgesinde evlerini boşaltmak zorunda kalan kimselerle görüşülmüştür.

Kasım-Aralık dönemindeki araştırmada sorulara verilen cevaplar, araştırmacı tarafından herbir soru kendi içerisinde olmak üzere kategorik hale getirilmiştir. Daha sonra nitel araştırma deneyimi olan akademisyenlerce de değerlendirilen bu kategorilerin aynı sonuçları sağladığı görüldü. Sorular başlıklandırılıp gruplara ayrılarak daha görsel olması amacıyla tablolaştırılmıştır. Örneğin, barış sürecini ne bitirdi? Sorusuna halkın verdiği cevaplar tasnif edildiğinde altı noktanın öne çıktığı görülmüş ve bunlar tablolaştırılmıştır. Herbir soruda verilen yanıtların katılımcı sayısına göre yüzdesi alındı. Her bölümde görüşmeci notlarının bazıları alıntılanarak sahanın duygu ve düşünceleri metne yansıtılmaya çalışıldı. Bu alıntılarda ana düşünceyi bozmayacak şekilde noktalama ve anlam bozuklukları konusunda düzeltmeler yapıldı. Saha araştırmasında görüşmecilere tek yanıt sınırlaması konulmadığı için bir kişi herhangi bir konuda önemli gördüğü birkaç noktaya temas etmiştir. Görüşme metinleri çözümlenirken temas edilen bütün noktalar değerlendirilmeye alındığından bazı sorularda yanıtların toplamı görüşmeci sayısından fazla olmuştur. Bu sebeple yüzde hesaplaması yapılmadı. Belirtmek gerekir ki, bu metodolojik ayrımlar bazen bütün katılımcıların düşüncelerini yansıtmıyor. Ancak ham bilginin nitelikli bilgiye dönüştürülmesi süreci bir anlamda onu belirli özelliklerine göre tasnif etmekten geçtiği için bu ayrımlar yapılmaktadır.

*✳✳✳

BİRİNCİ BÖLÜM

ORTADOĞU, KÜRTLER VE TÜRKİYE

Ortadoğu'da Arap Baharı! sonrası hızlı ve büyük bir dönüşüm gerçekleşmektedir. Bu, Osmanlı İmparatorluğu'nun yıkılışından bu yana en büyük değişimdir. Kısaca Ortadoğu'nun yeniden yapılandırma sürecini yaşadığı söylenebilir. Elbette yapılandırma sürecinin mütemmim cüz'ünü petrol, doğal gaz, su ve Ortadoğu'nun jeo-stratejik konumu oluşturmaktadır.

Ortadoğu'da ABD ve Rusya öncülüğünde kartlar yeniden karılırken Kürtler ve yaşadıkları coğrafya dünden daha fazla önem kazanmıştır. Güçlü petrol yataklarına, tarıma elverişli geniş arazilere ve zengin su kaynaklarına sahip bu coğrafyada Kürtler, yeni dönemin yarattığı olanaklardan yararlanmak amacı gütmektedirler.[10] Kürtlerin genel kanaatine göre, 1923'te Lozan'da ve 1945'te Yalta'da uluslararası güçler Kürtlerin hakkını yemiş ve bunları kendi çıkarlarına kurban etmişlerdir. Yüzyıllık süreçte vatanlarının ellerinden alındığını, tarihsel haklarının yok sayıldığını, yeraltı ve yerüstü kaynaklarının sömürüldüğünü ve inkâr politikalarına maruz kaldıklarını düşünen Kürtler, 21'inci yüzyıla geçiş sürecinde herşeyi tersine çevirmeyi hayal etmektedirler. Özellikle Suriye ve Irak'da IŞİD'e karşı verdikleri mücadele Kürtlerin bölgede hesaba katılması gereken ciddi bir güç haline geldiğini akla getirmektedir. Artık daha

---

[10] Geostrateji konusunda önemli bir uzman kabul edilen Brzezinski, bu bölgenin önemine sıklıkla atıfta bulunur. Bkz. (Brzezinski, 1997).

çok Kürt, 'yeni dönemde Ortadoğu'da yükselen bir güç haline geldik' tezini savunmaktadır.

Tarihi bölünmüşlük ve parçalanmışlık hali yeni dönemde Kürtlere önemli avantajlar sunmaktadır. Rusya, Irak, İran, Türkiye ve Suriye'ye dağılı olan Kürtler, genç ve dinamik 30 milyonu aşan nüfusu ve elde ettiği önemli mevzileriyle yükselen yeni bir güç olarak Ortadoğu'da kurulan dengenin odağında yer almaktadır.

Churchill'in, "bir damla petrol, bir damla kandan daha değerlidir" sözleriyle tarifi mümkün denge veya dengesizlikler düzleminde mevcut durum şu şekilde özetlenebilir; "Dünya pazarının yüzde 22'sini kontrol eden ABD, enerji ihtiyacının yüzde 50'sini dışarıdan alıyor. AB ülkeleri ve Japonya da tamamen dışa bağımlı durumdadır. Bu nedenle ABD'nin Ortadoğu'ya müdahalesi kendi enerji ihtiyacından çok karşı güçlerin alanını daraltmaya dönüktür" (Sönmez, 2013). Bu durumda Ortadoğu'nun ABD, Rusya, İran, Çin ve AB ülkeleri arasında çekişmelerin odağını oluşturmaya devam edeceği öngörülebilir. Bütün bu çekişmeler ve çatışmaların beraberinde getirdiği alt üst oluş güzergâhında Kürtlerin, Ortadoğu'nun önemli bir öznesi olarak tarih sahnesine yeniden ve eskisinden güçlü olarak döneceği gözlenmektedir.

Ortadoğu'da zaman, son beş yılda, reel anlamda daha hızlı ilerledi. Arap Baharının tetiklediği bölge, son beş yıl içinde birçok değişikliğe sahne olmaktadır. 2016 sonrasında da önceki beş yıl gibi kanlı ve krizlerle geçeceği tahmin edilebilir. Zira I. Dünya Savaşı'ndan sonra Sykes-Picot Anlaşmasıyla gelişi güzel çizilen sınırların, ulus-devletlerin ve Baas rejimlerinin baskıları bu toplumları patlama noktasına getirmiştir. Diğer taraftan süper güçler kendi egemenlik mücadelesini vekilleri aracılığıyla teşvik etmektedir (Tan, 2016).

2012'de Irak'ta merkezi hükümet ile Kürtler arasındaki gerilim artmaya başladı. Bu süreçte Iraklı Kürtler söylem düzeyinde ilk kez bu kadar ayrılığı telaffuz eder hâle geldi. Ortadoğu'nun değişen dengelerinin sonucunda Irak'ta bağımsız bir Kürt devletinin kurulması olasılığı yükseldi. Suriye'de de son dönemde Kürtler, hem ABD'nin hem de Rusya'nın güvendiği müttefiklerden biri konumuna yükseldi ve burada da federe/özerk bir Kürt devletinin kurulması için şartlar olgunlaşmaya başladı. Elbette bu ve benzeri gelişmeler Türkiye'deki Kürtlerin algılarını önemli ölçüde etkilemektedir. Komşu ülkelerdeki Kürtlerin politik kazanımları ülke içerisindeki Kürt halkının çözümden beklentilerini yükselmektedir. Dahası Türkiye'nin dış politikadaki hamleleri de Kürtlerin devletle ilişkilerini etkilemektedir.

Türkiye'deki Kürtlerin Suriye'deki savaşa aktif olarak katılması ve çok sayıda gencin buradaki çatışmalarda ölmesi yüz yıl önce çizilen sınırların zihinsel manada geçerliliğini ortadan kaldırmaya başlamıştır. Özetle artık Ortadoğu'daki gelişmeler ve ülkenin dış politikasının iç politikayı da kuvvetli şekilde etkilediği söylenebilir. Bu sebeple 2012 sonrası süreçte Türkiye, İran, Irak ve Suriye'deki Kürt toplumunun yaşadığı bazı önemli hadiseleri burada kısaca hatırlamak önem arzetmektedir. Büyük umutlarla başlayan çözüm sürecinin nasıl hendek sürecine dönüştüğünü anlamak için bölgedeki ve ülkedeki gelişmelere bütün olarak bakmak gerekir.

İRAN KÜRTLERİ

Kürtlerin atayurdu olarak gördüğü toprakların bir kısmı İran sınırları içerisindedir. Burada ne kadar Kürt kökenli vatandaşın yaşadığı tam olarak bilinememektedir.

İran'ın uyguladığı sert politikalar sebebiyle bu ülkede Kürtlerin sayısı ve dini-siyasi faaliyetleri konusunda sağlıklı bilgilere ulaşmak zor görünmektedir. Ülkede, Fars milliyetçilerine göre 6-8 milyon, Kürt milliyetçilerine göre ise 18 milyon Kürt vatandaş yaşamaktadır. Kürt çalışmalarıyla bilinen Abbas Vali bu iki yaklaşımı da sağlıklı bulmamakta ve 10-12 milyona yakın Kürdün bu ülkede yaşadığını ileri sürmektedir. Bunların ekseriyeti de (%60-70) Şafi/Sunni İslam geleneğine diğerleri 12 İmam Şiiliğine veya Ehl-i Hak anlayışına bağlıdır (Vali, 2014).

İran Kürtleri hem Şah döneminde hem de 79 Devriminden sonra İran halkından faklı etnik ve dini yapıları sebebiyle "tehlikeli" grubu içerisinde değerlendirilmiştir. Bu sebeple devlet Kürtleri sürekli kontrol altında tutmaya çalışmıştır. Ülkede değişik tarihlerde devlet güçleriyle Kürtler arasında çatışmalar yaşanmıştır. Birçok dini ve siyasi Kürt lider bu çatışmalarda ölmüştür. Halen Kürtçe resmi dil olarak kabul edilmemektedir (McDowall, 2005). Diğer taraftan İran'da Türkiye'de olduğu gibi bir inkâr politikası hemen hiç uygulanmamıştır. Bugün ülkede "Kürdistan" ismiyle bir şehir de vardır. İran'da sistem her zaman Kürtleri otonom halk şeklinde kabul etmiştir. "Evet, İran'da Kürtler var ama onlar İranlı" anlayışı öne çıkmıştır. Anlaşılacağı üzere bu "yerli olma" durumu Kürtlerin etno-politik hakları söz konusu olduğunda "İranlılık" üst kimliği altında görünmez kılınmaya çalışılmıştır. Özetle Kürt halkı ve toplumuna karşı sert inkâr politikaları güdülmedi ve bu toplum tanındı ama "Kürt kimliği" tanınmadı (Vali, 2014).

İran Kürtleri yakın geçmişe kadar büyük ölçüde KDP-İ ve Komala gibi örgütlerin çatısı altında hareket etmiştir. 90'lardan sonra PKK'ye ilgi artarken Öcalan'ın yakalanması ve bağımsız Kürdistan söylemlerinden vazgeçmesi sonrasında bu ilgi azalmıştır. Yakın dönemde KDP-İ ve PKK'nin İran Kürtleri üzerinde nüfuz elde etme mücadeleleri çatışmalara neden olmaktadır. Genel olarak son dönemlerde Irak ve Suriye Kürtlerine benzer radikal sosyo-politik değişimler yaşanmasada Kürt siyasi liderlere yapılan baskılar toplumu germektedir.

IRAK KÜRTLERİNİN BAĞIMSIZLIK İSTEĞİ

Kürtler 90 yıldır bugünkü sınırları içerisinde Irak'ta yaşamasına rağmen Iraklılık kimliği kazanamamış ve çoğunlukla kendilerini Irak devletine ait hissetmemiştir. Iraklı Kürtlerin bu duygu ve düşünce dünyasının son dönemdeki kırılmalarla Türkiyeli Kürtlerde de gelişmekte olduğunu not etmek gerekir.

Irak'ta belirsiz bir gelecek gündem maddesi olmaya devam ediyor. Irak'ta merkezi hükümetin ülkedeki muhalefeti yok etme çabası, Şii Irak hükümetini, İran'a yaklaştırdı ve bu da bölgesel güç dinamiklerini etkiledi. Bu süreçte Sünnî-Şiî, Arap-Kürt ya da Hristiyan-Müslüman ayrışması öne çıkmaya başladı. Irak Suriye'deki senaryonun tekrarına mı sahne olacak?" sorusu hâlâ günceliğini koruyor. Irak'ta yeni bir petrol savaşı çıkarsa tıpkı bir asır önceki gibi hükümetlerin, rejimlerin, sınırların değişmesine yol açabilir. Bu çatışmaların öncekilerden çok daha kanlı olmasından korkulmaktadır. Irak'ta Bölgesel Kürt Yönetimi ve Merkezi hükümet arasında devam eden gerilimin önemli nedenlerinden birisi petroldür. Ülkede olası bir iç savaş, Ortadoğu'nun tamamını etkileyebileceği gibi Irak'ı tıpkı Suriye'de olduğu gibi ABD, Rusya, Çin, İran ve AB ülkeleri arasında güç mücadelesinin merkezi hâline getirebileceği gibi derinden derine işleyen bir ayrışmayı da beraberinde getirebilir.

Irak'ta mezhep, etnik ve dini çatışmaların yanı sıra IŞİD işgali, petrol çatışması ve Irak hükümeti ile Kürtler arasındaki sorunlu bölgeler çatışmasının hâkim olduğu fotoğrafta görünen odur ki, Bağımsız Kürt devleti kavramı bugüne dek olduğundan çok daha fazla telaffuz edilecektir. Öyle görülüyor ki, Mesut Barzani, bağımsızlık adımını atmadan önce yeni gelişmeler bekliyor. Suriye'nin parçalanması veya Suriye'deki Kürtlerin federasyon adımından sonuç çıkarıp çıkaramayacağı onun açısından önemli. Bu jeopolitik savaş bazı şeyleri Irak Kürtleri lehine değiştirebilir. Ama Kürtlerin bu değişimin gerçekleşmesi için gözlerini diktiği çevre Türkiye'dir. Genel olarak bakıldığında, komşuları arasında muhtemelen bir Kürt bağımsızlığından en ziyadesiyle etkilenecek ülkenin Türkiye olacağı görülmektedir. Olası bu gelişmeler sebebiyle Türkiye'nin Kürt ayaklanmalarını geçmişte ve günümüzde en sert şekilde bastıran ülkelerden birisi olması şaşırtıcı değildir.

Bununla birlikte, 2008'den itibaren Türkiye'de hükümetlerin bu yaklaşımı tepeden tırnağa değiştirecek adımlar atmaya başladığının altını çizmek gerekir. Sünni Nakşibendi geleneğinden gelen Barzani yönetimini, Şii Irak hükümetine göre kendisine daha yakın gören Erdoğan'ın yönetimindeki Türkiye, Irak Kürtleriyle yakınlaşma politikasını hâlâ sürdürmektedir. Barzani'nin Çankaya'da bölgesel Kürt Yönetimi bayrağı ile ağırlanması ve resmi törenle karşılanması dikkate alındığında Türkiye'nin Irak'ta bir "bağımsız Kürt devletinin" kabulüne onay vermesi muhtemeldir. Bir bağımsız Kürdistan'ın Türkiye'ye karşılığında sunabileceği cazip imkânların başında Türkiye'nin çok ihtiyaç duyduğu zengin ve güvenilir petrol arzı gelir. Ayrıca zaman zaman sorun yaşanan Irak ve İran karşısında tampon bölge oluşturacak olması da önemlidir. İstikrar içinde bir müttefik olması ve dahası PKK'yi sınırlayacak bir işbirlikçi olması da önemlidir. Ancak bu ihtimale karşılık, Suriye'de güçlü bir şekilde konumlanan PKK, şimdi bu alanı Türkiye'de isyanı canlandıran bir platforma dönüştürmüş durumdadır. Dolayısıyla Kandil eski önemini kaybedebilir ve Türkiye yeni bir komşu tehditle karşı karşıya kalabilir. Aynı şekilde IŞİD'in de tehdit oluşturduğu unutulmamalıdır.

Erdoğan'ın, Barzani'ye, bir Irak askeri saldırısı durumunda, koruma sözü verdiği bile ileri sürülüyor. Bununla birlikte, bu söz, hiçbir zaman gerçekleşmeyebilir. Eğer Şii yönetim, Kürtlerle, Çekler ve Slovaklar örneğinde olduğu gibi 'medeni bir boşanma' düşünüyorsa bu, gerçekten 'fantastik' bir tarihi adım olur. Şii yönetimin kafasında, bugünkü 'Kürdistan Bölgesel Yönetimi'nin Irak'tan ayrılmasını kabullenmek olabilir. Ancak, Irak Kürtleri için Kürdistan, Bölgesel Yönetim'in hükmettiği Irak'ın eski Dohuk, Erbil ve Süleymaniye vilayetlerinde ibaret değil. Buna, Kerkük'ü ve merkezi Musul olan Ninova vilayetinin bazı topraklarını ve ayrıca Hanekin'i içeren Bağdat'ın kuzeydoğusundaki Diyala vilayetinin de bazı topraklarını dâhil ediyorlar. Bu durum Irak'ta bir "medeni boşanma" modelini zorlaştırmaktadır.

Irak'ta 'ihtilaflı topraklar' denilen ve mevcut Irak anayasasının 140. maddesine göre çözümlenmesi gereken 'sorunlar', söz konusu bu alanı ifade etmektedir. Barzani boşanma formülü olarak Dohuk, Erbil ve Süleymaniye vilayetlerinden oluşan ve bugünkü KBY'nin hükmettiği alanı 'bağımsız Kürt devleti' olarak kabul edebilir. Ancak Bölgesel Yönetimin Kürdistan olarak tanımladığı daha geniş coğrafyadan vazgeçmemesi ve Irak anayasasının 140. maddesinin uygulanmaması halinde bu sorunun çözümü için çatışma tek seçenek olarak gündeme gelebilir.

Irak'ta Kürtler ile merkezi hükümet arasında bir başka sorun petrol paylaşımı ve satışıdır. 3,5 milyon varil olan Irak'ın günlük petrol üretiminin 2035'de 8,3 milyon varile çıkacağı öngörülmektedir. Irak, 143,1 milyar varille Dünya'nın dördüncü büyük ham petrol rezervine sahip ülkesi olarak biliniyor. Sadece Irak Kürt Bölgesi'ndeki günlük ham petrol üretimi 500 bin varildir (BP, 2015). Birkaç yıl içinde de 1 milyon varile çıkması beklenmektedir. Amerika'nın petrol devleri, Basra'yı bırakıp günlük ham petrol üretimi 500 bin varil olan Irak Kürdistanı'na geldiler. Bu hamle merkezi hükümet ile IKBY arasında kısa süreli bir petrol savaşına neden oldu. Kısa süren bu çatışma IKBY'nin merkezi hükümetin peşmerge maaşlarını ödemeyi kabul etmesiyle şimdilik durmuş gibi görünse de bir süre sonra İran'ın ve Türkiye'nin IKBY'nin petrollerini Dünya piyasalarına pazarlama iştahı ve Kürtlerin bağımsız Kürdistan özlemi nedeniyle yeniden başlayabilir.

KUZEY SURİYE'DE ÖZERKLİK SENARYOLARI

Suriye'de iç savaş nedeniyle 4 milyon Suriyeli Türkiye, Ürdün ve Lübnan gibi komşu ülkelere sığınmış durumda. Bunun yanında 4 milyon 600 bin kişi de Suriye'de iç göçe maruz kaldı ve bu kişilerle ilgili kaygı verici haberler zaman zaman Dünya gündemine gelmektedir. Suriye'de insani krizin boyutları derinleşerek devam ediyor. Uluslararası Kurtarma Komitesi'nin (IRC) raporuna göre ülkede tecavüz başta olmak üzere cinsel tacizler, temel gıda ve sağlık gereksinimi "korkunç" boyutlarda. Yaklaşık 12 milyon insan temel insani gereksinimlerinden yoksun durumdadır (IRC, 2015).

2016 sonrası süreç itibariyle Suriye'deki gelişmelere ve Kürtlerin durumuna bakıldığında ülkenin batı kanadında rejim bölgesi, kuzey, güney ve orta bölgelerin bazı kısımlarında muhaliflerin kontrolü, doğu ve kuzeyin bir kısmında IŞİD bölgesi ve Türkiye-Suriye sınır hattında da büyük oranda Kürt bölgesi ortaya çıkmıştır. Sonuç olarak, Kürtler bundan sonraki süreçte rejim, muhalifler ve IŞİD arasındaki sorunlardan faydalanarak ve kendi sınırlı hedefine odaklanarak fiili ya da uzun vadede anayasal bir Kürt bölgesi inşa etmeye çalışmaktadır.

Suriye Kürtleri Mart 2011 tarihinde başlayan halk ayaklanması ve sonrasında iç savaşta 'üçüncü yol;' olarak ifade ettikleri bir pozisyon aldı. Buna göre yaşanan çatışmalar Araplar arası bir mücadele idi ve Kürtler bu çatışmaya doğrudan müdahil olmamayı seçtiler. Suriye'de iç savaşın derinleşeceği ve zaman içinde merkezi otoritenin zayıflayacağı öngörüsünden hareketle Kürt nüfusun yoğun yaşadığı bölgelerde kendi idari, siyasi, ekonomik, kültürel ve güvenlik altyapılarını oluşturmaya başladılar. Kürtlerin diğer gruplara göre en büyük avantajı tek bir siyasi hareket (PYD) ve ona bağlı askeri güç (Halk Savunma Birlikleri-YPG) tarafından yönlendiriliyor olmaları idi (Tan, 2016). Esasen Suriye Kürt siyasi sahnesi çok parçalı olsa da PYD, PKK'den aldığı güçle diğer tüm rakip Kürt hareketlerini bastırmıştır. Ayrıca halk ayaklanmasının iç savaşa dönmesi, IŞİD tehdidinin ortaya çıkması gibi nedenlerle siyasi süreçlerden ziyade güvenlik ihtiyaçları ön plana çıktı. Bu da isteyerek ya da istemeyerek Suriye Kürtlerinin PYD ve YPG etrafında toplanmasını kolaylaştırmıştır.

Suriye rejimine bağlı güçler, Temmuz 2012'de Kürtlerin yoğun olarak yaşadığı bazı yerleşim yerlerinden çekildi. Böylece YPG hiçbir çatışma yaşamadan Kürt nüfusun yoğun yaşadığı yerlerde kontrolü ele geçirmiş oldu. Kürtler zaman içinde hem kontrol ettikleri bölgeleri genişletti hem de altyapılarını güçlendirmeye çabaladılar. Nihayetinde PYD liderliğindeki Kürtler 2013 yılının Kasım ayında Kurucu Meclis ilan etmiş ve PKK'nin öne sürdüğü 'demokratik özerklik' modelini Suriye'de kontrolü altındaki bölgelerde fiilen uygulamaya başlamıştır. Bu sürecin devamı olarak Ocak 2014'te sırasıyla Suriye'nin kuzey doğusunda Cezire, ortasında Kobani ve batısında da Afrin 'kanton' ilan edilmiştir (aljazeera.com.tr, 2014). Suriye Kürtleri açısından en büyük zorluk ilan edilen üç bölge arasında coğrafi bağlantının bulunmaması ve bu bölgelerin kendi içinde homojen bir nüfus yapısına sahip olmamasıdır. Örgüte yakın çevreler kantonlar içinde demografik gerçekleri göz önüne alan bir yönetim tarzının benimsemeye çalışıldığını iddia etmektedir. Yönetimde, silahlı birimlerde Araplar ve Süryanilere yer verildiği söyleniyor. Ancak bölgeye değişik amaçlarla giden gözlemciler burada PYD'nin kendi ideolojik anlayışını katı şekilde uygulamaya koyduğunu belirtmektedir.

Suriye muhalefetinin başlıca finansman ve silah sağlayıcıları olarak bilinen Türkiye, Katar ve Suudi Arabistan'ın Sünni grupları, İran'ın ise Esed rejimini desteklemesi bölgede mezhepsel çatışmaları derinleştirmiş, bir süre rejim güçlerini gerilettmiştir. Hatta bazı radikal gruplar İslam Devleti ilan etmişse de Rusya'nın 2015 sonlarında oyuna dâhil olmasıyla birlikte rejim toparlanmış ve yeniden güç kazanmaya başlamıştır. Cenevre'de şu an eli güçlü olan Suriye rejimidir. Görünen o ki ABD ve Rusya, Esed'ın iktidarda kalmasını

IŞİD gibi radikal unsurların egemen olmasına tercih etmektedir. Batı dünyası Türkiye'den farklı olarak Suriye'de Sünni Selefi bir iktidar yerine seküler bir anlayışın iktidar olmasını arzulamaktadır.

Türkiye'nin bütün "kırmızıçizgi" uyarılarına rağmen kanton tarzı yönetimden vazgeçmeyen Kürtler, 2016 yılının başlarında Suriye'nin Haseke bölgesindeki Rimelan kasabasında 200 delegenin katılımı ile kurucu meclisi topladı. Kurucu meclis bölgede federasyon kurulmasını kabul etti. Bu, Türkiye sınırında federal bir Kürt devleti ilanı anlamına geliyor. Yeni yapılanmanın ismide "Kuzey Suriye Federasyonu" oldu. Federasyonun kuruluş kararına göre, federal sistem konusunda önerilen model, demokratik bir öz yönetim ile yönetilen bölgelerin ekonomi, güvenlik ve savunma alanlarında Kürtlerin kendi kararlarını almaları öngörülüyor. Ancak Suriye Dışişleri Bakanlığı yazılı açıklama ile Kürtler'i uyardı. Açıklamada "Hangi başlık altında olursa olsun Rımelan'da toplananlar da dâhil olmak üzere Suriye'nin toprak bütünlüğüne zarar vermek isteyen her bir tarafı uyarıyoruz. Federasyon, Suriye toprağının birliğine zarar verir. Anayasaya ve uluslararası hukuka aykırıdır" denildi. Aynı bölgede yaşayan Arap ve Türkmen aşiretler de bu kararı tanımadıklarını ilan ettiler (rudaw.net, 2016). Türkiye de bölgede bir Kürt devleti oluşumuna asla razı olmayacağını açıkladı. ABD Dışişleri Bakanlığı da yaptığı açıklamada Suriye'de özerk ya da yarı özerk bir Kürt yönetimini tanımayacağını duyurdu. Fakat Suriye'nin federal bir devlet olup olmayacağına Suriye halkının karar vereceği notu düşülerek Şam yönetiminden ve Türkiye'den farklı bir tutum sergilemiştir (ntv.com.tr, 2016).

Rusya yaptığı açıklamanın satır aralarında Kürtleri destekler mahiyette bir tutum sergilemiştir. Kuzey Suriye Federasyonu'na ilişkin bir açıklama da Barzani'den geldi. Barzani Kuzey Suriye'de Kürtlerin federal bir yapı oluşturması için Suriye halkı ile mutabık olması gerektiğini vurguladı. Tek taraflı federasyonun yeni sorunlar çıkaracağını belirten Barzani, "Buradaki Kürtler'in durumu, kaderi belirsiz, ne Suriye hükümeti ne de muhalifler, Kürt haklarını tanımıyor" şeklinde açıklama yaparak endişelerini ifade etmiştir (cnnturk.com, 2016). Türk hükümetinin PKK ile mücadelesinde sürekli yanında görmek istediği Barzani'nin bu kısmi destek açıklaması dikkat çekicidir. Zira Türkiye bölgede ve Rojava'da Kürt halkının özerklik/bağımsızlık mücadelesine karşı çıkarken, Kuzey Irak Bölgesel Yönetimiyle sıkı ilişki içerisindedir. Bu durum izah gerektiren çok ciddi bir paradokstur. Irak Kürtleriyle geliştirilen sıcak ilişkiler Türkiye'deki Kürt kamuoyunun beğenisini celbederken Suriye'de devletin Kürtlerle savaşan rakip gruplara yaptığı iddia edilen yardımlar sebebiyle aynı kitlede önemli bir hayal kırıklığı yaşanmaktadır.

PYD Eş Başkanı Müslim'e göre "artık geri dönüş mümkün değil. Adı önemli değil, federalizm olarak adlandırılır, otonom olarak adlandırılır. Ama artık eski Suriye'ye geri dönüş mümkün değil" ifadeleriyle aldıkları kararı savunmuştur (sputniknews.com, 2016). Suriye'nin âdem-i merkezileştirilmesi fikri her geçen gün daha da tartışılır hale gelmiştir. Kuzey Suriye Federasyonu, Türkiye'nin güney sınırında ayrı bir statü elde etmek için çabalıyor. Ancak Kobani ile Afrin arasındaki bağlantının tam olarak sağlanmamış olması ileri de federasyon için sıkıntı olacaktır. Kuzey Suriye Federasyonu, IKBY gibi gelecekte Türkiye'nin sınır komşusu olacak mı? Sorusu birçok kişi için netleşmiş değil. Türkiye Kuzey Irak'ta da yakın geçmişte bir Kürt oluşumunu kırmızıçizgi olarak ilan etmiş ve bunu savaş nedeni kabul etmişti. Ancak Türkiye'nin sert tutumu IKBY'nin sınır komşumuz olmasına ve IKBY ile ticari ve diplomatik ilişkiler geliştirmesine engel olmamıştı.

Kuzey Suriye'deki gelişmelerin hem Türkiye hem de İran açısından önemli olduğu açıktır. Irak'tan sonra Suriye'de de bir özerk Kürt yapılanmasının oluşması bu iki ülkeyi ziyadesiyle endişelendirmektedir. Nihayetinde Kürt toplumunda, "Dünya'da kabile toplumlarının bile devletleri varken neden 30 milyon Kürdün bir devleti yok!" söyleminin güçlenmesi bu ülkeleri Kürt politikalarını revize etmeye zorlamaktadır.

TÜRKİYE'DE KÜRT SORUNU

Türkiye'de Kürt kökenli vatandaşların birtakım sorunları ve beklentileri olduğu ortadadır. Kimileri olayın ekonomik boyutunun daha belirleyici olduğunu ileri sürerek "Güneydoğu sorunu"ndan bahsederken başkaları siyasi ve kültürel talepleri öne çıkarıp, "Kürt sorunu" demeyi tercih etmektedir. Tabii ki yaşananlara sadece terörle mücadele perspektifinden bakanlar da var. Fakat "Kürt sorunu" kavramı konuya geniş açılardan yaklaşmak için daha işlevsel bir kullanımdır.

Şüphesiz "Kürt sorunu" bugün Türkiye'nin karşı karşıya bulunduğu en temel sorunların başında yer alır. Ancak, güncel bir sorun olması, onun tarihî arka planını bize unutturmamalıdır. Nitekim Kürt sorununun tarihi büyük oranda İttihat-Terakki'ye dayanmaktadır. Bunu göz ardı etmek meseleyi çözme şansımızı büyük ölçüde azaltır. Bu sorunu ortaya çıkaran temel nedenleri ele almadan önce, sorunun teşhisiyle ilgili iki yanlışa kısaca dikkat çekmek gerekir. Bu yanlışların ilki, Kürt sorununun özünde bir "terör" sorunu olduğuna ilişkin teşhistir. Temel olarak, "devlet" adına konuşan ve hareket edenlerin benimsedikleri bu görüş "sivil" kesimde de devletçi ve milliyetçi gruplar ve hatta bir ölçüde halk tarafından da onaylanmaktadır. Kabul edelim ki, meseleyi böyle görmek çözümü zorlaştıracağı gibi, şiddetin bastırılması adına münhasıran inzibatî tedbirlere başvurmayı veya bunları sürdürmeyi öngörmesi bakımından da yanlış ve tehlikeli bir yaklaşımdır. Elbette Türkiye Kürt sorunuyla bağlantılı olarak bir "şiddet sorunu"yla da karşı karşıyadır. Fakat meselenin özü bu değildir. Açıktır ki, PKK tasfiye edilse bile Kürtlerin etno-politik problemleri çözülmedikçe Kürt sorunu varlığını sürdürecektir.

Teşhisteki ikinci yanlış, karşı karşıya bulunduğumuz sorunu "Güneydoğu sorunu" olarak adlandırmaktır. Bu ifade, hiç değilse ortada toplumsal bir sorun olduğunu ima etmesi bakımından, "terör sorunu" ifadesine göre daha isabetli olmakla beraber, sorunu yine de yanlış teşhis eden bir yaklaşımı yansıtmaktadır. Çünkü bu yaklaşım da Kürt sorununu ortaya çıkaran hâkim milliyetçi bakış açısından kaynaklanmaktadır. Açıkçası, burada "Kürt" sözünü telâffuz etmemek için bölge adına atıfta bulunulmaktadır. Her ne kadar, bu adlandırmayı tercih edenlerin önemli bir kısmı bunu "bölünme" korkusundan yapıyorlarsa da "Kürt sorunu" demekle "Güneydoğu sorunu" demek arasında özde bir fark yoktur. Nitekim ilk terim "millet"in bölünmesini, ikincisi de "ülke"nin bölünmesini çağrıştırmaktadır.

Türkiye'de öteden beri bir Kürt sorunu olmasının en genel nedeni, kuruluşundan birkaç yıl sonra Cumhuriyet'in ideolojik bir dönüşüm geçirerek, Millî Mücadele döneminde hâkim olan birleştirici bir yurtseverlikten etnik milliyetçiliğe geçmiş olması ve bunun bugün de halâ sürdürülüyor olmasıdır. Bu milliyetçiliğin ana davası Türk kimliği odaklı bir "ulus-devlet" projesini gerçekleştirmek ve bunu sonsuza kadar korumaktır. Böyle bir politikanın, başkaları yanında, Kürt kimliğinin de reddedilmesi anlamına geleceği açıktı. Nitekim tek partili Cumhuriyet yılları Kürt kimliğinin genelde yok sayıldığı, zaman zaman da baskı altına alındığı bir dönem olmuştur. 1946'dan itibaren çok partili kısmî demokratik siyasete geçilmesiyle birlikte Kürtler üzerindeki baskı azalmaya başlamıştır. Fakat etnik Türklüğü merkeze almak suretiyle Kürt kimliğini yok sayma politikası özünde aynı kalmıştır. Bu politikaların, kendilerini haklı olarak yeni Türkiye'nin iki büyük kurucu unsurundan biri gören Kürtlerde bir gücenme veya incinme duygusu yaratmış olması anlaşılabilir bir durumdur (Tan, 2010).

1920-45 arası dönemde Dünya'da olduğu gibi Türkiye'de de baskıcı politikaların uygulanması Kürtlerin ulusal birlik ve bütünlük içerisinde kendilerine yer bulmalarını güçleştirmiştir. Bu dönemdeki baskılar başta din, ifade, örgütlenme ve katılım özgürlükleri olmak üzere sivil ve siyasal haklar alanında kendisini göstermiştir. Daha da somutlaştırırsak, polis, jandarma ve tahsildar baskısı, kamu görevlilerinin halka karşı anlayışsızlık ve suiistimalleri, kamu düzenini sağlamada hak ve hukukun gözetilmemesi, aşırı güç kullanılması, adaletsiz yargılamalar ve hak arama yollarındaki tıkanıklıklar, dernek ve parti örgütlenmesinin yasak veya son derece kısıtlı olması gibi uygulamalar bu dönemin karakteristikleri arasındadır (Bruinessen, 2013; McDowall, 2005; Marcus, 2007).

Cumhuriyet'in ilanından sonra çıkan Kürt isyanlarının bastırılmasında "aşırı" şiddet kullanıldığı ve adil yargılama ilkesinin gözetilmediği hissi veya kanaati bugün de Kürtler arasında yaygındır. Kürtler için önem arzeden kültürel hakların tanınmamış olması da hoşnutsuzluğun bir başka nedenidir. Kürt kimliğinin yasal olarak yok sayılmasının bir sonucu, Kürtlerin Türk kimliğine tabi sayılması olmuştur. Bu politikanın bir gereği olarak, herkesten istendiği gibi Kürtlerden de kendilerini Türk kabul etmeleri ve "Türk olmak"la övünmeleri istenmiştir. Kürtlerin çoğuna göre Kürt nüfusunun yoğun olarak yaşadığı yerleşim yerlerinde dağlara, tabelalara ve duvarlara yazılan "Ne mutlu Türk'üm diyene" gibi yazılar bu anlayışın tipik birer örneği olarak görülmektedir.

Kürt sorununun kitleselleşmesi ve şiddet sarmalına girmesinde 12 Eylül döneminin Kürt kimliğini aşağılama ve kaba şiddete dayanan politikalarının hızlandırıcı ve hatta kangrenleştirici bir etkisi olmuştur. Özellikle Diyarbakır cezaevinde Kürt "eylemciler"e yaşatılmış olan trajik tecrübenin Kürtlerde yarattığı travmaya bugüne kadar birçok çalışmada dikkat çekilmiştir (Ekinci, 2010; Tan, Kürt Sorunu, 2010). Esasen, militarist zihniyet ve şiddete dayalı yöntemler öteden beri, bu yola başvuranların zannettiğinin aksine Kürtlerdeki kimlik bilincini azaltmamış tam tersine Kürt sorununu derinleştirmiştir.

Kürtlerin hakları konusunda en önemli dönüm noktalarından biri 90'ların sonlarında başlayan AB üyelik müzakere sürecidir. Türkiye AB'nin isteğiyle anadilde ifade üzerindeki anayasal engelleri kaldırmak dışında kültürel haklar alanında köklü yapısal iyileştirmeler yapamamıştır. Bazı anayasal düzenlemelerin hayata geçirilmesi de bürokrasi eliyle engellenmektedir. Baskının kendisini gösterdiği başka bir alan da, genel olarak kamu idaresinin yapılanmasındaki aşırı merkeziyetçilik olmuştur. Bu durum, ülke düzeyinde, yerel halkın kendi ortak meselelerini kendi inisiyatifi ile kararlaştırıp sevk ve idare etmesine zemin oluşturacak sahici anlamda "yerel yönetim" birimleri oluşturulmasını engellemiştir. 2010 sonrasında bu konuda önemli adımlar atılmakla beraber hâlâ esaslı olarak değişiklik yapılamamıştır. Yerel yönetim kademelerinden yoksunluk elbette Türkiye toplumunun bütünü için bir sorundur. Fakat bu özellikle farklı etnik ve dini kimlik grupları bakımından çok daha ciddî bir mahrumiyet olarak algılanmaktadır.

Türkiye'deki Kürtlerin baştan beri en büyük sorunlarından biri temsil sorunu olmuştur. Her dönemde parlamentoda "Kürt kökenli" milletvekilleri bulunmuşsa da bu, Kürt kimliğinin politik olarak temsil edildiği anlamına gelmemiştir. Başka bir ifadeyle, Kürtler "Kürt" olarak değil, ancak Türk veya "Türk gibi" olarak temsil edilme şansına sahip olmuşlardır. Bu arada, "Kürt kökenli" milletvekilleri "rejim"le uyum sağladıkları veya "merkez"le özdeşleştikleri ölçüde sistem tarafından benimsendikleri ve takdir gördükleri için, bunlar Kürtlere ve Kürtlüğe özgü sorunları kamusal alana taşımaya genellikle cesaret edememişlerdir. Bunun ilk sıradışı örneklerinden birini Şerafettin Elçi göstermiştir. 1978-79 döneminde Bayındırlık Bakanlığı yaparken mecliste "Türkiye'de Kürler vardır, ben de Kürdüm" şeklinde açıklama yaptığı için darbe sonrasında Sıkıyönetim Mahkemesi tarafından 2 yıl 3 ay hapis cezasına çarptırılmıştır.

Yakın zamanlara kadar Kürtlerin temsil sorunu devam etmiş ve Kürt kimliğine dayalı partiler ancak 1990'lardan itibaren kurulmaya başlamıştır. Ancak bu sefer de sistem, söz konusu partileri siyasi hayattan dışlayıcı düzenlemeler getirmiştir. Bu düzenlemeler başlıca iki tanedir: seçimlerde baraj uygulaması ve parti kapatma tedbiri. Genel seçimlerde % 10 barajı, başkaları yanında, Kürt kimliğini temsil eden partilerin de parlamentoya girmesini engellemiştir. Öte yandan, parti kapatma tedbiri de en çok Kürt partilerine uygulanmıştır. Çünkü Anayasa Mahkemesi, resmî ideolojiyle uyumlu olarak, kamusal meselelerde Kürtlüğe atıf yapılmasını ve kültürel haklar talebini "ülkenin ve milletin bölünmez bütünlüğü"ne aykırı görmektedir. Böylece, Kürtlerin talepleri parlamentoya yansıtılamadığı gibi, bunların parlamento dışında dile getirilmesine de izin verilmemektedir.

Haziran ve Kasım 2015 seçimlerinde yüzde 10 barajını aşan HDP'nin mecliste olması Kürtlerde umut yaratmışsa da; seçim süreci ve sonrasında HDP'ye yönelik baskılar, parti binalarına yapılan saldırılar, dokunulmazlığın kaldırılması tartışmaları, basında görünür olmalarının engellenmesi ve mecliste HDP'nin getirmiş olduğu önergelerin diğer partilerin blokajıyla karşılaşmaları vb. nedenlerle hayal kırıklığı meydana gelmiştir. Kürtlerin siyasal alandan dışlanması yakın döneme kadar sıklıkla devletin müdahelesi olarak algılanmaktayken Haziran 2015 sonrasında içe dönük bir hayal kırıklığının da başladığı söylenebilir. Bölgede şiddetin tırmanması karşısında HDP'nin inisiyatif almaması, dahası PKK'nin siyasi oy kaybını önemsemeden şiddeti şehirlere çekmesi bir kısım Kürtlerde siyasete güvenin sarsılmasına neden olmuştur. Bu durum Kürt kamuoyunda sıklıkla "PKK siyasi kanadın güçlenmesini istemiyor" şeklinde eleştirilere neden olmaktadır.

Son yıllarda Kürt meselesi etrafındaki gelişen hadiseleri bazı başlıklar halinde kısaca değerlendirmek gerekir. Gündemin çok hızlı değiştiği bir ülkede çözüm sürenin başlangıcından ağır çatışmaların yaşandığı bir sürece nasıl gelindiği sonraki bölümlerde özetlenmiştir.

Çözüm Süreci

Kürtlerin yoğun olarak yaşadığı coğrafyada belirli oranda destek bulan PKK ile devlet arasında 1984 yılından bu yana devam eden çatışma sürecini ikiye ayırmak gerekir. Birinci çatışma süreci olarak değerlendirilen 1984-1997 yılları arasındaki çatışma döneminde yoğunluklu çatışmalar yaşanmıştır. Bu süreçte 2 milyon insan yerinde olmuş, 40 bin insan yaşamını yetirmiş ve bölge, işkence, faili meçhul cinayetler, köy yakmalarla anılmaya başlanmıştır. 1994 ve 1999'daki AB üyelik süreçlerinde yaşanan gelişmeler ve 1999 yılında Öcalan'ın yakalanmasıyla çatışmalar durmuştur. Bu ikinci dönemde yer yer çatışmalar yaşansa da toplumda Kürt sorununun demokratik yollarla çözüleceğine dair kuvvetli bir inanç oluşmuştur.

28 Aralık 2012'de bir televizyon programında dönemin Başbakanı (sonrasında) Cumhurbaşkanı Erdoğan, Kürt sorununu çözmek için hükümetin İmralı'da tutuklu olan Öcalan ile görüşmeler yapıldığını duyurdu. Süreç devam ederken Paris'te üç PKK'li yöneticinin öldürülmesi, Öcalan'ın konuşmalarının basına sızdırılması ve AK Parti'nin Ankara ofisinin bombalanması gibi birkaç olay çözümü sabote etmeye yönelik eylemler olarak değerlendirildi. Daha sonra, taraflar yapılan bu eylemler kınadı ve sürecin devam ettiğini duyurdu.

21 Mart 2013'te, hükümet ile Öcalan arasındaki görüşmelerden aylar sonra, Öcalan'ın mektubu hem Türkçe hem de Kürtçe olarak Diyarbakır'da Newroz etkinlikleri sırasında okundu. Mektupta

PKK'nin silahlı güçlerinin Türkiye topraklarından çekileceği ve silahlı mücadeleye son verildiği bildirildi. PKK Öcalan'ın bu isteklerine uyacağını ve Türkiye topraklarından çekileceğini açıkladı. Erdoğan mektubu olumlu karşılayıp, PKK'nin çekilmesiyle daha somut adımların atılacağını duyurdu. 25 Nisan 2013'te, PKK bütün silahlı güçlerini Türkiye topraklarından Kuzey Irak'a çekeceğini ilan etti. Hükümete, Kürtlere ve basının çoğuna göre bu hareket 30 yıllık çatışmaların sonunu getiren adım oldu. İkinci aşama olan anayasal değişikliklerle ilgili çalışmaların da çekilmeyle birlikte başlayacağı bildirildi.[11]

Nisan 2013'te hükümet yedi bölge komisyonundan oluşan ve görevi çözüm sürecini halka anlatmak ve teşvik etmek olan Akil İnsanlar Heyeti'ni açıkladı. Hükümetin haftalar öncesinde entelektüel ve halkın sevdiği isimlerden oluşan bir komisyon kurulacağını duyurmasından sonra, Başbakan Yardımcısı Bülent Arınç "Akil İnsanlar" listesini 4 Nisan'da kamuoyuna açıkladı. Listede farklı dini, ideolojik görüşlerden entelektüel, yazar, akademisyen ve sanatçılara yer verildi. Ülkenin yedi bölgesinde aktif olarak çalışacak ve bölgesel olarak toplantılar yapacak gruplardan oluşan komisyonlar oluşturuldu. 2 yıllık görüşmeler sonucunda 28 Şubat 2015 tarihinde Öcalan'ın PKK'ye "silahsızlanma kongresi" için yapacağı çağrının üzerinde Kandil ve İmralı anlaştı. Geniş bir demokratikleşme programını içeren 10 maddelik bir program açıklandı. 28 Şubat 2015 tarihinde, Dolmabahçe Sarayı'nda Başbakan Yardımcısı Yalçın Akdoğan, İçişleri Bakanı Efkan Ala, AK Parti Grup Başkanvekili Mahir Ünal, Öcalan'la görüşmeleri yürüten eski MİT Başkan Yardımcısı, Kamu Güvenliği Müsteşarı Muhammed Dervişoğlu ve İmralı Heyeti'nden Sırrı Süreyya Önder, Pervin Buldan ve İdris Baluken'in olduğu toplantıda Öcalan'ın PKK'ye silahsızlanma kongresi toplama çağrısı Sırrı Süreyya Önder tarafından okundu. 20 dakika sonra canlı yayında ilk tepki HDP lideri Demirtaş'tan geldi. Demirtaş İç Güvenlik Paketi'ni öne sürerek "Hükümet bir yandan pakette ısrar edip bir yandan demokratikleşmede ilerleme sağlıyorum diyemez. Bu tasarı

---

[11] Çözüm sürecinin ilk aşamaları ve Dolmabahçe mutabakatı ile bir aşamaya geldiği düşünülen barış sürecinin çatışma sürecine dönüşmesi hakkında özet bir değerlendirme için bkz. (Çiçek & Coşkun, 2016).

barış getirecek bir yasa tasarısı değildir. Biz barışa uzaklaşalım diye çalışmıyoruz, Barışı çok arzuluyoruz. Hükümet yürüttüğü politikayla, zerre kadar umut vermiyor, barışa yaklaşmıyor" dedi (Demirtaş, 2015).

Aynı gün açıklama yapan PKK yöneticisi Karasu; "AKP Hükümeti Önderliğin ortaya koyduğu 10 başlıkta müzakere edip sorunu çözecek midir, çözmeyecek midir? Bu sorunun cevabı çok önemlidir. Bu sorun çözülmeden PKK silah bırakacak, PKK Kongresini yapıp silah bırakma kararı alacak biçimindeki yaklaşımlar demagojidir, aldatmak ve sorunu çarpıtmaktır" dedi. 17 Mart 2015 tarihinde seçime parti olarak girme kararı veren HDP lideri Demirtaş partisinin Meclis grup toplantısında kürsüye çıkıp Erdoğan'ı kastederek üç cümlelik bir konuşma yaptı; "Seni başkan yaptırmayacağız. Seni başkan yaptırmayacağız. Seni başkan yaptırmayacağız."

Diğer yandan Cumhurbaşkanı Erdoğan özellikle silahların bırakılması çağrısını önemli bulduğunu belirtmişti; "Tabii silahların bırakılması çağrısı bizler için çok çok önemli bir beklenti idi. Bu demokratik açılım süreci ile başlayan bir çağrıdır. Milli birlik ve kardeşlik projesi ile başlayan, şimdi de çözüm süreci ile devam eden ve bunu artık noktalayalım diye hasretle beklediğimiz bir çağrıdır". Dolmabahçe açıklamasından yaklaşık 20 gün sonra ise bu toplantıyı ve 10 maddeyi "doğru bulmuyorum" diyerek tepkisini ortaya koydu (sozcu.com, 2016). Bu ve benzeri peş peşe gelen açıklamalardan sonra adım adım çözüm sürecinde uzaklaşıldı. AK Parti'nin Haziran seçimlerinde tek başına iktidar olma şansını yetirmesi ve HDP'nin yüzde 13'lük oy oranı ile mecliste yer alması adeta yeni bir dönemin başlangıcı oldu. 20 Temmuz 2015 tarihinde Suruç'ta Kobani'ye gitmek için toplanan SDGH'li gençlerin açıklama yaptığı sırada bir IŞİD'li canlı bomba kendini patlattı, 32 kişi hayatını kaybetti. Bunun hemen akabinde 22 Temmuz 2015 tarihinde Şanlıurfa'nın Ceylanpınar ilçesinde görevli polis memuru Feyyaz Yumuşak ve Okan Acar sabaha karşı yataklarında uyurken öldürülmeleri üzerine Türkiye yeni bir çatışma sürecine girdi.

Çatışma sürecinde PKK'nin kullandığı silah ve diğer mühimmatın çokluğu, şehir çatışmaları için hazırlıklı olması ve şehirlerde çok sayıda militanı yerleştirmiş olması örgütün barış sürecinde "savaşa hazırlık" yaptığına delil gösterilmektedir. Diğer taraftan devletin de yeni karakollar yaptığı eskileri onardığı ve bölgedeki askeri varlığını artırdığı iddia edilmektedir. CHP'li Oran'a göre bu durum devletin bölgeye yaptığı genel yatırımlara da yansımıştır. Ona göre, 2003-2014 döneminde devletin merkezi bütçe harcamasının ancak %8'i Doğu-Güneydoğu bölgelerine yapılmıştır. Ancak bu harçamaların büyük kısmı da terörün önlenmesi, kamu düzeninin sağlanması ve savunma harcamalarıdır. Mesela "2015 yılının ilk altı ayında bütçeden Tunceli'ye yapılan her 100 TL'lik harcamanın 59 TL'si, Hakkâri'ye yapılanın 64 TL'si, Şırnak'a yapılan harcamanın 55 TL'si, Bingöl ve Siirt'e yapılan harcamanın yaklaşık 40 TL'si bu niteliktedir" (Oran, 2015).

Bu tarihten sonra barış masası devrildi, çözüm süreci "dondurucuya" konuldu ve silahlar konuşmaya başladı. Binlerce insanın öleceği, sakatlanacağı, yüzbinlerin evlerini kısa-uzun süreli terk edeceği ve şehirlerin yerlebir olacağı yeni sürece böylece girilmiş oldu.

Türkiye'de Kürt sorunu üzerine konuşan birçok kişi zaman zaman İrlanda'daki barış sürecinin model olarak incelenmesi ve örnek alınması gerektiğini söyler. İrlanda'da olduğu gibi "silahlar betona gömülsün" görüşü öne çıkarılır. Kuzey İrlanda'da silahların nihai gömülüşü, barış anlaşması, yeni anayasanın yasallaşması, Katolik azınlığa eşit temsil hakkını garantileyen özerk hükümetin kurulmasından tam 9 yıl sonra olmuştur. Dolayısıyla karşılıklı bir güven ortamından, bazen de güven bunalımlarından geçmiş bir süreç sonrasında nihai barışın sağlandığı görülmektedir.

Türkiye'nin sorunlarını demokratik bir ortamda tartışarak çözmesini isteyen herkes, "hendekler kapansın" diye itiraz etmektedir. Ancak hendeklerin kolay kapanmadığı da İrlanda örneğinde görülebilir. Kuzey İrlanda'da Ağustos 1969'da Katolikler Derry şehrinde Katolikler, mahallelere polis ve Protestan militanların saldırılarından korunmak için barikatlar kurdular. Belfast şehrinde Derry'deki isyanı bastırmak için Kuzey İrlanda polisi zırhlı araçlarla mahalleleri tarayarak sivilleri öldürdü (Bloody Sunday). Polisin düzenlediği saldırılara karşı Derry ve Belfast başta olmak üzere birkaç şehirde daha "özerk bölgeler" oluştu. Halk bu bölgelere polisi ve sonradan gelen İngiliz askerlerini sokmamak için yüksek barikatlar kurdu. Derry ve Belfast'ta Güney İrlanda bayrağı dalgalanırken özerk radyo istasyonları açılmıştı (Stephenson, 2016).

Özerk bölgeler devletin Protestan taraftarı politikasının bir ürünüydü. Diğer önemli politik etkisi de, devlet şiddetine karşı Katolik halkın barışçıl, siyasi mücadeleye olan inancını yitirmeye başlaması olmuştur. Derry ve Belfast'taki özerk bölgeler varlıklarını 3 yıl sürdürebildiler. Britanya "No Go" olarak bilinen, yani devletin güvenlik güçlerinin giremediği mahalleler, büyük bir operasyonla kontrol altına alındı ve barikatlar kaldırıldı. Ancak mücadele bitmedi. Tam tersi, özerk bölgeleri elinden alınmış halk silaha zorlandı. 1972 yılında IRA 100'den fazla Britanyalı askeri öldürdü ve 1300 bombalı eylem gerçekleştirdi. Yani özerk bölgelerin kaldırılması tek başına barışı getirmedi. Burada 25 yıl süren şehir çatışmalarında binlerce kişi öldürüldü (Stephenson, 2016).

Kuzey İrlanda'da IRA'nın güçlü olduğu mahallelerde devlet karakollar inşa etti ve asket sayısını sürekli artırdı. Buna karşın terörü önleyemedi. Bazı çevreler devletin Güneydoğu'da yaptığı operasyonların kalıcı hale geleceğini ifade etmek için, "Devlet operasyon yaptığı yerlerden çekilmeyecek. Şehir içlerine kalekollar kurulacak" şeklindeki açıklamaları İrlanda örneğinde hiçbir sorunu çözmemişti (Stephenson, 2016; Laçiner, 2013). Bölgedeki hendeklerin ortaya çıkış süreci ile İrlanda'daki sürecin bir kısım benzerlikleri dikkat çekicidir. Bölgede 6-8 Ekim Olayları olarak bilinen, Cumhurbaşkanı Erdoğan'ın 'Kobani düştü düşecek' sözleri ve HDP eş Genel Başkanı Demirtaş'ın çağrısı üzerine başlayan şiddet hadiseleri, Öcalan'ın çağrısı üzerine sonlandırıldı. O dönemde başta Cizre olmak üzere bazı merkezlerde ilk örnekleri görülen hendek ve barikatlar karşılıklı mutabakatla kaldırılmıştı. Ancak barikat ve hendekler barış süreci akamete uğrayınca yeniden gündeme geldi.

Çatışma Süreci

Çözüm süreci yürütülürken bölgede sürekli, "Eğer Çözüm süreci herhangi bir şekilde akamete uğrar da beklendiği gibi demokratik bir şekilde sonuçlanmaz ise tekrar çatışma ortamına dönülür. Ancak çatışmalar yoğunluklu şekilde sanıldığı gibi dağlarda değil şehirlere taşınır" şeklinde açıklamalarla şehir savaşının ilk belirtileri görülüyordu. Dolayısıyla süreç bir şekilde akamete uğratıldığında PKK'li grupların mekânı olarak şehirlerin seçileceği ve çatışmaların şehirlerde seyredeceği açıktı. Çatışmaların başlaması ile de PKK, YDG-H'nin bölgede güçlü olduğu illerde bu hendekleri kazdı ve böylece çatışmalar başladı.

Yeni süreçte örgüt çatışmaları şehir merkezlerine çektiği, masum halka zarar verdiği, %13'lük seçim başarısını heba ettiği, çatışma bölgelerindeki sivillerin çıkışlarına ve eşyalarını taşımalarına izin vermediği, belediyelerin halka yardım yapmadığı ve Kürt kamuoyunun hissiyatını yok saydığı için ciddi şekilde eleştirilmiştir. Diğer taraftan halk devletin, öncelikle örgütün şehirlerde bu oranda büyük bir yığınak yapmasına müsaade etmesi ya da görmemesine de tepki göstermektedir. Bunun yanı sıra süreklilik arz eden sokağa çıkma yasakları bir tedbir olmaktan çıkarak baskı aracına dönüştüğü algısı tepkiye neden olmuştur. Yine çatışmaların uzun sürmesi, derinleşmesi ve artan şehit sayısı güvenlik güçlerinin psikolojisini de etkilemiştir. Çatışmanın sürdüğü alanlarda duvarlara yazılan yazılar, çocuk ve yaşlıların öldürülmesi, cesetlerin yerde sürüklenmesi ve cenazelerin teşhir edilmesi, insanların çırılçıplak şekilde aranması, bu görüntülerin basına servis edilmesi gibi hususlar Kürt toplumunda ciddi kırılmalara yol açmıştır. Diğer yandan ülkenin batısında Kürtlere yönelik sözlü ve fiili tacizler özellikle gençlerde kırılma sürecini derinleştirmiştir.

16 Ağustos 2015-20 Nisan 2016 tarihleri arasında, başta Hakkâri, Şırnak, Mardin ve Diyarbakır olmak üzere 7 ilde ve 22 ilçede kısa veya uzun süreli ilan edilen sokağa çıkma yasağı sayısı 65'dir. 2015 nüfus verilerine göre takriben 1 milyon 642 bin kişi bu yasaklardan etkilenmiştir ve Sağlık Bakanı'nın ifadesine göre 355 bin kişi de evlerini terk etmek zorunda kalmıştır (TİHV, 2016).

Milli Güvenlik Kurulu'na (MGK) Aralık 2015 sonu itibariyle sunulan bir rapora göre 6 ayda Silopi, Cizre, Nusaybin, Sur ve Dargeçit başta olmak üzere yüzlerce işyeri, bina, araç, baraj, enerji hattı zarar gördü. Ekonomi tıkanma noktasına geldi, üretim üçte iki oranında azaldı. Üretim yapan fabrika ve imalathaneler güvenlik nedeniyle üretime ara verdi. 200'ü aşkın işyeri, 150'yi aşkın kamu binası tahrip edildi. Şehirlerdeki çatışmalar nedeniyle 1,5 milyona yakın insanın iş umudu söndü. PKK, bugüne kadar 15 baraja, aralarında iş makinesi, belediye otobüsü, TIR, kamyon, ambulansların bulunduğu 700'e yakın araç saldırı düzenleyerek kullanılamaz hale getirdi. Rapora göre PKK saldırıları sonucunda ekonomik kaybın 4-5 milyar lirayı aştığını belirtiliyor (sabah.com.tr, 2015).

Sadece Cizre üzerinde, Güneydoğu Anadolu Bölgesi Belediyeler Birliği'nin (GABB) ve TMMOB'un desteğiyle hazırlanan çalışmada, 150'ye yakın teknik çalışma grubu, hasarlı binaların tespitini yaptı. Bu rapora göre ilçede 79 gün süren çatışma ve yasaklarda yaklaşık 10 binden fazla ev zarar gördü. Bunların 1250'si ağır hasarlı, 1750'si orta hasarlı ve yaklaşık 200 tanesi de tamamen yıkılmış durumdadır. 6800 kadar az hasar görmüş evde ise beyaz eşya ve diğer temel eşyaların zarar gördüğü tespit edilmiştir. Silopi'de ise bakanlık verilerine göre, 27 bina tamamen yıkılmış, 342 tanesi de ağır hasarlı durumdadır (Sarı, 2016). GABB raporuna göre, 69 bina yıkık, 147 bina ağır hasarlı ve yıkılma riski taşımakta, 72 bina onarılabilir ve 125 bina da az hasarlı durumdadır. Aynı kurumun İdil raporunda ise, 700 bina az hasarlı, 380 bina orta hasarlı ve 120 bina da yıkılmıştır. Bu şehirlerde altyapı sisteminin de yer yer çöktüğü tespit edilmiştir (GABB, 2016).

Bu koşullarda, "Hendeklerin/operasyonların Kürtleri PKK'den ya da devletten uzaklaştırma ihtimali var mı?" sorusuna cevap vermek hiç kolay görünmüyor. Ancak çatışma sürecinin bölgede uzun süreli sosyo-ekonomik yansımalarının olacağı şimdiden öngörülebilir.

İntihar Saldırıları ve TAK

Çatışma sürecinde ülkede yaşanan önemli gelişmelerden biri de PKK orjinli TAK isimli örgütün intihar saldırıları olmuştur. Örgüt kendisini Kürtçe "Teyrênbazên Azadiya Kürdistan", Türkçe ise "Kürdistan Özgürlük Şahinleri" olarak isimlendirmektedir. PKK'den farklı olarak Türkiye'nin batısında faaliyet gösteren bu yapılanma, barış görüşmelerinin sürdüğü yıllarda eylemlerine ara vermiştir. Örgütün Türkiye'de bilinen geçmişi 2004'e kadar uzanıyor.

TAK 2004 sonrasında çok sayıda ölümlü ve yaralamalı eylemi üstlendi. Ankara'daki 17 Şubat ve 13 Mart 2016 tarihli 2 intihar eylemini de kendisinin yaptığını ilan etti. Her iki saldırıda 71 kişi öldü ve yüzlerce kişi yaralandı. Ankara saldırılarından sonra daha çok tartışılan örgüt, kimine göre PKK'nin kendisi, kimine göre ise örgüt içinde özerk bir yapıdır. PKK ise yaptığı açıklama ile TAK'ın eylemlerini kınamakta ve organik bir bağının olmadığını ileri sürmektedir (wikipedia.org, 2016).

TAK'ın, Türkiye'de erişimin engellendiği internet sitesindeki tanımı şöyle; "Bir dönem PKK içerisinde yer alıp düşmana karşı savaştık. Kongra-Gel'in ve HPG'nin siyasal dengeleri gözeten mücadele yöntemlerini zayıf bulduk. Bundan dolayı 1,5 yıl önce örgütten ayrılıp TAK oluşumuna gittik." Kamuoyunda bilinen ilk eylemi 2005 tarihli olsa da, örgüte ait internet sitesinde üstlenilen ilk eylem 2 Nisan 2006 tarihindeki Malatya Emniyet Müdürlüğü'ne yönelik saldırıdır. Bu saldırıyı 2012 yılına kadar büyükşehirlerdeki değişik eylemler izledi. Kürt sorununa çözüm bulunması amacıyla 2012 yılında yeni bir süreç başlayınca, TAK da eylemlerine ara verdi. Örgütün sessizliği barış sürecinin sona erdiği 2015'e kadar sürdü. İstanbul'daki Sabiha Gökçen Havaalanına düzenlenen ve bir işçinin öldüğü saldırı ile TAK 3 yıl sonra yeniden sahneye çıktı.

Uzun yıllar PKK'nin silahlı kanadında yer alan Zanyar'a göre, Öcalan'ın yakalanması sonrasında örgüt yeni bir yapılanmaya gitmiştir; "Bu yeni katılanların bir kısmı askeri, ideolojik ve teknik eğitim aldı. Bununla beraber şehir yapılanması başladı. 2003'teki askeri konsey toplantısında da karara bağlandı. Metropollerde doğmuş ve yaşamış gençleri örgütleyip Türkiye'ye gönderdiler. 'Örgütle, legal, illegal kolları ile bağlantınızı keseceksiniz. Örgütle hiçbir bağlantınız kalmayacak' talimatını verdiler. Öcalan'ı ve örgütü medyadan takip edip ona göre hareket etmeleri tavsiye edildi. Bu arada sınırsız inisiyatif kullanma yetkisi verildi" (Bozaslan, 2016). Başka kaynaklara göre de bu örgüt Kürt ulusalcı hareket içerisinden doğmuş ve Öcalan'ı kendisine lider kabul etmekle birlikte PKK ile direkt bir ilişkiye sahip değildir (Yıldız, 2016).

Zanyar'a göre ilk etapta tamamı patlayıcı eğitimi almış, 150 kişi Türkiye'ye gönderildi. 150 kişi ise PKK kamplarında bekletildi. Bu ilk ekipteki bazı kişiler PKK içerisinde deneyimli kimselerdi. Dolayısıyla istihbari ağları yakalanmama konusunda eğitimliydiler. Sonuçta ülkeye giriş yapanların bazıları yakalansa da, büyük bölümü amacına ulaştı. Gittikleri yerde ise başka kişileri örgüte katmaya başladılar. Zanyar, TAK'ın Türkiye içinde birbirini tanımayan hücreler şeklinde örgütlendiğine dikkat çekerek, "Bu hücreler en fazla üç en az iki kişiden oluşuyor. Örgüt içinde bağlı bulundukları bir birim yok. Örgüt bazılarına 'Evlenin, ev kurun' demiş. Eğitim alıp gidiyorlar sonradan bağlantı kurmuyorlar. Kendi bütçelerini kendileri buluyor". TAK çok gizli bir yapı olduğu için üye sayısı tam olarak bilinmiyor (Bozaslan, 2016; Yıldız, 2016). Gürcan'a göre bu, PKK'nin IŞİD'den öğrendiği bir "yerelleşme" taktiğidir. Bu sayede örgüt istihbarat ağlarına takılmadan çok daha hızlı şekilde eylem yapma gücüne ulaşmayı hedeflemiş olabilir. Aynı zamanda IŞİD'le mücadele üzerinden Suriye'de kazandığı uluslararası meşruiyeti Türkiye'deki saldırılarla kaybetmemek için yapılan bombalamaları, "Biz engellemeyiz. Kürt gençleri olan bitene öfkeli. Kendileri hareket ediyor" şeklinde kendi üzerinden atmayı denemektedir (Gürcan, 2016).

PKK içinde uzun yıllar faaliyet yürüten ve örgütün yönetim kademesinde de görev alan daha sonra ayrılan Turhallı'ya göre ise, "1994'ten itibaren ayrı bir örgüt oluşturma, oluşmasına olanak sunma, göz yumma biçiminde düşünceler tartışılmaya başlandı. 1999'larda 'Yeniçağda yeni örgütlenme biçimi' olarak ifade edilen öneri-rapor biçiminde yazılı görüşlerin ortaya çıktığını biliyorum. Bu görüşlere göre, 1-'Devletin dehşet ve vahşet politikasına misliyle cevap verilmeli, ancak hareket (PKK) zorda bırakılmamalı.' Bunun için ayrı bir örgütlenme durumu tartışılmalıdır. 2-Türkiye metropollerinde eylem yapmak üzere gönderilen yüzlerce birim daha yerine ulaşmadan imha oluyor. Bu durumda mevcut örgütlenme biçimi denetimdedir. Bu denetimden çıkmak için otonom bir örgütlenme zorunludur. Otonom örgütlenmeden kasıt 'İdeolojik açıdan bağlı, politik ve askeri açıdan bağımsız' olmadır. TAK bu koşulların aynı anda gerçekleşmesinin bir sonucudur diye düşünüyorum" (Bozaslan, 2016).

Turhallı, TAK-PKK ilişkisini ise şu cümlelerle açıklamaktadır; "Bence TAK, PKK'nin ne yan kolu, ne de kendisidir. İdeolojik ve felsefi açıdan PKK ile aynı çizgiyi benimseyen ancak eylem çizgisi olarak PKK'den ayrılan bir yapılanmadır. İdeolojik açıdan bağlılık genel eylem çizgisi olarak bağlı olmak anlamına geliyor. Diğer bir ifadeyle PKK genel eylemsizlik (ateşkes-barış görüşmeleri) sürecine geçtiğinde TAK da aynı biçimde bir tutum içine girecek. Kanaatimce TAK, PKK tarafından emir-talimatla sevk ve idare edilen bir yapılanma değildir. Bununla birlikte PKK'nin genel eylem ve hareket çizgisine bağlı olan bir yapılanma olduğunu düşünüyorum. Birimler biçiminde bir örgütlülüğü esas aldığı için gelişme ve büyüme zemini de vardır" (Bozaslan, 2016). Yıldız da örgütün PKK'nin daha radikal ve savaş yanlısı bir tutuma sahip olduğunu vurgulamaktadır. Buna göre TAK, PKK'yi devlete karşı yeterince direnmemek ve savaşı şehirlere çekmemekle itham etmekte, kendisine batı illerdeki askeri, turistik ve ekonomik bazı hedefleri bombalama hedefi koymaktadır. Kürt sorununun siyasi yollarla çözümüne inançları oldukça azdır ve devleti karşı şiddetle barış masasına oturtmaya çalışmaktadırlar (Yıldız, 2016).

Bütün bu görüşler ve kamuoyuna yansıyan bilgiler birlikte değerlendirildiğinde; Türkiye, artık istihbarat elemanı tarzında kendisini kamufle edebilen, her türlü eylemi meşru gören ve birbirini tanımayan onlarca hücreden oluşan bir örgütle karşı karşıyadır. Bu ve benzeri örgütlerle mücadele etmenin zorluğu tartışılmayacak kadar açıktır. Bunların eylemlerinin önceden öngörülmesi, eylemlerin önceden öğrenilmesi ve güvenlik tedbirleriyle önlenmesinin çok güç olduğu bilinmektedir.

Kıra Dayalı Şehir Gerillacılığı

PKK, şehirlerdeki varlığı ile yeni bir konsepte büründü. Çözüm sürecinin bitmesinden sonra PKK tarafından yapılan ve çok sayıda askerin öldüğü Dağlıca saldırısı ve şehirlerde yapılan eylemler yeni konseptin ne olduğuna dair önemli ipuçları vermektedir. PKK'nin yeni stratejisini "Kıra Dayalı Şehir Gerillacılığı" olarak nitelendirmek mümkündür. Bu yeni konsept, "kırda ve şehirde dengeli bir biçimde yürütülecek bir savaşı" esas almaktadır.[12]

Örgüt 2012 yılını "kesin zafer yılı" olarak ilan etmesine karşın bunda başarılı olamadı. Bu süreçte sadece kırsal mücadelenin yeterli olmayacağı kanaati oluştu ve çatışmaları şehirlere çekmek gerektiği fikri ağırlık kazanmaya başladı. Şehirlerde özyönetim birimleri veya özerklik açıklamalarını koordine etmek ve farklı fraksiyonlardaki Kürt/sol grupları bir çatı altında toplamak için Demokratik Topluk Kongresi'nin (DTK) aktif rol alması öngörülmekteydi. PKK'nin yayın organları; "Dördüncü stratejik mücadele dönemi" başlıklı yazılarda yeni konsepte neden ihtiyaç duyulduğunu ve PKK'nin bu konseptle ne hedeflediğini net olarak ortaya koyuyor; "KCK'nin tümünü harekete geçireceğiz. Yedi boyutta da mücadeleyi öngöreceğiz. Ekonomik, sosyal, hukuki, siyasi, diplomatik, kültürel boyutu da, askeri boyut gibi harekete geçireceğiz. Bütünlüklü ele alacağız. Hedefler programımız bütün bu alanları içerecektir. Böyle olursa doğru yaklaşmış oluruz. Hedefler programımızı doğru oluşturmuş oluruz" (ROJBAS/a, 2012). Bu hedeflerin oluşumu için de hem kırda hem şehirlerde ortak hareket edecek yeni eylem birliktelikleri oluşturulması istenmektedir.

PKK'nın kendi iç tartışmalarında ve yazılanlardan anlaşıldığı kadarıyla Öcalan PKK'ye üç tür savaş tarzını önermiştir; "Önderlik de mevcut görevler kapsamında, savaşı hangi zeminde ve nasıl bir tarzla, yöntemle yürütebileceğimiz konusunda üç tür savaş tarzından söz etmektedir. Devrimci Halk Savaşı'nın geliştirilmesi açısından, 'bunları değerlendirir, kendileri için uygun olanları seçerler' diye belirttiği hususlar bulunmaktadır. Bunlardan birincisi, geçmişte olduğu gibi dağa dayalı, dağda yoğunlaşan savaş tarzının sürdürülmesi, savaş türünün devam ettirilmesidir. İkincisi, şehirlerde Sovyetik genel bir halk ayaklanmasının yapılmasıdır. Üçüncüsü ise kıra ve şehre dayalı, birlikte, dengeli ve ortak bir savaşın geliştirilmesidir" (ROJBAS/b, 2012).

---

[12] *Kıra Dayalı Şehir Gerillacılı* (ROJ Matbaası-2012) Abbas Arkadaş (Duran Kalkan olduğu söylenmektedir) tarafından yazılmış ve örgüt içi faaliyetlerde kullanılmakta olan 262 sayfalık bir çalışmadır.

PKK, Öcalan'ın önerilerinden üçüncüsünü kabul ederek, kırda ve şehirde dengeli bir savaş yürüteceğini ifade etmektedir. Kısaca PKK, "dördüncü stratejik dönem" olarak adlandırılan ve "özsavunma ya da devrimci halk savaşı" olarak ifade edilen eylem planlarında "demokratik özerkliğin" inşa edilebilmesi için şehirlerde daha etkin örgütlenmenin gerekliliğini ve "şehir savaşının" zorunluluğunu ifade etmektedir. Bu nedenle örgüt Kıra Dayalı Şehir Savaşı stratejisini oluşturmuş ve bu strateji doğrultusunda faaliyetlerini planlamıştır. Bugün geldiğimiz noktada olup biteni anlamak için 2012 sonrasında teorisi ve pratiği geliştirilen bu strateji göz önünde bulundurulmalıdır.

Yeni strateji hendek savaşları olarak nitelendirilen son dönem çatışmalardan da edindiği deneyim sonrası örgüt Karayılan'ın talimatıyla ile mobilize olma sürecine geçmiştir. Eskisinden farklı olarak, şehrin tamamı çatışma alanı olarak kabul edilmekte ve sürekli hareket halinde olmak öngörülmektedir. Bu durum şehirlerdeki yaşamı (sosyal-siyasal ve ekonomik hayatı) hendek kaynaklı çatışma sürecinden daha ağır bir tabloyla karşı karşıya getirebilir.

PKK'nin yakın gelecekte hendek tarzı yeni eylemlere girip-girmeyeceği bir muamma iken örgütün şehirlerde belirli alanları hiç değilse geceleri kendi kontrolünde tutmak isteyeceği öngörülebilir. "Geceleri bizim, gündüzleri polislerin" stratejisiyle alan hâkimiyetinin kırdan şehre yayılmaya çalışılacağı düşünülebilir.

Özyönetim Ekonomisi

Bölgenin son dönemde yaşadığı ekonomik yıkıma Kürt ulusalcı çevrelerin ekonomik modeli bağlamında bakmak da ufuk açıcı olacaktır. Kısaca özyönetim ekonomisi diye tanımlanabilecek bu model bölgenin mevcut sistem içerisinde zaten kalkınamayacağını varsayar. Dolayısıyla çatışmalar sebebiyle yaşanan ekonomik mağduriyetlerin de "geçiş sürecindeki" aşamalar olarak görülmesini ister.

Olayların yaşandığı yerler çoğunlukla Demokratik Bölgeler Partisi tarafından yönetilen şehirlerdir. Ancak örgüt bu şehirlerin yıkılmasını ekonomik açıdan çok da önemsememektedir. DTK içerisinde oluşturulan ve ilk toplantısını 2014 yılında Van'da düzenleyen Ekonomik Kalkınma ve Kooperatifçilik Toplantıları ve diğer başka bildirilerde mevcut kapitalist sistemde yerel yönetimlerin kalkınamayacağı ve beklenen bölgeler arası kalkın/ma/mışlık eşitsizliğinin ortadan kalkamayacağı deklare edilmiştir. Beklenen kalkınmanın ancak örgütün kendi modeli sayesinde olacağı belirtilir. Özyönetim ekonomisi İspanya Bask bölgesinde hayata geçen ve başarı hikâyesi çıkaran Mondragon modeli tarzı kooperatifçilik hareketlerinden örnek alır. Kürtlerin de ancak bu modelleri uygulayarak çıkış yapabileceği dile getirilir.

Mondragon modeli Dünya'da ele alınan ve tartışılan başarılı kooperatif hareketlerinden biridir.[13] Model ismini İspanya'nın Bask bölgesindeki Mondragon kasabasındaki işçi kooperatiflerinden alır. Ülkemizde her ne kadar Bask Modeli olarak dile getirilmiş olsa da model bir kooperatiftir. Mondragon kooperatifleri ulaştığı ekonomik başarı neticesinde Mondragon Grup olarak Dünya'ya yayılmış ve tanınmıştır. Kooperatif İspanya'nın kuzeyinde Bask Bölgesindeki kamu hizmetlerinden yoksun, işsizliğin yüksek olduğu Mondragon kasabasında ekonomik sorunları çözmek amacıyla 1941 yılında din adamı Don Jose Maria Arizmendi'nin öncülük ettiği çalışmalar sonucu ortaya çıkmıştır. Kurucusunun sloganı, "Hiç kimse ne başkasının kölesi, ne de efendisi olmalı"dır. Arizmendi, yöredeki gençlerin meslek edinmeleri amacıyla ve vasıflı bir iş gücü haline gelmeleri için yörede mesleki eğitime öncülük etmiş ve bu konuda halkın desteğini de almıştır. 1943 yılında ismi Mondragon Eskola Politeknikoa olan bir politeknik okul kurmuş ve yöre gençlerinin mesleki eğitimi için önemli bir adım atmıştır. Bu okuldan mezun olan ve daha sonra mühendislik eğitim alan 5 genç ile 1956 yılında Mondragon İşçi Üretim Kooperatifini kurmuştur. Kooperatif 24 ortak işçi ile bugünkü adıyla Fagor Electrodomesticos adını taşıyan Ulgor kooperatifini kurmuştur.

Başlangıçta sadece ocak ve soba üretmişler, daha sonra gaz sobaları ve bütangaz sobası üretimine geçmişlerdir. Ulgor kooperatifinin ardından diğer işçi kooperatifleri kurulmuştur.

---

[13] Kooperatifle ilgili bilgilerin derlenmesinde (Örnek, 2013; mondragon-corporation.com/eng/, 2016; ozgur-gundem.com, 2014) kaynaklardan faydalanılmıştır.

Arizmendi 3 yıl sonra yeni kurulan kooperatifleri teknik ve finans yönüyle desteklemek amacıyla teknik destek ve kredi bürosu olan, bugün Bask bölgesinde 180 şubesi bulunan Caja Laboral Popular'in (CLP) kurulmasına öncülük etmiştir. 1960'lı yıllardan itibaren endüstriyel işçi kooperatiflerinin sayısı artmıştır. Kooperatifler teknik eğitim gören gençlerin uygulama alanları olmuştur. Artan istihdam alanlarının etkisiyle işçi kooperatiflerini takiben yörede tarım, tüketim ve konut kooperatifleri kurulmuş, kooperatiflere ait eğitim kurumları, bankalar ve sosyal sigorta kuruluşları açılmıştır. Bu sayede Bask'da ekonomik hayat canlanmış ve refah düzeyi yükselmiştir. 1970'lı yıllarda Mondragon kooperatiflerine ait teknik destek ve kredi bürosu olan Caja Laboral Popular'in (CLP) desteği ile kendi nam ve hesabına çalışan kooperatif ortağı işçiler İspanya İş Yasasına göre Lagun Aro adıyla sağlık ve sosyal güvenliği kapsayan bir sosyal sigorta kurumu kurdular. Böylece sosyal güvenlik sorunlarına da çözüm getirdiler. Mondragon kooperatiflerinde çalışan işçiler aynı zaman bu birliğin üyeleri olmuş ve demokratik, gönüllü, katılımcı bir politika izlemişlerdir.

Mondragon kooperatifinin bazı şirketleri Dünya çapında ticari markalara dönüşmüştür. Caja Laboral Financial, Capreci Industrial, Donobat Industrial, Eroski Distribution, Irizar Industrial, Lagun Aro Financial, Orbea Industrial, Orkli Industrial, Orona Industrial, Urssa Industrial ve ülkemizde de yatırımı bulunan Fagor Industrial bunların bazısıdır. Ayrıca bu kuruluşlarla ortak çalışan eğitim merkezleri, okullar, araştırma ve geliştirme merkezleri de vardır. Yaklaşık 74 bin çalışanı olan kooperatifin 41 ülkede ofisi ve 150 ülkede de satış ağı vardır. 260 adet şirket ve kooperatifi bünyesinde bulundurur. Özetle Mondragon Kooperatiflerinin yönetici ve ortağı olan çalışanları bir başarı hikâyesi yaratmış ve 21. yüzyıl kooperatifçilik hareketinin en önemli örneklerinden biri haline gelmişlerdir.

Yukarıda önemine binaen genişçe aktarılan kooperatif modelinin Dünya'da değişik yerlerde uygulanmaya çalışıldığı ve başarısız olduğu yine kooperatif yetkililerince ifade edilmiştir. Bu başarısızlığın en önemli nedenlerinden birisi olarak yeterli demokratik kültürün olmadığı yerlerde oluşturulan kooperatiflerin kısa sürede belirli örgütlerin ve güç sahiplerinin kontrolüne girerek dağılması gösterilmektedir.

Örgüt bölgede devletin liberal politikalarına karşı yarı sosyalist bir ekonomik model kurmayı amaçlamaktadır. Mondragon modelini örnek alan ekolojik-sosyalist model öncelikle toprak roformuyla herkesi toprak sahibi yapmayı sonra da kent reformlarıyla evsizleri ev sahibi yapmayı hedefliyor. Burada en önemli rol belediyelere ve ilgili komünlere düşmektedir. Kooperatiflerin bu işlerin yapılmasında gerekli örgütlenme ağını oluşturması düşünülmektedir. Bu konuda bazı şehirlerde belirli sektörlere yönelik ön çalışmaların yapıldığı saha çalışmalarında görülmüştür.

Çatışmanın Bölge Ekonomisine Etkileri

Ekonomistler insanlık tarihinin yerleşik hayata geçtiği ve kültürlerarası etkileşimle ilişki kurulmaya başlandığı günden bu yana savaş ve barış dönemlerinin ekonomik sonuçlarıyla ilgilenmiştir. Aralarında Keynes, Pigou, Meade ve Robins'in de bulunduğu önde gelen ekonomistler, savaş ve barış dönemlerinin ekonomik durumları ve bu dönemlerin birbirleriyle etkileşimlerini araştırmışlardır.

1970'lerden beri artan terör eylemleri de ekonomistlerin ilgisini çeken konulardan biri olmuştur. Hızla değişen dünyada ve gelişen teknoloji ile beraber terörün tanımı gibi kullandıkları yöntemler değişmiş ve ekonomiye verdiği zararın boyutu da oldukça artmıştır. Terörün diğer etkilerinin yanında ekonomik etkilerini de anlamak ve yorumlamak daha sonrasında etkili yöntemler geliştirmek ve ekonomik tedbirler almak için önemlidir. Zira başarılı bir terörle mücadele planının ön şartı eylemlerin niteliğini, yapısını ve etkilerini doğru anlamaktan ve hızlı çözüm yolu geliştirmekten geçer. Terör eylemlerinin zararı sadece can kayıpları, arama kurtarma maliyetleri, psiko-sosyal tahribatlar veya sadece yıkılıp harap olan binalar ile sınırlı olmamaktadır. Bunun yanında eylem veya şiddet sonrası hemen kendini gösteren ekonomik yıkım ve orta vadede oldukça etkisini gösterecek piyasalar ve sektörler üzerindeki tahribatı göz ardı edilmemelidir. Eğer bunu onarmayı başaramazsanız bu bir kısır döngü olarak toplumsal olayları tetikler ve şiddet sarmalına neden olur. Bu durum düzeltilemezse hem maliye politikaları hem de para politikaları bozulur.

Diyarbakır'da Haziran 2015 seçim döneminde HDP mitinginde ve sonrasında Suruç'ta bombaların patlaması, Sur ilçesi başta olmak üzere, bölgenin farklı il-ilçelerinde hendeklerin kazılması ve sokağa çıkma yasakları ile gerilim her geçen gün artmıştır. Kasım 2015 seçimlerinden sonra bölge artık yeniden çatışmaların yaşandığı, çözüm görüşmelerinin durduğu, geçmiş yıllara göre, çok daha ağır toplumsal, sosyal ve ekonomik sorunların yaşandığı yeni bir döneme girmiştir. Sokağa çıkma yasakları, kepenk kapatma eylemleri ve operasyonların ekonomiye etkileri bu bölümde ele alınmaya çalışılmıştır.

Sur ilçesinde Eylül 2015'den bugüne kadar farklı aralıklar ile uygulanan ve Aralık 2015'den sonra Mart 2016'ya kadar kesintisiz bir şekilde sürdürülen sokağa çıkma yasakları nedeni ile 20.000'in üzerinde insanın Diyarbakır ilinin farklı ilçelerine veya farklı merkezlere göç ettikleri tahmin edilmektedir. Yasaklar süresince de ilin ticaret ve turizm merkezi olarak bilinen Sur ilçesinde işletmeler uzun bir süre kapalı kaldı ve iş kayıpları yaşandı. Aynı şekilde kentin merkezlerinde gelişen olaylar, sokağa çıkma yasakları ve oluşan güvenlik sorunları bir bütün olarak bölge ekonomisini de olumsuz etkilemiştir. Hakkâri, Şırnak ve Mardin'de Mayıs 2016 itibariyle operasyonların çoğunun tamamlandı ancak kısmi sokağa çıkma yasakları devam etmektedir. Özellikle Yüksekova, Cizre, İdil, Şırnak merkez ve Nusaybin'deki ağır çatışmalardan kaçan yaklaşık 200 bin kişinin bir kısmı geri dönerken önemli bir kısmı da geçici ya da yeni ikametgâhlarında yaşamına devam etmektedir.

Bölgede ekonomik hayatı olumsuz etkileyen faktörlerden bir de gerek STK'lar gerekse DBP tarafından devletin uygulamalarını protesto ve örgüt propagandası gereği yapılan hayatı durdurma veya kepenk/kontak kapama eylemleridir. Önceleri dönemsel yapılan bu tip eylemlerin sürekli hale gelmesi bölge halkının katılımını zayıflatmıştır. İlk zamanlar halkın %90 oranında katıldığı bu kepenk/kontak kapama eylemleri sık sık yapılmaya başlandığında tepkilere neden olmuştur. Yapılan protesto eylemlerinin toplu can kaybı veya ciddi hak ihlallerinin protesto edilmesi dışında halkta karşılık görmediği görülmektedir.

Bu eylemlerin bölge esnafına ciddi maddi zararlar verdiği gözlenmektedir. Sık tekrar eden eylemler sabit gideri olan ve zaten sermaye olarak zayıf durumdaki esnafın kısılan taleple beraber cirolarında ciddi kayıplara neden olmuş ve sermayelerinin de erimesine sebebiyet vermiştir. İlk başlarda ayda bir yapılan bu eylemler her Salı günü olağan hale gelip bazen haftada 2-3 günü bulmaya başlamasıyla esnafın aylık ciro kaybı 7-8 güne ulaşmıştır. Bu durum işletmelerin neredeyse %50 ciro kaybına neden olmuştur. Kepenk kapamalar rutin ödemeler dengesini bozarak protestolu senet ve yazılan çeklerin artmasına neden olmuştur. Bölgede olaylardan etkilenmeyen esnafların dahi bu durumu kötü niyetli kullanması iç piyasada mal alımlarında güvensizlik yaratmıştır. Bu, bölgede ticari ilişkilerin seyrini değiştirmiştir. Mal alış ve satışlarında daha ihtiyatlı davranılmasına, daha çok maddi teminatla ya da peşin alış-veriş yapılmasına neden olmuştur. Kötü kayıtlar nedeniyle finansal kurumlar ve bankalar da teminatlı iş yapmaya başladı. Esnaf her fırsatta banka ve finans kurumlarını suçlasa da kendi aralarındaki ticarette dahi mal satışlarında çekli iş yapmamaya ve nakit çalışmaya başladığı gözlemlenmiştir.

Genel Ekonomik Durum[14]

Türkiye'de iller arası ve genel gelir eşitsizliği önemli bir sorundur. Ülkede kişibaşı GSYH dağılımı bunu açıkça ortaya koymaktadır. Son yıllarda da makas dar gelirli bireyler ve şehirler aleyhine açılmaya devam etmektedir. Batıdaki şehirler doğudakilere göre bu farkı hızla açmaktadır.

TEPAV'ın yaptığı araştırmaya göre, 2001 yılına ait kişibaşı GSYH verilerinde en yüksek on il ve en düşük on il sıralamasında bölge şehirlerinin geri kalmışlığı açıkça görülmektedir (Başıhoş, 2016).

---

[14] Bu bölümün hazırlanmasında çok sayıda kurum ve kuruluşun verileri göz önünde bulundurulmuştur. Ana metin DTSO raporuna uygun olduğundan bunlar için her seferinde kaynak gösterilmemiştir.

En Yüksek (2001)		En Düşük (2001)	
İL	Kişibaşı GSYH (sbt 2005 $)	İL	Kişibaşı GSYH (sbt 2005 $)
Kocaeli	13851	Kars	1947
Yalova	11087	Iğdır	1745
Bilecik	9140	Van	1702
Karabük	9067	Bingöl	1585
Kırklareli	8773	Ardahan	1577
Bolu	8556	Bitlis	1231
İzmir	8249	Şırnak	1231
Tekirdağ	7917	Muş	1200
İstanbul	7817	Hakkari	1115
Manisa	7742	Ağrı	1100

Bu durum 2013 yılına gelindiğinde de değişmedi. Burada Doğu-Güneydoğu Anadolu'daki illerin kişibaşı gelir seviyesinin ülke ortalamasının bir hayli altında olduğu görülmektedir. 2013 yılında ülkede kişibaşı GSYH yaklaşık 10 bin $ civarındayken bölge şehirlerinde 2-3 bin $ dolaylarındadır. 2001 verilerinde olduğu gibi son on il yine Kürtlerin ağırlıklı olarak yaşadığı şehirlerdir. Bahsi geçen illerin 12 yıllık barış döneminde de ülke ortalamasına göre düşük bir gelişim göstermesi düşündürücüdür.

En Yüksek (2013)		En Düşük (2013)	
İL	Kişibaşı GSYH (sbt 2005 $)	İL	Kişibaşı GSYH (sbt 2005 $)
Yalova	19478	Kars	3459
Kocaeli	16837	Ardahan	2917
Bilecik	15654	Iğdır	2750
Bolu	13831	Bitlis	2716
Manisa	13673	Van	2574
Karabük	13553	Bingöl	2468
Denizli	12956	Muş	2029
İzmir	12696	Ağrı	1699
Kırklareli	12669	Hakkari	1640
Zonguldak	12382	Şırnak	1587

Bölgede Haziran 2015 sonrasındaki çatışmaların ekonomiye etkilerini tespit etmek için sınırlı sayıda çalışma elde mevcuttur. Bunlardan biri Diyarbakır Ticaret Sanayi Odası (DTSO) tarafından yapılan araştırmadır. Ekonomik alanda oluşan hasarın ve sorunların tespitine yönelik saha çalışması Şubat 2016'da başlatılmıştır. Bu rapor özellikle Sur başta olmak üzere, Diyarbakır'da farklı sektörlerde 04.03.2016-22.03.2016 tarihleri arasında toplam 395 işletme ve esnaf ile yüz yüze görüşme yapılarak hazırlanmıştır. Görüşmelerin tamamı daha önce yasağın uygulandığı, şu an kontrollü giriş çıkışın yapıldığı ve sokağa çıkma yasağının kaldırıldığı alanlarda uygulanmıştır. Bu alanlar; Kıbrıs Caddesi, İnönü Caddesi, Gazi Caddesi, Melik Ahmet Caddeleri ve caddeler üzerindeki bazı sokaklar, pasajlar ve iş hanlarıdır.

Görüşme yapılan işletmelerin ağırlıklı olarak toptan ürün satışı yaptığı, Diyarbakır ve çevre illere dağıtımları bulunduğu görülmüştür. Sur ilçesi, özellikle tekstil, kuyumcu, optik, tuhafiye, gıda, ayakkabı ve çanta ürünleri, geleneksel ürünler gibi alanlarda bütün kentin uğrak merkezidir. Burası dışardan gelen turistlerin de yoğun olarak alışveriş yaptıkları, çevresindeki kurumlar ve ticari alanlar nedeni ile de sirkülasyonun yoğun olduğu bir bölgedir. Bu nedenle, Eylül 2015'den sonraki süreçte, Sur ilçesinin ve özellikle esnaf ve işletmelerin yoğunlaştığı cadde ve iş hanlarının kapalı olması, buradan toptan alışveriş yapan şehrin ve bölgenin değişik yerlerindeki tuhafiye, tekstil, mensucat, kuyumcu vb. tüm işletmelerin de etkilenmesine neden olmuştur.

Bölgede genel anlamda yatırımların iptal edildiği ya da beklemeye alındığı da söylenebilir. Siirt'te Çetin HES projesinin iptal edilmesi, Şanlıurfa'da binlerce kişiye istihdam sağlayacak yatırımların ve yeni OSB'nin beklemeye alınması buna örnek verilebilir. Diğer taraftan Ekonomi Bakanlığı verilerine göre terör sebebiyle bölgede yabancı teşvik lisansı alan firma sayısı keskin biçimde düşmüştür. 2013 yılında 12, 2014 yılında 10 ve 2015 yılında ise sadece 1 yabancı firma Doğu ve Güneydoğu Anadolu Bölgesi'ne yatırım yapmak için teşvik belgesi almıştır (Baysal, 2016). DİSİAD başkanın ifadesine göre sadece Diyarbakır OSB'de bu dönemde 40'a yakın işyeri kapanmış ve 1000 civarında çalışan işsiz kalmıştır (Baysal, 2016).

Tablo 1: Sokağa Çıkma yasağında kapalı kalınan süre	İşletme Sayıs
1 gün-29 gün kapalı kalan işletme sayısı	5
30 gün-40 gün kapalı kalan işletme sayısı	41
41 gün-74 gün kapalı kalan işletme sayısı	67
75 gün-89 gün kapalı kalan işletme sayısı	11
90 gün-100 gün kapalı kalan işletme sayısı	102
101 gün-110 gün kapalı kalan işletme sayısı	105
111 gün-120 gün kapalı kalan işletme sayısı	51
130 gün kapalı kalan işletme sayısı	2
140 gün kapalı kalan işletme sayısı	3
Kapalı kalmadığını belirten işletme sayısı	8
Toplam	395

İşletmelerin sokağa çıkma yasakları ve güvenlik sorunları nedeni ile kapalı kaldıkları süreye ilişkin; İşletme ve esnafların %65'inin 90-120 gün ve %30'unun da 30-89 gün süre ile kapalı kaldıkları görülmüştür. Bu süreler yasakların uygulandığı tarihler ile karşılaştırıldığında, özellikle Aralık 2016'dan sonra kapalı kaldıkları sürenin belirtildiği, daha önceki yasaklardaki kapanma durumlarının yansıtılmadığı görülmüştür. GÜNGİAD'nin (Güneydoğu Genç İşadamları Derneği) tespitlerine göre olaylar sebebiyle Sur'da 361 işyeri uzun süre kapalı kalmış 41 işyeri de nakil yoluyla bölgeden ayrılmıştır. Aynı sebeple 2014 ve 2015 yıllarında faaliyete başlayan 50 şirket ticari faaliyetlerini sonlandırmış, 26 firma da şehirdeki bütün şubelerini kapatmıştır.

Tablo 2: İşletme alanının mülkiyeti	İşletme Sayısı
Faaliyet gösterdiği işyeri kira olan işletme ve esnaf sayısı	317
Faaliyet gösterdiği işyeri kendisine ait olan işletme ve esnaf sayısı	75
Diğer	3

İşletme ve esnafların mülkiyet durumlarına ilişkin; %80'inin işyerlerinin kira olduğu görülmüştür. Yapılan görüşmelerde işletmeler kapalı kaldıkları süre zarfında da kira bedellerini ödediklerini belirtmişlerdir. Vakıflar İş Hanı, Hasanpaşa gibi vakıf işyerlerinde de kira bedellerinin ödendiği, ödenmeyen kira bedellerinin de mevcut durum göz önünde bulundurulmadan talep edildiği belirtilmiştir (bunların bir kısmı sonradan yapılandırılmıştır).

Tablo 3: İşletme/esnafların ödedikleri kira bedeli	İşletme Sayıs
180,00-500,00 TL	61
501,00-1.000,00 TL	61
1.001,00-1.500,00 TL	51
1.501,00-2.000,00 TL	30
2.001,00-2.500,00 TL	24
2.501,00-3.000,00 TL	20
3.001,00-4.000,00 TL	21
4.001,00-5.000,00 TL	16
5.001,00-7.000,00 TL	16
7.001,00-10.000,00 TL	10
10.001,00-15.000,00 TL	3
15.001,00 - .... TL	2

İşletme ve esnafların ödedikleri kira bedellerine göre dağılımlarına ilişkin; %57'sinin 180,00-2500,00 TL ve %14'ünün de 2.501,00-5.000,00 TL arasında kira bedeli ödediği ve salt kapalı kaldıkları süre değil, Eylül 2015'den bugüne ve bundan sonra da normale dönünceye kadar kira bedellerinin herhangi bir işletme geliri olmadan karşılandığı, karşılanacağı belirtilmiştir.

Tablo 4: Sokağa çıkma yasaklar öncesi işletmelerin çalışan sayılarına göre dağılımı	İşletme Sayısı
1-5 kişi çalıştıran işletme, esnaf	308
6-10 kişi çalıştıran işletme, esnaf	44
11-20 kişi çalıştıran işletme, esnaf	29
20-50 kişi çalıştıran işletme, esnaf	9
Yanında çalışan olmayan işletme, esnaf	5

İşletmelerin %77'sinin 1-5 kişi çalıştıran işletmeler, %11'inin de 6-10 kişi çalıştıran işletmeler olduğu belirlenmiştir. 38 işletmenin de 11 ve üzeri çalışanının olduğu görülmektedir.

Tablo 5: Sokağa çıkma yasakları sonrası işletmelerin çalışan sayılarına göre dağılımı	İşletme Sayısı
1-5 kişi çalıştıran işletme, esnaf	316
6-10 kişi çalıştıran işletme, esnaf	37
11-20 kişi çalıştıran işletme, esnaf	9
20-50 kişi çalıştıran işletme, esnaf	5
Yanında çalışan olmayan işletme, esnaf	22

İşletmeler sokağa çıkma yasağı sonrasında yasak süresince süresiz bir şekilde izne ayrılan veya çıkardıkları çalışanlar ile çalışmaya başlayacaklarını veya başladıklarını beyan etmişlerdir. Ancak bazı işyerlerinin çalışan sayısını azaltmayı planladıkları belirtilmelidir.

Tablo 6: İşletmelerin toplam çalışan sayıları	Çalışan Sayısı
Yasak öncesi toplam çalışan sayısı	1.750
Yasak sonrası toplam çalışan sayısı	1.213

Sokağa çıkma yasakları ile birlikte çalışan sayısında %30'luk bir kayıp yaşanmıştır. Ancak işletmelerin kapalı kaldıkları süre zarfında çalıştırdıkları personellerinin büyük çoğunluğunun herhangi bir gelirden yoksun olduğu, genel olarak günlük veya haftalık ücretler ile çalıştırıldıkları ve bu bölgede kısa süreli ve geçici çalışmanın yoğun olduğu görülmüştür. Yani Eylül 2015'den sonra, Sur ilçesindeki işletme ve esnaflarda çalışanların, gelir düzeyinin olumsuz etkilendiği ve yasak kalktıktan sonra yeniden eski işyerleri tarafından geri çağrıldıkları görülmüştür. Ancak daha büyük işletmelerde yetiştirilen nitelikli çalışanların işten çıkarıldığı, yasak sonrası da aynı kapasitede hizmet sunumuna başlanamadığı için nitelikli çalışan kaybının oluştuğu da gözlenmiştir. Bunların bir kısmının şehrin başka bölgelerinde iş bulduğu veya bölgeyi terk ettiği söylenmektedir.

Tablo 7: İşletmelerin uğradıkları zarara ilişkin beyanları	İşletme Sayısı
5.000,00-25.000,00 TL	77
25.001,00-50.000,00 TL	100
50.001,00-100.000,00 TL	99
101.000,00-200.000,00 TL	51
201.000,00-500.000,00 TL	39
501.000,00-1.000.000,00 TL	14
1.000.001,00 -	2
Cevap alınamayan	13

İşletmelerin sadece kapalı kaldıkları süre içinde uğradıkları iş kaybı değerlendirilerek zararlarına ilişkin bilgi vermeleri talep edilmiştir. Bunların %69'u 5.000,00-100.000,00 TL arasında zarara uğradıklarını belirtmişlerdir. Ancak Aralık 2015 öncesinde de bölgede oluşan güvenlik algısı, yapamadıkları satışlar nedeni ile oluşan iş ve müşteri kayıpları ve bundan sonra normale dönünceye kadar oluşacak kayıplar düşünüldüğünde kapalı kaldıkları süre için beyan ettikleri zararların oldukça üzerinde bir kayıp yaşandığı tahmin edilmektedir.

Görüşme yapılan 395 işletme ve esnafın toplamda yaklaşık 50 milyon TL değerinde zarar beyan ettikleri alınan bilgi formlarından tespit edilmiştir.

Tablo 8: Firmaların devlet destek alımları	İşletme Sayısı
3.000,00 TL valilik desteği alan firma sayısı	73
Herhangi bir destek almayan firmalar	322

Güvenlik sorunlarının yoğun olarak yaşandığı dönemden bugüne kadar sadece basit usulde faaliyet gösteren belli sayıda esnafa Diyarbakır Valiliği'ne yaptıkları başvuru üzerinden 3.000,00 TL destek sağlanmıştır. Görüşme yapılan işletme ve esnafların %18'i bu desteği almıştır.

Görüşme yapılan işletme ve esnafların %95'i işyerlerinin tümden kapatılması, başka yere taşınması, vergi kaydının silinmesi vb. farklı bir işlem yapmadığını beyan etmiştir. İşletme ve esnafların mevcut birikimleri veya borçlanarak bu süreci atlatmaya çalıştıkları, durumun normale dönüşüne ve daha sonra da oluşan zararlarının karşılanacağına ilişkin beklenti ve umutlarının olduğu görülmüştür.

Esnaf ve işletmelerin bir kısmı bankalarla kredi ilişkilerinin bulunmadığını ancak bankalar ile ilişkileri bulunanların bu dönemde önemli sorunlar yaşadıklarını ifade etmiştir. Görüşme yapılan işletme ve esnafların %14'ü, mevcut kredilerinin geri çağrıldığını belirtmişlerdir. İşletmeler yeni kredi taleplerinin reddedildiğini, mevcut kredilerini yapılandıra-madıklarını, özellikle toptan satış yapan işletmeler ağırlık olarak çeklerinin yazıldığını belirtmişlerdir.

Saha çalışması yasağın kalktığı alanlarda uygulanmış olup, bu alanlardaki işletmelerde genel olarak fiziki bir hasarın olmadığı görülmüştür. Ancak işletmelerin kapalı oldukları süre zarfında ciro kaybının yanında, finansman planları, sezonluk üretim, toptan satış ve dağıtım ilişkileri gibi faaliyet alanlarına göre farklı zararlar ile karşı karşıya kaldıkları ve bu zararların da salt yasak süresi ile sınırlı kalmayacağı görülmüştür. Yasağın belli bölgelerde devam etmesi, yasak kalkan alanlarda da kontroller, aramalar nedeni ile işletmelerin belirli bir süre daha normal hizmet, üretim ve satışlarına geri dönmesinin mümkün olmadığı belirlenmiştir. Ayrıca kapalı oldukları süre içinde sadece yerelde iş ve müşteri kaybı yaşamadıkları, ayrıca satış ve dağıtım yaptıkları tüm alanlarda iş ilişkilerinin zarar gördüğü ve özellikle Sur'da faaliyet gösterdikleri için bazı müşterilerin alımlarını durdurdukları belirtilmiştir. Yaşanan olaylar süresince kamuoyunda oluşan algının ve tepkilerin bundan sonraki dönemde sadece Sur işletme ve esnafları değil, bir bütün olarak ilin ve bölgenin üretim ve hizmet sunumunu olumsuz etkilediği ve etkileyeceğini ifade etmek mümkündür. Aynı şekilde, toptan satış yapan veya hizmet sunan işletmelerin dışardan mal tedariğinde de zorlandıkları, bu dönemde önceki döneme göre farklı ödeme planları ve alım miktarları ile tedarik ilişkilerinin de olumsuz etkilendiği sıklıkla beyan edilmiştir.

Tablo 9: Kalkınma Ajanslarının ve Karacadağ Kalkınma Ajansının Destek Rakamları.		
	Diyarbakır	Şanlıurfa
Uygulanan Destek Programı Sayısı 2014	28	28
Yapılan Toplam Başvuru Sayısı (Her iki ilin toplamı)	1635	
Destek Almaya Hak Kazanan Proje Sayısı	367	330
Feshedilen Proje Sayısı	30(% 8,17)	24(%7,27)
Verilen Destek (Milyon TL)	53,9	53,5
Türkiye'deki 26 Ajansa Yapılan Toplam Proje Başvuru Sayısı (2014 sonu)	51.000	
26 Ajans tarafından Desteklenen Proje Sayısı (2014 sonu)	14.000	
26 Ajans Tarafından Verilen Toplam Hibe (Milyar TL) (2014)	2,7	
2016 Yılı Kalkınma Ajansları Ödeneği	496 Milyon TL	
2016 Yılı Karacadağ Kalkınma Ajansı Ödeneği	20 Milyon TL	

İşletme ve esnaflar, bu dönemde özellikle ilgili kurumların desteğini alamadıklarını, esnaf ve işletmelerin bu süre zarfında yalnız bırakıldığını ve henüz mevcut belirsizliğin aşılması için net olarak önlem ve planlamaların açıklanmadığını ifade etmiştir. Bölge illerine destek sağlayan Karacadağ Kalkınma Ajansı'nın verdiği hibe miktarları ve ödenekler de ilgili kamu desteklerinin yetersizliğini gözler önüne sermektedir (Tablo 9). Buna göre 2014 yılında Türkiye'deki 26 ajansın toplam hibe miktarı 2,7 milyar TL iken Karacadağ Kalkınma Ajansı'nın hibe miktarı 107,4 milyon TL'dir. 2016 yılında ise 26 ajansın toplam ödeneği 496 milyon TL iken Karacadağ Kalkınma Ajansı'nın ödenek miktarı 20 milyon TL olarak belirlenmiştir. Geçen iki yıl içerisinde desteklerin ve ödeneklerin çok belirgin şekilde düştüğü görülmektedir. 6. Bölge Yatırım Teşvik miktarları da 2012 yılında 3.929, 2013 'te 6.703, 2014'te 4.173 ve 2015'te de 2.292 milyon TL şeklinde azalarak devam etmektedir.

İmalat Sektörü

DTSO ve Dicle Üniversitesi'nin birlikte hazırladığı sanayi envanteri çalışmasına göre Diyarbakır'da 1316 sanayi işletmesi bulunmaktadır. Buna karşın DESOB'ne üye 45 bin işyeri ve DTSO'na üye 12 bin işletme vardır. Açıkça görülmektedir ki, Diyarbakır'da büyük sanayi tesisleri ve KOBİ ölçeğinde sanayi işletmelerinden ziyade, esnaf faaliyeti olarak nitelendirilebilen küçük ölçekli işletmeler ağırlıklıdır. Gaziantep'te 5 OSB, Şanlıurfa'da 2 OSB'de faaliyet gösteren sanayi işletmelerine karşın Diyarbakır'da bir tane OSB vardır. Bu durum göreceli olarak Şırnak, Mardin ve Hakkâri'de çok daha kötüdür.

Tablo 10: Firmaların üretim alanları	Firma Sayısı
İnşaat Malzemeleri	36
Gıda Ürünleri	26
Metal ve Makine Ekipmanları	26
Blok ve Levha Mermer	18

Tekstil, Konfeksiyon	**16**
Ahşap Ürünleri ve Mobilya	**16**
Plastik Ürünleri	**10**
Diğer	**25**
Toplam	**173**

Görüşme yapılan işletmeler ağırlıklı olarak inşaat malzemeleri, gıda ürünleri ve metal ve makine ekipmanları üretimi yapan işletmelerdir. 78 işletme Diyarbakır Organize Sanayi Bölgesi'nde faaliyet göstermektedir.

Tablo 11: 2014-2015 üretim değişimi	Firma Sayısı	Görüşülen firma içindeki payı
Üretimimiz Değişmedi	14	%8
Üretimimiz Azaldı	126	%72
Üretimimiz Arttı	30	%17
Yeni Kuruluş	1	%1
Diğer (Cevap vermeyen işletmeler)	2	%2
Toplam	173	%100

Görüşme yapılan işletmelerin %72'si 2014 yılına göre 2015 yılında yaptıkları üretimin azaldığını, %17'si arttığını ifade etmiştir. Olaylar sebebiyle herhangi bir üretim değişimi yaşamadığını belirten işyeri oranı ise %8'dir.

Tablo 12: Üretimi artan işletmelerin artış oranları	Firma Sayısı
%5-%25 oranında artış	15
%26-%50 oranında artış	8
%51-%100 oranında artış	4
Oran Belirtmeyen firmalar	3
Toplam	30

Üretiminin arttığını belirten işletmelerin %50'si, %5-%25 dolayında, yaklaşık %25'i de %26-%50 oranında bir üretim artışı olduğunu ifade etmişlerdir.

Tablo 13: Üretimi azalan işletmelerin düşüş oranları	Firma Sayısı
%5-%25 oranında düşüş	31
%26-%50 oranında düşüş	68
%51-%100 oranında düşüş	26
Oran Belirtmeyen firmalar	1
Toplam	126

Üretimin azaldığını belirten işletmelerin %24'ü, %5-%25, %53'ü, %26-%50 ve %20'si de %51-%100 oranında bir üretim düşüşü yaşadıklarını ifade etmişlerdir.

Tablo 14: 2014 yılı işletme pazar dağılımı	Firma Sayısı	Görüşülen İşletmeler İçindeki Payı
Diyarbakır	62	%35
Doğu ve Güneydoğu Anadolu Bölgeleri	71	%41
Diğer Bölgeler, Türkiye	67	%38
İhracat	67	%38

2014 verilerine göre çalışmaya katılan işletmelerin %76'sı ürünlerini Doğu ve Güneydoğu Anadolu'ya satmaktadır. İhracat yapan firmaların oranı da %38'dir. DTSO'na göre ihracat yapılan işletmelerin büyük çoğunluğu Ortadoğu ülkelerine ihracat yapmaktadırlar. Hem bu ülkelerdeki iç karışıklıklar ve ekonomik krizler hem de sınır kapılarının zaman zaman kapanması firmaların ihracat koşullarını olumsuz etkilemektedir.

Tablo 15: İşletmelerin 2015 yılı pazar dağılımı	Firma Sayısı	Görüşülen İşletmeler İçindeki Payı
Diyarbakır	60	%34
Doğu ve Güneydoğu Anadolu Bölgeleri	71	%41
Diğer Bölgeler, Türkiye	67	%38
İhracat	57	%32

2015 yılında işletmelerin yurtiçi ve yurtdığı pazar paylarında büyük bir değişiklik olmamakla beraber ihracat yapılan ülkelerin azaldığı, işletmelerin tüm satışlarında ihracat oranın düştüğü görülmektedir. İhracat yapan firmalardan 45 firma 2014 yılında toplam satışlarındaki ihracatın payının 2015 yılında düştüğünü belirtmişlerdir. Görüşme yapılan işletmelerden sadece 50 firma üretim için ithal hammadde kullandığını belirtmiştir.

Tablo 16: İşletmelerin 2014 yılına kıyasla 2015 yılında cirolarının değişimine göre dağılımı	Firma Sayısı	Görüşülen İşletmeler İçindeki Payı
%5-%25 oranında ciro kaybı	36	%20
%26-%50 oranında ciro kaybı	63	%36
%51-%100 oranında ciro kaybı	28	%16
Ciro kaybı diğer	3	-

%5-%25 oranında ciro artışı	16	%9
%26-%50 oranında ciro artışı	5	%2
%51-%100 oranında ciro artışı	6	%3
Ciro artışı diğer	3	-
Cevap Vermeyen İşletme Sayısı	13	-
Toplam	173	%100

Görüşme yapılan işletmelerin %75'i 2015 yılında ciro kaybına uğradıklarını belirtmişlerdir. 2014 yılında 156 işletme bünyesinde toplam 6.778 kişilik bir istihdam (1.250 kadın, 5.528 erkek) sağlanırken, 2015 yılında yeni istihdam sağlayan 6 işletme hariç 155 işletme bünyesinde 5.912 kişilik bir istihdam (1.256 kadın, 4.656 erkek) sağlanmıştır. Toplam 77 firmanın (toplam firma sayısının %44'ü) çalışan sayısı azalmıştır. Gelecek için çalışan sayısında öngörülen değişikliğe ilişkin; görüşme yapılan işletmelerin %38'i azalacağını, %21'i artacağını ve %38'i de herhangi bir değişiklik olmayacağını aktarmıştır.

Diyarbakır'da görüşme yapılan işletmelerin %61'i (107 firma) 2015 yılı için daha önce yeni yatırım planlarının bulunduğunu, %35'i bulunmadığını belirtmiştir. Yeni yatırımı olduğunu ifade eden 35 firma (%32) yatırım planlarını iptal ettiklerini, 66 firma (%61'i) ise yatırıma başladıklarını ancak yatırım planlarını daha uzun bir süre için revize ettiklerini ifade etmişlerdir. 5 firma da yatırımını tamamlamıştır. Görüşme yapılan işletmelerin %57'si, 2015 Haziran döneminden sonra ulaşım ve nakliye ile ilgili sorunlar yaşadıklarını dile getirmişlerdir.

Bankacılık Sektörü

Bölgede yaşanan terör olayları sebebiyle iş çevrelerinin en belirgin sorunlarından biri bankacılık ve sigorta işlemleridir. Geri ödenemeyen ve geri çağrılan krediler, yeni kredilerin verilmemesi ya da yüksek faiz uygulamaları ve sigorta şirketlerinin bölgeyi riskli bulması gibi sorunlar ekonomiyi olumsuz etkilemektedir.

Bankacılık sektörünün bölgedeki yapısal sorunlarını görmek için Diyarbakır ili özelinde bir değerlendirme yapmak yerinde olacaktır. İlde 97 mevduat bankası ve 13 katılım bankası şubesi bulunmaktadır. Bölgede faaliyet gösteren bankaların organizasyon yapısı dikkate alındığında ortalama banka kuruluş yaşlarının 20 yaşın altında olduğu 20 yılın üstünde olan sadece 2 özel bankanın bulunduğu göze çarpmaktadır. Diğer tüm bankaların 20 yaşın altında olup özellikle barış süreci döneminde hızla şubeleştikleri tespit edilmiştir. Bu durum hem bankaların bu bölge hakkında çok tecrübeli olmadıkları, bölgeyi pekiyi tanımadıkları ve "risk iştahı" konusunda daha çok orta ve üst segmentli müşterilerde yoğunlaştıklarını akla getirmektedir. Bankaların bireysel kredi ağırlıklı, daha çok teminatlı olan konut ve tüketici kredisi ürünlerinde yoğunlaşarak ekonomiyi büyütmekten ziyade daha çok tüketim alanına hizmet ettikleri dikkat çekmektedir.

Karar verici konumundaki yöneticilerin niteliği de konumuz açısından önemlidir. Büyük bankaların ağırlıklı olarak bölgeyi bilmeyen, risk algısı yüksek, risk iştahı olmayan ve bölgeyi geçici görev olarak gören kısa süreli bölgeye hizmet için atanan yöneticiler tarafında yönetildiği görülmektedir. Böyle durumlarda da banka genel müdürlükleri buradaki yöneticilerin tutumuyla ve anlatımıyla bölgeyi tanımakta ve ön yargı oluşmaktadır. Bu durumda daha çok seçici davranmakta krediyi tabana yaymak yerine büyük gruplara büyük krediler vermektedir. Oysa %90'ı küçük ve orta ölçekli olan esnaftan, mali verilerin sağlıksız olması ya da yeterli olmaması nedeniyle kredi verilirken teminat istenmekte ya da onlarla çalışılmamaktadır. Bu savı doğrulayan temel gerekçe ise bölgede 20 yaşının üstünde olan ve bölge müdürlükleri bulunan bankalardaki plasmana bakıldığında KOBİ segmenti müşteri sayısı ve kredi hacminin genel plasman içindeki payına olan orandır. Diğer bankalar, yani bölgeye yeni gelen ve bölge müdürlükleri bulunmayan bankalarda ise genel plasman hacminin içinde konut-oto-tüketici kredileri payının ağırlıklı olduğu veya ticari segment denilen bilanço ağırlıklı müşterilerde yoğunlaştığı görülmektedir. Bunun en güzle görüldüğü diğer bir örnek de müşterilere verilen kredi kartı adet ve limitleridir.

İş adamları dernekleri de bankacılık sektöründeki sıkıntıları dile getirmişlerdir. Diyarbakır Ticaret Odası Başkanı Sayar'a göre, "Bölgeyi iyi tanıyan, bölgede faaliyet gösteren işletmeleri iyi bilen, sermaye kesimini tanıyan sadece blançoyu ölçüt almayan bankacılık ve finans yetkilileri bölgede karar verici konuma gelmelidir. Banka genel müdürlükleri tarafında şube yetkilerini ve bölge yetkilerini arttırarak bu insiyatifi onlara vermelidir. Böyle olması durumunda gerçekten bölgede faaliyet gösteren işletmelerin önü açılacak, hak eden işletmeler desteklenmiş olacaktır." Banka ve finans kurumları ise kurumsal kimlik ve ulaslararası standartlar nedeniyle böyle bir yaklaşımın doğru olmayacağını ifade etmişlerdir. Sayar bankaların kalkınma yerine tüketimi desteklemelerini açıklarken, "… yanında 350 kişi çalışan bir üyemin şirket ticari kart limiti 10 000 tl verilmişken yanında çalışan maaşlı şahsın 40 000 tl'lik kredi kartı sahibi olduğunu duyunca şaşırdım" demiştir.

Bölgede potansiyel müşterilerinin %90'ı KOBİ olan bankalar sermayesi sınırlı olan esnaflarla çalışmak istememektedir. Alamadığı limit ve desteği bireysel kartlar aracılığıyla karşılamaya çalışan ve ekonominin finans mantığının tabiatına aykırı olarak "yatırım kısa vadeli kaynaklarla karşılanamaz" kuralını yok sayan küçük esnaf, faiz ve yüksek finansman maliyetleriyle karşı karşıya kalmaktadır. Bu boşluğu pos tefecileri doldurmaktadır. Tefecilik 2013 yılından sonra bankalar tarafından da fark edilmiştir. Sorun yüksek mevduat maliyet zararları nedeniyle ve artan sorunlu kart alacağına yansımıştır. "Pos tefeciliği şüphesi" kapsamında sadece Diyarbakır'da 2015 yılı içerisinde bankalar tarafından iptal edilen pos adedi 2000'i geçmiştir. Yaşanan çarpık ekonomik ilişkiler, kontrolsüz kart borçları, finansal problemleri ve yaygın tefeciliğin açtığı sosyal sorunlar da ayrıca toplumsal düzeni bozmaya başlamıştır. Diyarbakır'ın Türkiye'nin en büyük hacimli Kıbrıs menşeli bahis oynanan il olması ve bazı bahis şirketlerinin ilin göbeğinde banka şubeleri gibi şube açmaları dikkat çekicidir. Dahası bunların herkes tarafından bilinmesi ve yılda birkaç kez operasyon yapılmasına rağmen devletin etkili müdahalelerde bulunmaması halkın şikâyetine neden olmaktadır. Bu yaygın bahis merkezleri büyük psiko-sosyal-ekonomik sorunlara yol açmaktadır.

Tablo 17: İşletmelerin finansman ile ilgili sorunlarının dağılımı	2014	2015
Banka kredilerini geri ödeyemiyoruz	27	%15
Bankalar kullandığımız kredileri geri çağırıyor	29	%16
Yeni kredi imkânları yok, mevcut kredilerde uygulanan faizler yüksek	124	%71
Kredi için gösterilen teminatlar değerinin oldukça altında fiyatlandırılıyor	129	%74
Sigorta primleri yüksek ve bazı sigorta türleri (terör gibi) bölgemizde uygulanmıyor	134	%77
İşletme ödemelerinde ve tahsilatlarında vade süreleri daha uzun ve geri dönüşlerde sorunlar yaşıyoruz	94	%54
Birikmiş vergi borçlarımız var	21	%12
Birikmiş SGK borçlarımız var	17	%9
Diğer	4	-
Cevap Vermeyen Firma Sayısı	7	-

İşletmelerin yeni kredi kullanımında ve sigorta işlemlerinde daha yoğun olarak sorun yaşadıkları, ancak ödeme yapmakta zorlanan işletmelerin de mevcut kredi ödemelerini yapamadıkları ve kredilerinin geri çağrıldığı görülmüştür.

Yaşanan en önemli sorunlardan biri bankacılık sektörünün bölgeye bakışı ve fon sağlama sürecindeki kredi politikalarıdır. Bölgede yaygın kanı, bankaların bölgeye "riskli bölge" olarak baktıkları ve kredi politikalarının Batı illerine nazaran daha sert olduğu yönündedir. Bu eleştiriler ekspertiz değerlerinin düşük çıkması, raiting notlarında bölgenin siyasi ve jeopolitik risk içeriyor mu? sorusu nedeniyle düşük çıktığıdır. Yapılan görüşmelerde ve incelemelerde gerek bölgedeki müteşebbislerin mali verilerinden ve teknik alt yapılarından kaynaklı gerekse bankacılık sektörünün yapısal ve yönetimsel sorunlardan kaynaklı tespitlerde bulunulmuştur. Konu aşağıda detaylı şekilde açıklanmıştır.

Grafik 1: 2015 Kredi Büyüme Oranları (Yıllık % Değişim)

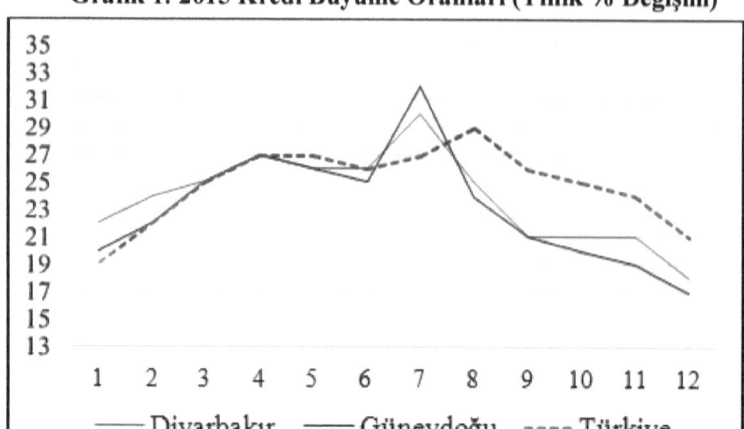

TCMB verilerine bakıldığında BDDK düzenlemelerinden kaynaklı kredi vadelerinin, tüketici kredilerinde 60 aydan 36 aya düşmesi, araç kredilerinde 60 aydan 48 aya indirilmesi ve kredi kartlarında LKS (Limit Kontrol Sistemi) uygulaması nedeniyle talep karşısında onay oranlarınn düşmesine neden olmuştur (Grafik 1). Ülke genelinde de düşüş görülmesine karşın kredi büyümeleri bölgede ve Diyarbakır özelinde ülke ortalamasının üzerinde düşüş yaşamıştır. Bölgede bu tür düşüşlerin hızlı olmasına karşın piyasanın olumlu olması durumunda ise yine ülke ortalamasına göre daha hızlı toparlandığı ve piyasaya daha hızlı adapte olduğu gözlenmektedir.

TCMB verilerine göre 2015 yılında bölgede ve Diyarbakır özelinde kullandırılan yatırım kredileri bölgeye duyulan güven ve barış süreci nedeniyle Haziran 2015 seçimlerine kadar Türkiye ortalamasının üzerinde büyümüştür (Grafik 2). Ancak Haziran seçimleri sonrası gerek siyasi istikrarsızlık gerekse Suriye ve Kobane olaylarının etkisiyle yatırım kredileri ve ticari amaçlı kredi kullanımlarında ülke ortalamasının çok üzerinde düşüş yaşanmıştır. Bu dönemde bölgeye yapılan otel, avm, organize sanayi yatırımlarının durdurulduğu ve bitme aşamasına gelen yatırımların ise yavaşlatıldığı gözlemlenmiştir.

Grafik 2: 2015 Ticari Krediler (Yıllık % Değişim)

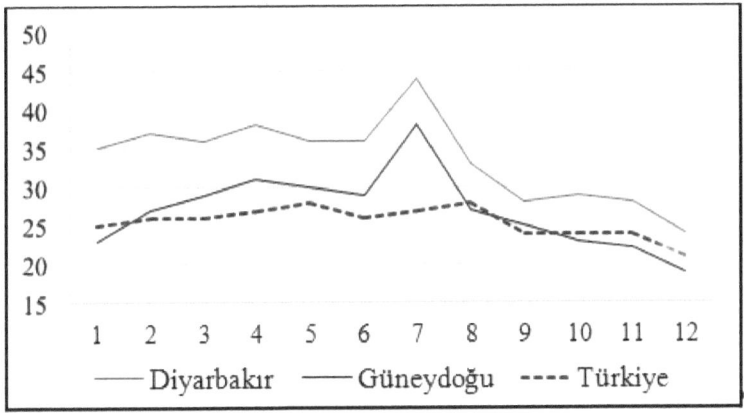

Bireysel krediler özelinde bakıldığında özellikle bu kaynak kredilerin içinde konut kredisi payının hacimsel olarak etkili olduğunu görmekteyiz (Grafik 3). Aynı şekilde yaşanan olaylar ve bireysel kredilerde yapılan düzenlemeler göz önünde bulundurulduğunda, düşüşün ülke ortalamasının üstünde olması bölgede son dönemde konut sektörünün yatırım amaçlı talep sıkıntısı yaşaması ve kullanılan kredilerin geri ödenmesi nedeniyle kredi stokunun ülke geneline göre daha hızlı düşüş göstermesidir. Bölgede daha önce kırsaldan kente olan göç nedeniyle konut talebi canlıyken olaylar sonrası kırsaldan ve kent merkezlerinden Adana, Mersin, İzmir, Bursa ve İstanbul'a göçlerin olması da bu verilere etki etmiştir.

Grafik 3: 2015 Bireysel Krediler (Yıllık % Değişim)

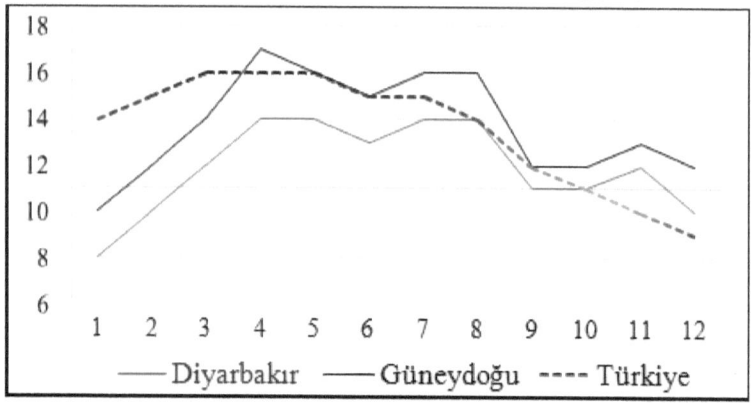

Bankaların bölgede ağırlıklı olarak ticaret mantığına uygun hareket etmemesi yeni sorunlar ortaya çıkarmıştır (Grafik 4). Bankaların 2013 yılı sonrası farkına vardıkları ve her iki kesimi de zarara uğratan bu kredi kartı limitleri son yaşanan hendek-operasyonlar neticesinde takip hesaplarına aktarılarak tasfiye olunacak hesaplar kalemine aktarılmıştır. İzlenen yanlış politikalar hem devlet kasasına, hem de bankalara zarar olarak yansımıştır. Uzun vadede ise bankaların bölge halkına bakışında itibar kaybına neden olmuştur.

Grafik 4: 2015 Tahsili Gecikmiş Alacaklar-TGA (Yıllık % Değişim)

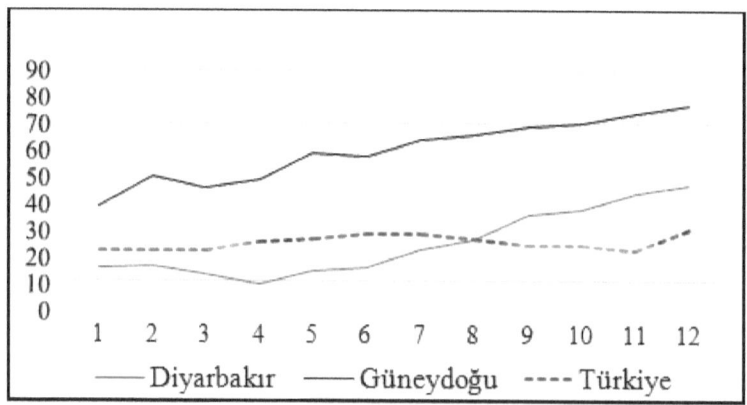

TCMB verilerinden hareketle hazırlanan Grafik 5'te görüldüğü gibi Güneydoğu Anadolu Bölgesi'ndeki karşılıksız çek oranı adet bazında Türkiye ortalamasının 1,5 katı oranında artarken olayların uzun süre devam ettiği Diyarbakır ili özelinde de bu oran 2,5 katını geçmiştir. Hem bölge hem de Diyarbakır için ana kırılmanın Haziran 2015'te başlaması dikkat çekicidir.

Grafik 5: 2015 Karşılıksız Çek Oranı (Adet %)

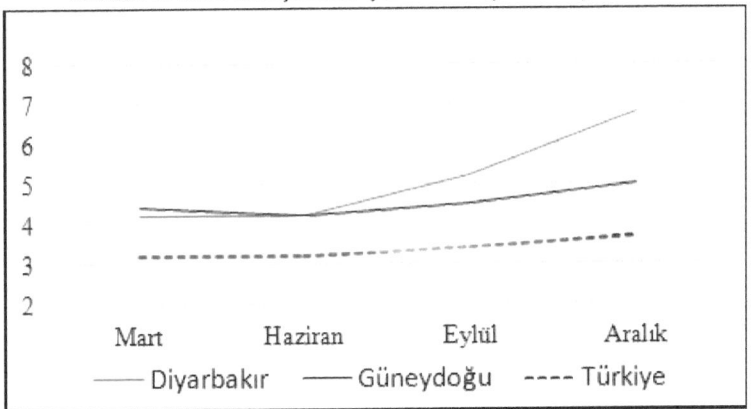

Grafik 6 incelendiğinde, genel bir mevduat düşüşünün mevcut haliyle egemen olduğu görülmektedir. Ülke genelinde Haziran ayına kadar yüksek hızla seyreden mevduat artışı Haziran ayı itibariyle yatağan bir duruma geçmiş ve Eylül ayından itibaren ise düşüş göstermiştir. Bunun sebeplerinin iç ve dış politik gelişmeler olduğu, Kasım ayında yenilenen seçimin bu düşüşün yönünü değiştirmediği görülmektedir. Mevduat üzerinde son seçimin ve istikrarlı hükümetin pozitif etki yapmadığı değerlendirilmektedir. Rusya ile yaşanan krizin de düşüş oranında artışa yol açtığı söylenebilir. Bölge Mevduat ortalaması incelendiğinde ülke ve il ortalamasının altında büyüme oranına sahipken Haziran ayı içerisinde yükseliş yönünde diğer parametrelerin dışında artış gösterip Eylül ayı ile beraber yönünü düşüşe terketmiştir. Güney sınırımızda devam eden savaş ve savaşa bağlı daralan ekonomik faktörler bölgeyi ülke ortalamasının altında tuttuğu Haziran ayından itibaren yükseliş ortalamasında artış gösterdiği Eylül ayı ile beraber sert bir düşüş hareketi gözlenmektedir. Haziran ayında artış oranında yükselme görülmekte olup bunun seçimlerle beraber Güneyde devam eden sorunlarla ilgili olumlu bir beklenti içinde olunmasının etkili olduğu düşünülmektedir. Dikkati ceken bir başka husus bölgesel daralmanın ülke ortalamasından daha yüksek olduğudur.

Grafik 6: 2015 Toplam Mevduat (Yıllık Değişim %)

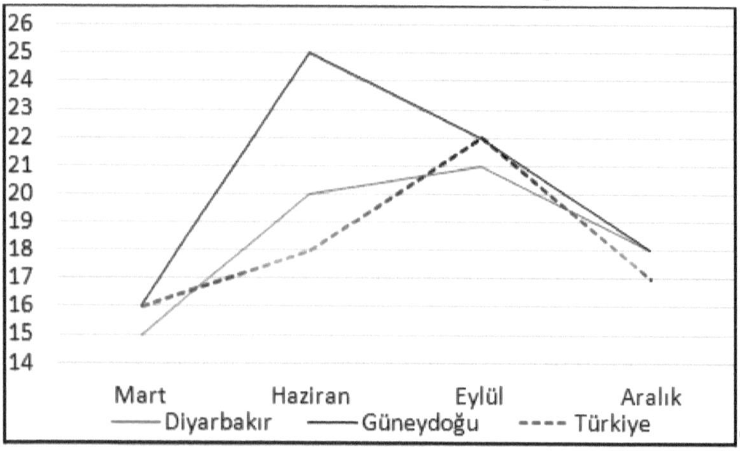

Diyarbakır genelini ele aldığımızda ise, şehir Haziran ayına kadar bölge ve ülke ortalamasının çok üzerinde bir mevduat artışına sahipken Haziran ayı içerisinde düşüş yönünde çok keskin bir kırılma yaşadığı ve kırılmayla başlayan düşüş trendinin aynı sertlikte devam ettiği görülmektedir. Diyarbakır, yakın döneme kadar Güney sınırımızdaki eko-politik sorunlar ve savaş ortamından bölgenin diğer illeri kadar etkilemezken Haziran ayı içerisinde çözüm sürecinin bozulmasıyla oluşan atmosferden son derece olumsuz etkilenmiştir.

Tablo 18'de görüleceği üzere gerek hacimsel gerek yüzdesel anlamda bankalar aracılığı ile piyasaya plase edilen kredi miktarı incelendiğinde, Doğu ve Güneydoğu illerinin güvenlik ve şiddet olaylarının yaşanmadığı barış sürecinde (2014 ve 2015) bölgeye aktarılan ve kullandırılan kredi miktarları Ankara, İzmir, İstanbul ve Bursa gibi illere nazaran daha fazla büyümüş ve olumlu anlamda artmış. Buna karşın 2016 yılında plase edilen kredi miktarlarının

Doğu ve Güneydoğu'da düşmüş ancak Batı illerinde artmış olduğunu görmekteyiz. Bu da sermayedarların ve finans sektörünün kaos ve belirsizlik durumlarında doğal olarak siyasi, politik, ekonomik risklerin olduğu bölgeden kademeli olarak çıktığını ve kaynakları daha güvenli alanlara aktarmaya başladığını göstermektedir.

Tablo 18: 2014-2015-2016 yıllarında Güneydoğu Anadolu Bölgesinde ve diğer sanayi şehirlerinde nakdi kredilerin dağılımı ve yıllara göre yüzdesel değişimi (TCMB).

İller	2014 Yılı tl	2015 Yılı tl	2016 Yılı tl	2014-2015 tl	2015-2016 tl
Diyarbakır	6.340.802	7.788.601	8.942.483	122,83	114,82
Gaziantep	25.859.087	30.023.490	34.474.166	116,1	114,82
Mardin	2.729.427	3.329.838	3.787.629	122	113,75
Siirt	705.223	866.802	988.108	122,91	113,99
Şanlıurfa	5.834.725	7.266.425	8.446.222	124,54	116,24
Batman	1.654.656	1.943.080	2.344.826	117,43	120,68
Şırnak	878.316	1.046.644	1.175.254	119,16	112,29
Kilis	452.073	546.183	670.757	120,82	122,81
Antalya	36.958.553	43.524.874	54.945.111	117,77	126,24
İzmir	63.243.277	70.158.766	81.816.462	110,93	116,62
Adana	22.109.960	25.686.016	29.524.220	116,17	114,94
Kayseri	12.580.841	14.672.517	16.917.846	116,63	115,30
İstanbul	582.951.675	668.873.386	833.963.836	114,74	124,68
Bursa	34.883.566	38.863.585	47.080.716	111,41	121,14
Konya	18.091.849	22.456.952	28.476.040	124,13	126,80
Ankara	141.300.365	163.197.810	208.619.635	115,50	127,83

Bölgede ekonomik geri kalmışlığın sebeplerinden biri yönetsel sorunlardır. Personel alt yapısı ve kalifiye elemanda yaşanan yetişmiş insan sıkıntısı bankaların önemli sorunlarından biridir. Bölgede sınırlı sektör ve bankacılık işlemleri olduğundan ve Batı bölgelerden özellikle sanayinin geliştiği İstanbul, Ankara, Kayseri, Gaziantep, Adana ve Bursa gibi illerden pörtföy ve orta düzey yöneticilerin gelmemesi personel sorununun bir yönünü oluşturmaktadır. Sadece bölgede çalışan ve kariyerine bu bölgede başlayan çalışanların sektörde hizmet vermesi nedeniyle bankacılık mesleğinin asıl varolma sebebi olan danışmanlık, sektör çözümleri, türev araçları ve selp II gibi yatırım kredileri, destek paketleri gibi özellikle dış ticaretin finansmanında veya hibe programlarındaki avantajlar konusunda iş dünyasını yönlendirecek yapının olmaması büyük bir problemdir. Bu tip yönlendirici ve sektörü bilgilendirici faaliyetlerin daha çok genel müdürlük birimlerinde sektörel toplantılar veya ziyaretlerle yapılmaya çalışıldığı gözlemlenmiştir. Bölgede yaşanan şiddet ortamı nedeniyle de bölge ziyaretlerinin çok nadir yapıldığı sektör temsilcileri tarafından ifade edilmiştir.

Diğer önemli yönetsel sorunlardan biri bu bölgede karar verici konumda olan üst düzey yöneticilerin ön yargılarıdır. Kredi red nedenleri sorulduğunda bazı banka şube müdürleri, çalışanlar ve müşterilerin ifadelerine göre, "Doğuda icra ile mal satamayız", "aşiret sistemi vardır parayı alamayız", "teminata alacağımız gayrımenkul teminatı savaş ortamında para etmez", "iki kat teminat versin veya İstanbul, Ankara gibi illerde malı yok mu? oradan teminat versin", eğer firma aile şirketi, Ailenin babasının kredibilitesi yüksek biri ise ve hastalandığı duyulmuşsa o zamanda "baba ölürse bu iş batar, şirketin kayıtlı sermayesi düşük" gibi aslında red etmek için bahane üretilen ya da aşırı tedirginlik ile yanlış bilgilerle hareket edilen bir yapının etkili olduğu görülmektedir. Oysa Temmuz 2012 tarihinde İş Bankası Genel Müdürü Bali Diyarbakır ziyaretinde bulunmuş ve şu açıklamaları yapmıştır, "Diyarbakır, bizim çok hızlı kredi artışı sağladığımız, büyüme açısından da geri dönüş açısından da en iyi performans gösterdiğimiz illerden biri. Borcuna sadık bir şehir. Tıkır tıkır işleyen bir sürecimiz var. Topladığımız kaynağın maliyeti, verdiğimiz krediler, kredi artış hızımız, geri dönme oranımız en başarılı bölgelerimizden biridir. Ticaret anlamında Diyarbakır'da müthiş bir gelişme var. Ataşehir gibi şehre ilave şehirler konuşuluyor. Arsa fiyatları da uçmuş durumda" diye açıklamada bulunmuştu.

Bölgedeki ekonomik sorunlardan biri de iş çevrelerinin alışkanlıklarıdır. Bankaların, esnafın mali verilerinin çok sağlıksız olduğu, kayıt dışı işlemlerin çok fazla olduğu ve "kayıt dışı geliri olanın kayıt dışı gideri de olur" mantığı ile bu tip müşterilere ihtiyatlı yaklaştığı veya onlarla çalışmadığı görülmektedir. Şirketlerin kayıtlı sermayelerinin düşüklüğü ve öz sermayelerinin zayıflığı, öz kaynaklar tarafında özellikle blançoda yıllar itibari ile sürekli erimeler gözlemlenmektedir. Firmaların mal varlıklarını şahıslar ve ortaklar adına aldıkları bu finansmanı da firmalar üzerine kullandıkları kredilerle fonladıkları (banakacılık mantığında bu, şirketten mal kaçırma anlamına gelir) asıl işlerine odaklanma dışında daha çok faaliyet dışına yönelerek arsa, gayrımenkul alım-satımı gibi diğer ticari faaliyetlere girdikleri de bilinmektedir. Şirketler kredi kullanmayı yatırımdan daha çok mal alımı veya borç ödeme aracı görmekte ve ticari firmalardaki ve şahıs şirketlerindeki piyasanın ve ekonominin, ticaretin mantığına aykırı bu tip işlemleri bırakıp bölgede bir zihniyet devrimi yapmaları gerekmektedir. Bunun bankaların öncülük etmesi, ticaret ve sanayi odası gibi meslek örgütlerinin de destek ve yönlendirmesiyle iş birliği içerisinde yapılması beklenir.

Bölge ekonomisinin özellikle ticaret sektörü üzerinden dönmesi ve BDDK'nın kredi kartlarındaki taksite yönelik düzenlemeleri gereklidir. Kredi kartı limitlerinin sınırlandırılması ve ücretli çalışanların 5 kat maaş tutarını geçemeyecek limitlere çekilmesi yeni düzenlemeyle hayata geçmiştir. Ancak yeni çıkan ve yasalaşan tüketici kredilerine yönelik düzenlemeyle kullandırılan tüketici kredilerinde maaşının ancak %45'i oranında kredi taksit ödemelerinin sınırlandırılması Türkiye'deki harcamanın daralmasına paralel aynı zamanda bölge üzerinde de ciddi olumsuz etkilere sebebiyet vermiştir. Dışardan para akışının olmadığı dönemde tüketici harcamalarının da kısılmasıyla bankaların kredi onay oranlarının %52'lerden %27'lere düşmesi piyasada ciddi anlamda nakit para döngüsünü yavaşlatmaktadır. Bu parasal daralmanın özellikle konut kredilerinde kendini gösterdiği ve 127 sektörle direkt bağı bulunan bu sektörü içinden çıkılmaz resesyona soktuğu bölgede iş yapan müteahhitlerin ortak görüşüdür.

Son dönemde konut satışında daralma yaşayan ve ödeme dengesi bozulan yap-sat müteahhitlerinin ipotek vererek bankalardan kredi talep etmek zorunda kaldıkları bilinmektedir. Müteahhitlerin zararına ve çok düşük fiyata konut satmamak için geçici bir zaman kazanmak istedikleri ancak bankaların da sadece mevcut kredilerde yapılandırma taleplerini karşıladıkları ancak yeni kredi verirken de çok fazla seçici davrandıkları görülmektedir.

Sigorta Sektörü

DTSO'na kayıtlı 117 sigorta acentesinin gelişen çatışma ortamı nedeni ile sigorta işlemlerinde yaşadıkları sorunların tespitine yönelik Ocak-Şubat 2016 tarihleri arasında yapılan çalışma ile 39 sigorta acentesine ulaşılmış.

117 sigorta acentesinin %21'inin henüz bir sigorta işletmesi ile sözleşmesinin bulunmadığı, %28'inin 1 sigorta işletmesi ile sözleşmesinin bulunduğu, %22'sinin 2 sigorta işletmesi ile sözleşmelerinin bulunduğu, %17'sinin 3-5 sigorta işletmesi ile sözleşmelerinin bulunduğu, %10'unun da 6 ve üzeri sigorta şirketi ile sözleşmelerinin bulunduğu tespit edilmiştir. Daha fazla sayıda sigorta işletmesi ile sözleşmesi olan acenteler ağırlıklı olarak batı illerinde faaliyet gösteren sigorta işletmelerinin şubeleridir. Özetle, şehirdeki sigorta acentelerinin sigorta sözleşme sayılarının düşük olduğu ve bu dönemde sözleşme imzalamada ve süresi dolmuş sözleşmeleri yenilemede sorunlar ile karşılaştıkları görülmüştür.

Görüşme yapılan sigorta acentelerinin %92'si, 2015 Haziran ayından sonra hizmet verdikleri sigorta şirketlerinin fiyatlarını yükselttiklerini belirtmişlerdir. Haziran 2015 tarihinden sonra sigorta fiyatlarındaki değişime ilişkin; firmalar kaza sigortasında ortalama %100'ün üzerinde bir artış olduğunu, yangın sigortasında ortalama %50'nin üzerinde bir artış olduğunu, inşaat all risk sigortasında ortalama %30'un üzerinde bir artış olduğunu belirtmişlerdir. Genel olarak sigorta acenteleri oluşturdukları sigorta poliçelerinde Haziran 2015'den sonra fiyatların arttığını ifade etmişlerdir. Bu süreçte sigorta acentesi olarak aldıkları komisyonlarda bir değişiklik olup olmadığına ilişkin; 26 firma (görüşme yapılan firmaların %66'sı) aldıkları komisyonların azaldığını belirtmişlerdir. 20 firma (görüşme yapılan firmaların %50'si) aldıkları komisyonların %2-%15 arasında azaldığını belirtmiştir. Firmaların sigorta sözleşmelerinde terör teminatı verip veremedikleri sorulduğunda; 23 firma (görüşülen firmaların %58'i) Diyarbakır'ın daha güvenli bölgeleri için terör teminatı verebildiklerini, 8 firma Haziran 2015 tarihinden sonra yaptıkları sigorta poliçelerinin hiçbirinde terör teminatı veremediklerini aktarmışlardır. Aynı şekilde firmalar son dönemde yangın teminatı vermekte zorlanmaları, daha önce poliçesi olmayan işyerlerine teminat verilmemesi, Sur ve Bağlar ilçelerinde teminat verilmemesinin yanında yenilemelerin dahi yapılamaması şikâyet konusudur.

Acentelik yapmaya yetkili olmalarına rağmen, sigorta şirketlerinden acentelik almakta yaşadıkları sıkıntılar, müşterilerine uygun fiyatta sigorta işlemi satabilmek için başka kanallar ile batıdaki acenteler ile iş yapmak zorunda kalmaları sektörün ayrı bir sorunudur. Bölgede herhangi bir şirketten acente alamayan bir şirketin batıya taşınınca birkaç firmadan birden acentelik alabiliyor olması rahatsız edici bulunmaktadır.

Bölgenin riskli pazar olarak görülmesi ve daha özel politikaların uygulanması geçmiş dönemde de görülmüş, ancak artan olaylar ile birlikte olumsuz uygulamaların arttığı ve bunların yereldeki acenteleri olumsuz etkilediği ve sigorta satın alan işletme ve kişilere yansıdığı görülmektedir. Özellikle trafik sigortası gibi zorunlu sigortalarda yaşanan artışlar, alım gücü azalan halkı maddi olarak zorlamıştır. Ayrıca terör teminatı verilmemesi veya muaf tutulması da bölgede yaşanan olaylarda oluşan kayıpların işyerlerine ve kişilere yansıması anlamına gelmektedir.

Turizm Sektörü

Çözüm sürecinde yeni yatırım alanlarında konaklama tesisi yatırım taleplerinde önemli bir artış sağlanmıştır. Bu dönemde başlatılan yatırımların bir kısmı tamamlanmıştır. Çözüm süreci, Haziran 2015'te Diyarbakır Surları ve Hevsel Bahçeleri'nin UNESCO Dünya Kültür Miras Listesi'ne alınması ile özellikle turizm sektöründeki işletmeler kapasite artışına ve yeni yatırımlara yönelmişlerdir. Ancak yaklaşık bir yıl süren olaylardan en çok turizm sektörü ve bu sektörde faaliyet gösteren işletmeler etkilenmiştir.

TÜRSAB'ın barış sürecinde bölgenin turizm hareketliliğini belirlemek için hazırladığı rapora göre, 2000 yılında belgeli turizm tesisi sayısı 102 iken, 2013'te 188'e yatak sayısı da 11 binlerden 30 binlere yükselmiştir. Bölgeye gelen turist sayısı da 2 milyonu aşmıştır. Ekonomi Bakanlığı'nın verilerine göre 2014 yılında turizm yatırım belgesi almak için yapılan müracaatlar zirveye çıkmıştır. Bu hareketlilik bölgedeki hava, demir ve kara yolu işletmelerini de olumlu etkilemiş 2014 yılında sadece hava yoluyla bölge illerine gelenler 11 milyonu aşmıştır. Ancak 6-8 Ekim 2014 olaylarıyla bu olumlu tablonun değişmeye başladığı görülmektedir (TÜRSAB, 2015).

Diyarbakır'da toplumsal olaylar ve güvenlik sorunları ile birlikte otellerin doluluk oranlarının düştüğü, otellerin doluluk oranlarının %10 - %50 arasında değiştiği görülmektedir. Aynı şekilde çalışan sayılarında da düşüş olduğu görülmüştür. Bu dönemde firmaların büyük çoğunluğunda %10 - %60 arasında ciro kaybı söz konusudur. Otellerdeki ziyaretçilerin %90-95 oranında yerli, %5-10 oranında yabancı oldukları belirtilmiştir. Ciro kayıplarının 2016 yılının 2. çeyreğinde daha fazla artış göstereceği belirtilmiştir. Tur organizasyonları ile ilgili, 2014 yılında çalıştıklarını, 2015 yılından itibaren bir düşüş yaşandığı ve şu an hiçbir tur organizasyonunun düzenlenmediğini belirtilmiştir. Belirtilen sorunlar, Sur'da sokağa çıkma yasaklarının uygulandığı bölgenin dışında kalan diğer otellerde de gözlenmiştir. Sur ilçesindeki oteller 1-4 ay arasında değişen sürelerde kapalı kalmış ve Mart sonrasında faaliyet göstermeye başlamışlardır. Oteller, sürecin bu şekilde devam etmesi durumunda personel azaltmaya gideceklerini ve hizmet veremeyecek bir duruma geleceklerini ifade etmişlerdir. Şu an bölge illerinde ulusal ve uluslararası düzeydeki tüm toplantı ve programların, fuarlar da dâhil iptal edildiği belirtilmiştir (DTSO, 2016).

Bölgedeki terör olayları turizmi bitme noktasına getirdi. Bu yılın ilk 6 ayı için hiçbir rezervasyon almadıklarını belirten Van Gölü Havzası Turizm Derneği Başkanı Tunçdemir'e göre, "2014 ve 2015 yılı Van ve bölge turizmi için son derece olumlu geçti. Özellikle iç turizm de Van'ı 2 milyona yakın turist ziyaret etti. Bu yıl bu rakamın yaşanan olaylar nedeniyle çok düşeceğini düşünüyoruz" (Baysal, 2016).

Genel olarak bölge illerinde turzim sektöründe büyük düşüşler yaşandığı görülmektedir. Bölgedeki kültür ve turizm il müdürlüklerinin verilerine göre, 2014 yılında Güneydoğu'ya gelen turist sayısı 1,9 milyon iken bu rakam çatışmaların başladığı 2015'te 1 milyon 68 bine düşmüştür. Turist sayısı 2016 yılının ilk beş aylık verilere göre ise 439 binde kalmıştır (Avcı, 2016).

İKİNCİ BÖLÜM

ARAŞTIRMANIN BULGULARI

KATILIMCILAR

$\mathcal{S}$aha çalışmalarında TÜİK verilerinden istifade edilmiş ve yaş grupları buna göre belirlenmiştir. Kurumun son verilerine göre, Türkiye yaş ortalaması 30,1 iken araştırmanın yapıldığı illerde kayıtlı nüfusun yaş ortalaması, Diyarbakır'da 21,7, Şanlıurfa'da 18,9, Mardin'de 20,7, Şırnak'ta 18,5 ve Hakkâri'de 21,2'dir (TÜİK, 2015). Bölge nüfusunun oldukça genç bir ortalamaya sahip olduğu görülmektedir. Ancak 18 yaş altındaki bireylerin çıkarılmasıyla orta yaş grubu ve gençlerin dengelenmesi gerekliliği ortaya çıkmıştır. Yaşlı nüfus ise yaklaşık olarak resmi verilere göre belirlenmiştir.

Bölgede daha önce yaptığımız çalışmalar ve bu çalışma öncesi yaptığımız ön incelemelerde belirli demografik niteliklerin, çalışma sorularına verilecek cevapları etkileyeceği düşünülmüştür. Elbette bu bir anket çalışması olmadığı için çok sayı demografik bilginin toplanması gerekli ve mümkün olmamıştır. Ayrıca bölgede artan şiddet olayları halkın bu tür bilgileri içeren araştırmalara karşı olumsuz tavır almasına neden olmuştur. Çalışmamızda katılımcılara, yaş, cinsiyet, etnik köken ve inanç-ideolojik tercihleri sorulmuştur.

Yapılan çalışmaya katılanların %47'si 18-30 yaş arası gençler, %37'si 31-45 yaş arası orta yaş grubu ve %16'sı ise 46 yaş ve üzeri kimselerden oluşmaktadır (Tablo 19). Bu yaş aralıklarının belirlenmesinde temel faktör bölgenin yakın geçmişindeki yaşanmışlıklardır. 90-93 yılları arasında belirtilen illerde ve diğer çevre illerde ağır bir terör-şiddet dönemi yaşanmış, milyonlarca insan göç etmek zorunda kalmış ve bir o kadarı da kalıcı ruhsal-fizikselekonomik kayıplar yaşamıştır. 45 ve üzeri yaşlardaki bireylerin bu döneme ilişkin daha sağlıklı bilgiye sahip olduğu düşünülerek bunlar ayrı bir grupta değerlendirilmiştir. İkinci olarak, 18-30 yaş grubu oluşturulmuştur. Bu kuşak önemli ölçüde yoğun çatışmaların, göçlerin ve toplumsal değişimin yaşandığı 90'lı yıllarda doğup büyümüş kimselerden oluşmaktadır. Özellikle bugün hendeklerin kazıldığı, barikatların kurulduğu ve çatışmaların yoğun olduğu, sosyo-ekonomik açısından şehirlerin en geri kalmış bölgelerinde yetişen bu yaş grubu gençlere, Kürt çalışmalarında sıklıkla dikkat çekilmektedir. Ağır travmalar yaşayan bu gençler için "araftaki gençler" ve "z-nesli (millenials)" gibi tanımlamalar yapılmaktadır. Bu tanımlamalar, gençlerin ne gelenek ne de moderniteyi benimsemelerini ve kuvvetli bir protest karakter kazandıklarına vurgu yapmaktadır.[15] Bunda yoksulluk kültürünün ve geçmişte atalarının yaşadıkları acıların intikamını alma çok belirgin faktörlerdir. Üçüncü grubumuz ise 31-45 yaş arası bireylerdir. Bunların kısmen 90'lı yılları hatırladığı ve yine daha sağlıklı sayılabilecek bir sosyo-kültürel ortamda yetiştiği düşünülebilir.

Tablo19: Katılımcıların yaş dağılımı.

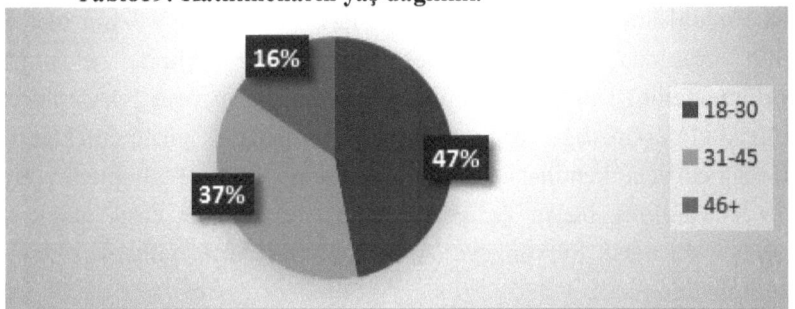

Çalışmaya katılan görüşmecilerin cinsiyet dağılımı %82 oranında erkekler ve %18 oranında da kadınlar şeklinde oluşmuştur (Tablo 20). Bu dağılımda kadınların oranının düşük olması, kuşkusuz çalışma açısından bir eksikliktir. Diğer taraftan orta yaş üstü ve yaşlı kuşakta kadınların sosyal ve ekonomik hayata katılım açısından

---

[15] İlgili çalışmalar için bkz. (Yanmış, 2015; Gürcan M. , 2015).

dezavantajlı konumda olması ve sosyal konularda çoğu zaman eşlere bağlı olmaları sebebiyle katılımcı oranı kadınlar aleyhine değişmiştir. Özellikle çalışma yapılan dönemdeki çatışmalar ve psikolojik gerilimler sebebiyle birçok kadının konuşmak istememesi veya araştırma konusu dışında fikirler beyan etmeleri bazı görüşme metinlerinin iptal edilmesine neden olmuştur.

Tablo 20: Katılımcıların cinsiyet dağılımı.

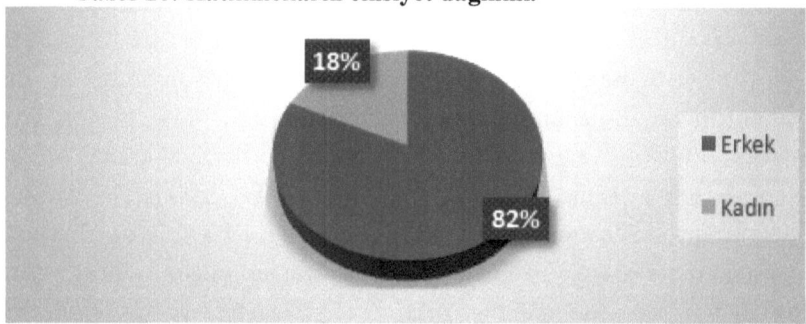

Saha çalışmalarında görüşülen kimselerin kendilerini etnik köken olarak tanımlamaları incelendiğinde dağılımın; %73 Kürtler, %8 Ermeni-Süryani, Araplar ve diğerleri, %7 Zazalar ve son olarak %12 oranında bu alanı boş bırakanlar şeklinde oluştuğu görülmektedir (Tablo 21). Bu dağılımda Zazaların veya Süryanilerin Kürt olup olmadığı konusunda bir tartışmaya girilmemektedir. Görüşmecilerin kendilerini nasıl tanımladığı dikkate alınmıştır. Bu illerde yapılmış başka çalışmalarda da benzer bir etnik dağılım görülür. Ermeni, Süryani ve Arap oranının biraz yüksek olduğu görülmektedir.

Tablo 21: Katılımcıların etnik dağılımı.

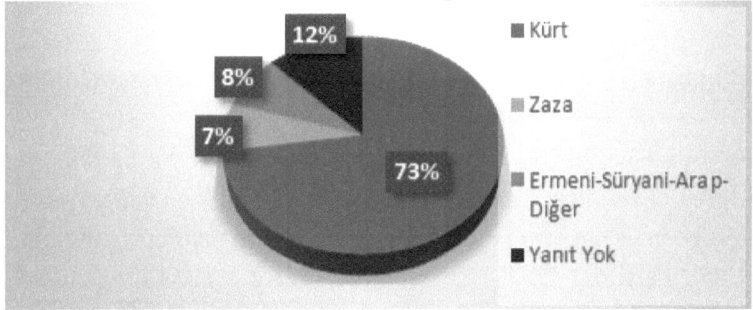

Çalışma problemi ve soruları kapsamında tespit edilmesi gerekli görülen demografik özelliklerden birisi katılımcıların inanç ve ideolojik bağlılıklarının belirlenmesidir. Mülakat metinlerindeki ilgili alana yazılan bilgiler ve görüşmelerde sorulan sorulara verilen yanıtlarda şöyle bir sonuca ulaşılmıştır; %60 Müslüman, %12 Sosyal-Demokrat Müslüman, %7 Sosyalist, %5 Hümanist, %4 Sosyalist Müslüman, %4 liberal ve yine %8 yanıtsız (Tablo 22). Bölgede daha önce yapılan ve çalışmanın kaynakça kısmında da gösterilen çalışmalarla karşılaştırıldığında bu dağılımın normal olduğu görülmektedir. Kendini Müslüman olarak tanımlayanların başka çalışmalarda bir miktar daha yüksek çıktığı belirtilmelidir.

Tablo 22: Katılımcıların inanç ve ideolojik tercih dağılımı.

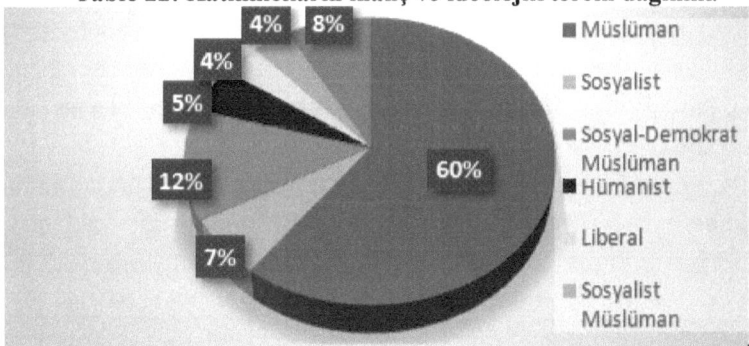

ÇÖZÜM SÜRECİNİ KİM / NE BİTİRDİ?

Kürt toplumu 1989-1994 yılları arasındaki yoğun çatışma, terör, şiddet ve göçlerden sonra Avrupa Birliği ile 1994'te Gümrük Birliği görüşmeleri ve 1999'da AB tam üyelik müzakerelerinin başlamasıyla yeni bir barış sürecine girdi. Bu süreçte başka faktörler de belirleyici olurken özellikle AB ile ilişkiler ülke içindeki bütün ötekileştirilen ve baskıya maruz kalan gruplar için yeni bir ümit oldu.

AK Parti'nin 2002 sonrası süreçte Kürt meselesini barışla çözme isteği AB sürecine eklenince uzunca bir süre Kürtlerde bahar havası devam etti. Bu süreçte Kürtçe kurslara izin verilmesi, seçmeli Kürtçe derslerin müfredata konulması, Kürtçe yayın yapan TRT Şeş, yerel yönetimlerin güçlendirilmesine yönelik adımlar, üniversitelerde Kürdoloji bölümlerinin açılması ve barış sürecinin resmen dillendirilmesi vb. adımlar atıldı. Yaşanan bu gelişmeler Kürt kamuoyunun barış beklentilerini oldukça yükseltmiştir. Çözüm sürecine ilişkin Türkiye kamuoyunun algılarını tespit etmek için BİLGESAM'ın 2013 tarihinde yaptığı araştırmada da, Türkiye halkının %57'sinin, Kürtlerin ise %86,4'ünün bu süreci desteklediği görülmektedir. Çalışmadaki bir başka bulguya göre, Kürtlerin %81,1'i çözüm sürecinin bölgedeki terörü bitireceğine inanmaktadır (Akyürek vdğ., 2013). Yapılan çalışmada 2013 yılındaki büyük beklentilerin karşılanmadığı ve hem hükümetin hem de Kürt ulusalcı hareketin suçlandığı ve büyük bir hayal kırıklığı yaşandığı görülmektedir. Diğer taraftan 2013'teki beklentilerin aksine barış sürecini sabote etmesi en az beklenen tarafların suçlanması buna karşın süreci bitireceğinden endişe edilen çevrelerin hemen hiç suçlanmaması dikkat çekicidir.

Çoğunluğu Sunni İslam geleneğine bağlı olan Kürt toplumu içerisinde ayrı bir yere sahip Alevilerin çözüm sürecine yaklaşımı biraz daha farklıdır. 2013-14 yılında yapılan bir araştırmada Kürt Alevilerin süreci ağırlıklı olarak devletin bir "oyalama taktiği" şeklinde algıladığı tespit edilmiştir. Özellikle Alevilerin haklarının bu sürece dahil edilmemesi de karamsarlığın sebepleri arasında öne çıkmıştır. Çalışmada Alevi görüşmecilerin çözüm sürecini "Sunni Türk-Şafii Kürt" ittifakı olarak algıladıkları ve bunun kendilerini dışladığı algısının güçlü olduğu görülmüştür (SÜREÇANALİZ, 2013-2014). Geçici Köy Korucuları (GKK) da bu sürece mesafeli yaklaşan diğer bir topluluktur. Çünkü bu süreçte GKK'nın silahsızlanması öngörülmekte fakat bu kimselerin ne yapılacağı açıkça konuşulmamaktaydı. Ancak çözüm sürecinin devam ettiği dönemde çok sayıda GKK'nın PKK tarafından öldürülmesi, kaçırılması ve tehdit edilmesi barışa dair umutları azaltmıştır. Ayrıca bölgede aynı süreçte silahlanmanın artması ve PKK'nin konumunu güçlendirmesi GKK'nın süreç konusunda erken hayal kırıklığı yaşamalarına neden olmuştur (Balta vdğ., 2015).

Çözüm sürecinin bitişi farklı şekillerde açıklanmaktadır. Genel kanaat, önce 6-8 Ekim 2014 Kobani protestoları sonrasında da Haziran 2015'te Şanlıurfa/Suruç'ta Kobani'ye gitmek için toplanan gençlerin bir intihar bombacısının eyleminde katledilmesi (bbcnews, 2015) ve kısa süre sonra aynı ilde 2 polisin öldürülmesi yeni bir çatışma sürecini başlatmıştır. Bu bağlamda görüşmecilere, barış sürecini ne/kim bitirdi? sorusu yöneltilmiştir. Kodlamalar sonrası yapılan gruplamalarda altı alt başlığın öne çıktığı görülmüştür; 1- Devletin ve Hükümetin yanlış tutumları, 2- Tarafların barışı "başaramaması" ve samimiyetsizlikleri, 3- PKK'nin çözüme ve siyasete güvenmemesi, 4- PKK ve HDP'nin 7 Haziran seçim sürecini iyi yönetememesi, 5- Kobani savunması ve "Kobani düştü düşüyor" sözünün yarattığı etki, 6- Dış politikadaki gelişmeler ve "dış Güçler" (Tablo 23).

	Tablo 23: Çözüm sürecini ne bitirdi?	S	%[16]
1	Devletin ve Hükümetin tutumları	78	57.8
2	Tarafların barışı "başaramaması" ve samimiyetsizlik	39	28.6
3	PKK'nin çözüme ve siyasete güvenmemesi	24	17.6
4	PKK ve HDP'nin 7 Haziran seçim sürecini iyi yönetememesi	19	13.9
5	Kobani savunması ve "Kobani düştü düşüyor" sözünün yarattığı etki	17	12.5
6	Dış politikadaki gelişmeler ve "dış güçler"	10	7.3

Yapılan tasniflemede dikkat çekici konulardan birisi, Kürt kamuoyunun barış sürecinin bitiş sebepleri arasında Suruç'taki bombalamaları ve Ceylanpınar'daki iki polisin öldürülmesini gerçek sebep olarak görmemesidir. Sadece dört görüşmeci bu hadiselerin gerçek sebep olduğunu düşünmektedir.

Bölgenin son seçimlerdeki siyasi tablosu bu araştırmada da önemli ölçüde kendisini göstermiştir. Katılımcılar barış sürenin bitişi konusunda çoğunlukla hükümeti ve devletin genel yaklaşımını sorgulamıştır. Örgütün tutum ve davranışları da sürecin bitişi konusunda ikincil bir neden olarak öne çıkmıştır. Ayrıca iki tarafın da barış konusunda "uygun adımları atmaması" ve "birbirlerine güven vermemesi" de eleştiri konusu olmuştur.

Devletin ve Hükümetin Tutumları

Görüşme metinleri kodladıktan sonra yapılan değerlendirmelerde sürecin bitişinden büyük oranda devletin ve hükümetin sorumlu tutulduğu görülmektedir. Sürecin bitişi ağırlıklı olarak, "Dolmabahçe mutabakatının teddedilmesi", "hükümet çevrelerinin başkanlık ısrarı", "AK Parti'nin 7 Haziran 2015 seçimlerinde tek başına iktidar olamaması ve yeniden iktidar olmak için Türk milliyetçi oylara yönelmesiyle" açıklanmıştır. Başkanlık

---

[16] Görüşmecilere açık uçlu sorular yöneltildiğinden bir görüşmecinin birden fazla konuya temas ettiği belirtilmelidir. Çalışmada verilen yüzdelik rakamlar daha görsel olması açısından herbir kategori özelinde hesaplanmıştır. Bu sebeple tablolar okunurken toplamda "100,0" rakamı aranmamalıdır.

hırsı ve kısa süreli seçim kazanma ihtiyacı mevcut AK Parti seçmeni zemininde mümkün görülmediğinden partinin Türk milliyetçilerinin oylarına ihtiyaç duyması, dengede götürülen süreci akamete uğrattığı geniş bir katılımcı kesiminin ana görüşünü yansıtmaktadır. Görüşmeciler, kısa vadede elde edilen 1 Kasım seçim zaferinin de bu konuda kendilerinin haklılığını gösterdiğini ifade etmişlerdir;

AKP'nin 7 Haziran seçimleri sonrasında tekrar iktidarda kalmak için Türk milliyetçiliği kartını oynaması çözüm sürecini bitirdi (Şivan, 31).

7 Haziran'dan önce Cumhurbaşkanı, "400 milletvekilini verin bu işi huzur içerisinde çözülsün" sözünü düşünürsek, seçimde 400 milletvekili kazanamayan AKP'nin barışı bitirip savaşı başlatmasını çok normal karşılamak gerekir. Erdoğan'ın tek lider olma hırsı bu süreci bitirdi (Çetin, 20).

Çözüm sürecinin hükümetin "seçim yatırımı olduğuna" inanç 2013 yılında Kürtler arasında %38,2, Türkler arasında ise %45,6'dır (Akyürek vdğ., 2013). Bu veriden hareketle Kürtlerin sürecin başlagıcında hükümete güvenlerinin daha yüksek olduğu ancak 2016 yılına gelindiğinde bunun tersine döndüğü söylenebilir. Görüşmeciler barış sürecini geçmiş dönem seçimlerine bir yatırımdan ziyade barışın bozulmasını Kasım 2015 seçimlerine yatırım olarak algılamaktadır.

Görüşmecilerin hükümeti ve devleti suçlama konularından biri, barış sürecinde beklentilerin yükselmesine karşın gerekli değişikliklerin yapılmasında isteksiz davranılmasıdır. Hükümetin, Kürtlerin anadilde eğitim hakkı, yerel yönetimlerin güçlendirilmesi ve anayasada Türklerle eşit tanınma istekleri konusunda ağır davranılması Kürtlerde barışa dair umutları tüketmeye başlamıştır. Yine bu çerçevede, yapılan görüşmelerde birçok katılımcı devlet ve hükümet kanadının söylem düzeyinde Kürtlerin haklarının verilmesini savunmalarına karşın bunları uygulamakta isteksiz olduklarını belirtmiştir. Bu kişilere göre bir taraftan Roboski ve Kobani olayları, "Kobani düştü düşüyor" ve "Kürt sorunu yoktur, Kürtlerin bazı sorunları vardır" gibi sözler Kürt kamuoyunda barış taraftarlarını şaşırtmıştır. Bazı görüşmecilere göre bu olaylar ve söylemler Kürtlerin zihninde zaten barış umutlarını azaltmaya başlamıştı;

Barış siyaseti başlarda olduğu gibi sonradan da AK Parti'ye çıkar sağlaması gerekirken HDP'ye AK Parti'ye getirdiği oydan daha fazla oy kazandırması, AK Parti'nin bu siyasetten uzaklaşmasına neden olmuştur. Çünkü AK Parti her olaya yaklaştığı gibi bu olaya da bir oy hareketi yani çıkar sağlamak amaçlı yaklaştı, haliyle böyle bir durumda rakibinize sizden daha fazla oy kazandırıyorsa sizde bir kayba neden olduğunu ortaya çıkarır. Bu yoldan dönülmesinin en önemli nedeni budur (Seyhmus, 27).

PKK'nin içerisinde bir grup barışı istemedi. Ayrıca devlet, Kürtlere küçük küçük şeyler verip büyük beklentiler oluşturdu. Şimdi halkta biraz da bunun şoku var. Roboski, "Kobani düştü düşüyor" ve "Kürt sorunu yoktur" sözleri de halkta şaşkınlık ve küskünlük yarattı (Sultan, 28).

Şüphesiz çözüm sürecinin bitişine ilişkin en sık dile getirilen eleştirilerden biri, "Kobani düş düşüyor" sözüne yöneliktir. Görüşmecilerin çoğu açısından bu söz Cumhurbaşkanı'nın Kürtlere yönelik iyi niyetli olmadığının açık bir göstergesidir. Diğer taraftan AK Partli görüşmeciler bu sözün çarpıtıldığını ve maksadın göz ardı edildiğini düşünmektedirler. Çok az sayıda partili bu sözün söylendiği tarihsel bağlamda çarpıtılmasının doğal olduğunu belirtmiştir. Onlara göre aslında "Kürt sorunu yoktur, Kürt vatandaşların diğer vatandaşlar gibi bazı sorunları vardır" sözü Kobani ile ilgili açıklamayı yoruma açık hale getirmiştir.

Çözüm sürecinin bitmesinden devleti sorumlu tutan görüşmecilerin bir kısmı ulus-devlet ideolojisine vurgu yaparak, Kürtlerin temel haklarının verilmek istenmediğini ve PKK'nin öne sürülerek konunun anlaşılmasının önlendiğini belirtmişlerdir;

Sorunu PKK ya da YDG-H sorunu olarak lanse etmek olaya objektif bakmamaktır. Sorun devlet sorunudur ve devletin tekçi zihniyeti sorunudur. Bu tekçi zihniyetin Kürtler üzerinde yoğunlaşması sorunu büyütüyor. Aslında direnen PKK değil Kürt halkıdır. Biz "varlığımızı Türk varlığına armağan" etmediğimiz için acı çekiyoruz. Biz halk olarak acı çekerken keyif sürenler Ortadoğu gerçekliğinden uzak olan kişiliklerdir. Bunu anlamak için halk içine girmek gerek (Aslan, 25).

Yapılan saha çalışmalarında sürecin bitiş sebeplerinden birinin de, HDP'nin 7 Haziran başarısının hazmedilememesi olduğu öne sürülmüştür. Bu görüş sahipleri, milliyetçi Türk çevrelerin birçok büyükşehirde HDP'nin MHP'nin önüne geçmesini rahatsız edici bulduğunu, AK Parti tabanının da bu durumdan bir endişe duyduğunu düşünmektedirler. Bunlar, Akdoğan'ın 8 Haziran'da "HDP bundan sonra çözüm sürecinin filmini yapar" sözünü de bu rahatsızlığın bir ifadesi olarak görmektedir;

Bu operasyonların HDP barajı geçtiği için halkı cezalandırma adına yapıldığını düşünüyorum. HDP barajı aşmasaydı süreç pembe hayallerle devam edecekti. Bir sonraki seçime kadar halk uyutulmaya devam edecekti (Ersin, 32).

Görüşmecilerin bazısı HDP'nin seçim başarısının bazısı da AK Parti'nin istediği oyu alamamasının sürecin sonlanmasında etkili olduğunu düşünmektedir. Türk kamuoyunun HDP'nin batı illerinde aldığı oydan rahatsız olduğunu, hükümetin de bu rahatsızlık üzerinden yeni politikalar geliştirdiğini ve süreci sonlandırdığını belirten görüşmeciler olmuştur.

Tarafların Barışı "Başaramaması" ve Samimiyetsizlik

Çözüm sürecinin başladığı dönemde hükümetin ve PKK'nin "çözüm istekleri ve samimiyetleri" BİLGESAM'ın araştırmasında oldukça yüksek bulunmuştur. Bu araştırmaya katılan Kürtlerin %66.6'sı PKK ve Öcalan'ı barış konusunda samimi bulduğunu, %74.8'i de hükümetin Kürt sorununu gerçekten çözmek istediğini belirtmiştir (Akyürek vdğ., 2013).

Saha çalışmalarında sürecin bitişinin sorumlusu olarak ikinci sırada, iki tarafın da bu süreci başlatırken "samimi olmadığı" veya "birbirlerine güvenmedikleri" görüşü öne çıkmıştır. Görüşmeciler siyasilerin bu süreci kendi çıkarları doğrultusunda kullandıklarını ve kendi işlerine yaramadığını gördüklerinde de bitirdiklerini ifade etmişlerdir. Diğer taraftan, barış görüşmelerinde sadece PKK'nin muhatap alınması/PKK'nin de bunu istemesi, siyasi beklentisi olmayan bir izleme heyetinin kurulmaması, sürecin şeffaf olmaması ve yasal zeminin oluşturulmaması da iki tarafın başarısızlığı şeklinde algılanmaktadır. Yine, barış görüşmelerinde çokça atıf yapılan ve Öcalan'ın da yapılmasını istediği, PKK'nin silahlı unsurlarının yurtdışına çıkarılması konusunda örgütün olumsuz tavır takınması, hükümetin de yeni karakollar yapması, bölgedeki askeri varlığını güçlendirmesi tarafların güvensizliğinin bir işareti kabul edilmektedir;

Kamuoyunda, "barış süreci" olarak adlandırılan süreç özünde barış sürecinden çok her iki kesim için de toparlanma süreci olarak kabul edilebilir. Şöyle ki: hükümet bir seçimi kurtardıktan sonra hep oyalama taktikleri ile diğer seçimi kurtarma derdindeydi. Çünkü özde çözüm süreci olsaydı bu sürecin bir programı ve bir planlama takvimi olacaktı. Ancak bu süreç sadece ölümleri durdurdu, ekonomiye rahat bir nefes aldırdı. Devletin/hükümetin stratejik bölgelerde TOKİ aracılığıyla karakol/kalekol yapması yol ve yordamı hep güvenlik konseptine göre halletmek istediğinin, geçmişten günümüze devletin Kürt sorununa yaklaşımında herhangi bir değişikliğe gitmediğinin kanıtıdır. Diğer taraftan PKK cephesine baktığımızda PKK da durumun farkındaydı. Bu süreçle kamuoyunda bir nebze meşruiyet sağladığı gibi bir toparlanma sürecine de girdi. PKK, bu süreçte dağları oyarak büyük sığınaklar yaptı, erzak depoladı, eleman kazandı ve topluma hâkimiyetini mahkemelerle, sorunları çözme ile kabul ettirdi ve toplumun sempatisini kazandı. PKK, hiçbir zaman sürecin samimiyetine inanmadığı için hamlelerini de buna göre planladı. PKK'nın formalite icabı birkaç grubu Kuzey Irak'a göndermesi hariç elemanlarını T.C. Devletinin topraklarından çekmemesi bunun en büyük kanıtıdır. Yani bu süreç her iki taraf için de oyalamadan başka hiçbir anlam ifade etmedi (Sidar, 33).

Devletin ve örgütün samimiyetsizliklerinin gün yüzüne çıkması ile bitti. Yaklaşık 3 yıllık barış sürecinde devlet Kürtlerin ve bölge halkının gönlünü kazanmak için adımlarını hep yavaş tuttu. Evet bir şeyler yapıldı ama sürekli bazı vaadler verildi, gerçekleştirilmesi ertelendi. Halk sıkıldı. Devletin elinde halkı kazanmak için çok iyi bir fırsat varken meydanı PKK'ya bıraktı. HDP barış yanlısı olduğunu, siyasetlerini tamamen değiştirdiklerini ve artık herkesi kucakladıklarını haykırarak oylarını ve kitlesini arttırdı. PKK da maddi yönden eski gücünü tekrar topladı. Ülkenin diğer bazı problemlerle meşgul olduğu bir zamanda da tekrardan meydanlara çıktı. İşte o zaman anladık ki süreç diye bir şey yoktu. Mola vardı. Mühimmat ve adam toplama molası (Rojda, 22).

Barışın "başarılamama" sebeplerinden biri olarak, tarafların yüzyıllık kavgayı bitiren "kahraman" rolünü başkasıyla paylaşmama isteği olduğu düşünülmektedir. Bu, görüşmecilere göre, sürecin kişiselleşmesine ve siyasallaşmasına neden olurken yine tarafların başka çıkarları gereği de süreci kolayca bitirme riski taşımaktadır.

Az sayıda görüşmeci, tarafların birbirlerini "anlamamasını" barış sürecinin bitiş nedeni olarak görmektedir. Bunlara göre taraflar birbirlerinin ne istediğini ve kendilerinin bunların ne kadarını karşılayıp karşılamayacağını düşünmeden masaya oturdular ve başarısız oldular. Buna göre barışın "kazan kazan" ekseninde kurulacağı unutulmaktadır. Türk tarafın Kürtlerin temel haklarını verme konusunda söylem düzeyinde sıcak mesajlar verip oy kaybı endişesiyle bundan vaz geçtiği, Kürt tarafın da silahlı örgütü bir güvence olarak görüp devletle sağlam bir anlaşma yapmadıkça bu kartı elinden bırakmak istememesi bu görüşmecilere göre sorunu çözümsüz kılmaktadır.

Yüz yüze yapılan görüşmelerde yukarıdaki paradoks şu şekilde ifade edilmiştir, "devlet sürekli Kürtlere, silahları bırakın, terörle aranıza mesafe koyun türünden çağrılarda bulunuyor" örgüt ise, "herkesin bildiği sosyalist Kürdistan kurma hayallerini açıkça konuşmak yerine Kürt haklarını masaya koyuyor". Bu iki tavrın da çözümsüzlüğü netice verdiği çok sayıdaki görüşmecinin düşüncesini yansıtmaktadır.

PKK'nin Çözüme ve Siyasete Güvenmemesi

PKK'nin çözüme ve barışa güvenmemesi de barış sürecinin bitiş sebeplerinden biri olarak görülmektedir. Görüşmeciler örgütün demokratik yollardan bulunacak bir barışa inanmadığını ve silahlı mücadelesinin altında da zaten bunun yattığını belirtiyor. Anlaşılacağı üzere bu fikirleri destekleyenler, örgütle HDP arasında kısmi de olsa bir ayrışmayı ima etmektedirler. Oysa Kürt ulusalcı çevreler açısından asıl olan örgüttür ve HDP örgütün çizgisinde olmalıdır.

Bu düşünceyi savunan katılımcılara göre, 7 Haziran seçimlerinde Kürt ulusalcı hareketin tarihinde elde ettiği en büyük başarı sonrasında yeni bir çatışma dönemini başlatmaları demokrasiye ve barış görüşmelerine güvenmediklerini göstermektedir. Bunun yanında, PKK içerisinde savaş yanlısı şahin bir kanadın, HDP'nin seçim zaferinden sonra bu süreci bitirdiğini belirten görüşmeciler de olmuştur. PKK'nin siyasi çözüme güvenmediğini ve kendi örgütsel çıkarlarıyla süreci yönettiğini belirten görüşmecilerin anlayışını yansıtacağını düşündüğümüz bazı notları burada sıralayabiliriz;

Barış siyasetinin bitmesinde birkaç nedenin etkili olduğunu düşünüyorum. Birincisi örgütün istemeyerek masaya oturduğu çözüm sürecinin başlangıcındaki şartların değişmesi ve yeni kazanımların ayağına kadar geldiğini düşünerek süreci bitirme pahasına başlangıçta verdiği sözleri tutmamasıdır. Bu şartlarda sürecin devam etmeyeceğini de bildiğinden çözüm süreci boyunca yaptığı hazırlığın gereği daha büyük bir savaşı başlattı. İkinci olarak, örgüt her ne kadar Suruç saldırısını ve Dolmabahçe mutabakatı ile izleme kurulunun Cumhurbaşkanı'nca reddedilmesini asıl neden olarak gösteriyorsa da bunlarda bir doğruluk payı yoktur. Olsa olsa Dolmabahçe ve izleme kurulunun reddi örgütün hazırlığını yaptığı savaşı erkene almasına neden olmuş olabilir (Azad, 41).

PKK'nin samimiyetten uzak tavırları süreci bitirdi. Varlığının, hâkimiyetinin temeli olan savaş stratejisini devam ettirme arzusu. Ancak hükümetin seçim sürecindeki yanlış siyaseti, PKK'nin halk nezdinde meşruluğunu artırma zemini oluşturdu (Welat, 25).

7 Haziran'da HDP'nin beklentilerin çok üstünde bir destek kazanması PKK'nin paniklemesine neden oldu. Çünkü güç ve etkinliğinin azalacağını gördü. Bunun sonucunda yeniden şiddeti tırmandırarak legal siyasetin önünü kesmek istedi (İbrahim, 38).

Şiddetin ortada bir hükümet yokken, seçim süreci yaşanırken, dahası HDP tarihi bir oy yüzdesine ulaşmış, Türkiye partisi olma yoluna girmişken başlatılması Kürt kamuoyunda açıklanması gereken bir durumdur. Nisan 2016'daki görüşmelerde görüşmecilerin bunları daha sıklıkla dile getirdiği gözlenmiştir. Bu bağlamdaki tartışmalar genelde iki minvalde ilerlemektedir. Öncelikle, bu savaşı PKK başlattıysa yukarıdaki sorulara tutarlı cevaplar vermesi beklenmektedir. İki, savaşı devlet başlattıysa örgüt siyasi kazanımları hiçe sayarak neden buna karşılık verdi? Örgüt içerisinde faaliyet yürüten ve HDP'de aktif siyasette rol alan kimseler bu iki soruya cevap vermekte zorlandıklarını belirtmişlerdir.

Kürt Ulusalcıların 7 Haziran Sürecini İyi Yönetememesi

PKK ve HDP'nin 7 Haziran seçim sürecini iyi yönetememesi de barış görüşmelerinin sonlanmasında etkili olduğu düşünülmektedir. Başka konularda parti söylemlerini mülakat metinlerinde savunan birçok görüşmeci de Demirtaş'ın Erdoğan için söylediği, "seni başkan yaptırmayacağız" sözünü stratejik açıdan hatalı bulmaktadır.

Görüşmecilerin bir kısmı "kazan kazan" taktiğiyle Kürtlerin kazanımlarının pazarlık konusu yapılması yerine Demirtaş'ın ve partisinin "seni başkan yaptırmayacağız" sloganının süreci tersine çevirdiği kanaatindedirler. Bazı görüşmeciler bu sözün nedeni olarak partinin marjinal Türk soluyla yaptığı ittifakın etkili olduğunu belirtmiştir. Hem yapılan gezi ve gözlemlerde hem mülakatlarda muhafazakâr HDP tabanının bu ittifaktan duydukları rahatsızlık görülmüştür. Farklı şekillerde ifade edilen bu rahatsızlık partili bir işadamı tarafından şöyle dile getirilmiştir;

> *"Figen (Yüksekdağ), Önder (Sırrı Süreyya) ne diye Kürt gençlerin kanı üzerinden Amed'de Van'da nutuk atıyor. Kim bunlar! Ne yapmışlar Kürtler için! Gitsin Adana'da İstanbul'da Türk gençlere propaganda yapsınlar. Bunların derdi komünist ülke, Kürt gençleri de bunun için kullanıyorlar" (Özgür, 38).*

Kürt ulusalcı hareketin barış sürecini bitirdiğini söyleyenlerin bir kısmı da bu çevreye karşı "derin güvensizliği" olan Kürtlerdir. Bunlara göre ulusalcılar, kendilerinin yöneteceği ve sosyalist bir Kürt devletinden başka şeylerle barışa razı olması mümkün değildir. Bu düşünceyi savunan görüşmeciler çoğunlukla YDG-H'ın eylemlerini de PKK'nin yanlış stratejisine bağlamakta ve bu hamleleri sürecin bitmesinin sebebi olarak görmektedir. Bunlara göre örgüt Suruç, Ankara ve diğer bombalama eylemlerinin sorumlusudur;

> *PKK ve HDP'nin varlığı bizatihi barışın önündeki en büyük engeldir. Bunların barış konusunda samimi olduğunu düşünen varsa başta Kobani olayları olmak üzere, Suruç, Amed ve Ankara'daki patlamalardan sonra eşbaşkanların kan kokan sözlerini dinlesinler. PKK ve HDP'nin yanlış siyasetleri barışı bitirdi (İzzet, 22).*

Çalışma katılımcıları ve görüşme yapılan Kürt vatandaşların bir kısmı çözüm sürecinin bitişini yorumlarken, "barajı aştılar kudurdular" tabirini kullanmıştır. Bu görüşmecilerin daha çok Kürt ulusalcı harekete mesafeli ve orta yaş üzeri kimseler olduğu görülmektedir. Hükümetin örgüte barış misyonu yüklemesinin ve seçimde elde edilen başarının örgütü daha şımarık, vurdumduymaz ve hırçın hale getirdiğini savunan az da olsa görüşmeci vardır. PKK'nin barış görüşmelerinde gerçek niyetini ortaya koyamadığını ve bu süreci de kendi gizli amaçları için kullandığını düşünen bu katılımcılar, örgütün tek derdinin kendine yönetilebilir alan açmak ve sosyalist Kürt devlet kurmak olduğunu ifade etmişlerdir.

Özetle, bu görüşü savunan katılımcılar örgütün kazanımları yeterli bulmadığını veya bunları "suistimal" ettiğini düşünmektedirler. Bunların bir kısmı örgütü yapısal açıdan kabul etmezken daha büyük bir kısmı daha önceleri örgütün siyasi kazanımları önemseyeceğini düşünen ve hayal kırıklığı yaşayan kimselerdir.

Kobani Etkisi

Kobani'de IŞİD'le PYD arasında yaşanan ve Dünya gündemine de gelen çatışmalar Kürt toplumunda belirgin bir milli bilinçlenme yaratmıştır. Bu noktada görüşmecilerin bir kısmı barış sürecinin bitişini Suriye'deki bu çatışmalara bağlamaktadır. Onlara göre, devlet ve hükümet çevreleri açıkça Kuzey Suriye'de PKK destekli bir özerk bölge oluşmasını istemediklerinden Kürtlerle savaşan gruplara destek verdiler.

Bölgeden çok sayıda gencin Suriye'ye savaşmaya gitmesi, orada ölmeleri ve Kobani-Şengal'in Kürt basınının, zaman zaman da Dünya basınının öncelikli gündemlerinden birisi olması Kürt toplumunda duyarlılığı en üst düzeye çıkardığı bir dönemde "Kobani düştü düşüyor" sözünün önemli bir kırılma noktası yarattığı düşünülmektedir. AK Parti çevrelerine göre, bu söz bağlamından koparılarak politik amaçlarla kullanılmış olsa da Kürt ulusalcılar bu ifadenin devletçe Kobani'nin düşüşünün sevinçle karşılandığı şeklinde yorumlanmıştır. Bu çalışma kapsamında da bazı görüşmeciler bu ve "Kürt sorunu yoktur" sözlerine atıf yaparak Kobani sonrasında barış umutlarının azaldığını belirtmişlerdir;

Bence süreci, "Kobani düştü düşüyor" sözü büyük oranda salladı. Sonra Şengal olayları, IŞİD'e yardım dedikoduları, "Kürt sorunu yoktur" çıkışı Kürtleri AK Parti'den koparmaya başladı. 2013 Newruz'unda zirveye çıkan Türk-Kürt beraber yaşama ve barış umudu da bu süreçte tersine dönmeye başladı ve 2015 yazında Batı illerinde Kürtlere yapılan saldırılar bize dibi gösterdi. PKK'nin de Suriye'deki olaylardan sonra barış umudu yoktu. Çünkü orada Türkiye bir Kürt bölgesi oluşmasını istemediğinden Kürtlerle üstü kapalı savaş yürütüyordu. Kürtler de Irak ve Suriye'deki Türkmenler için ortalığı ayağa kaldıran Türkiye'nin Müslüman ve bin yıllık kardeşlerine karşı bu tutumu karşısında şok yaşadı, kırıldı (Nuri, 44).

Kürt kamuoyuna göre Türkiye'nin Suriye politikası temelde iki esas üzerine kurulmuştur. Bunlardan biri Esed'in gitmesi diğeri de

Kürtlerin burada herhangi bir siyasi kazanım elde etmemesidir. Ancak Kürtler devletin bölgedeki hadiselere bütünlüklü bakmadığını düşünmekte ve bu tavrı "Kürt düşmanlığı" olarak kodlamaktadır. Görüşmeciler devletin, Ortadoğu'da Kürtlerin sınırlarla birbirlerinden ayrılmasını zihinsel olarak da ayrışmış gibi algıladığını belirtmektedirler. Onlara göre böyle bir ayrışma yoktur. Özellikle internet ve gelişen ticari ilişkilerin parçalı Kürt toplumunu birbirine yakınlaştırdığı görülüyor.

Dış Politikadaki Gelişmeler ve "Dış Güçler"

Son olarak sürecin bitişini dış güçlerin faaliyetlerine bağlayanlar olmuştur. Barışı "dış güçler" bitirdi yanıtını veren bazı görüşmeciler Rusya, İran, Irak ve Esed'in PKK'yi tekrar savaşa iterek Türkiye'nin Suriye'ye müdahelesini önlemek istediklerini ifade etmişlerdir. Bu görüşü savunanların bir kısmı PKK'nin ideolojisi ve pratiğine vakıf, uzun süredir Kürt meselesi etrafında profesyonel çalışma yürüten kimselerdir. Bunlara göre devlet bu tuzağa düşmemeli ve operasyonları bitirerek barış sürecini yeniden başlatmalıdır;

Suriye iç savaşının ortaya çıkardığı yeni güç ve ilişki dengelerinin ülkemiz siyasetine etkileri barış sürecinin kaderi üzerinde belirleyici oldu. Bugün bölgedeki karışıklıklar en çok İran, Esed ve Rusya'nın işine yarıyor gibime geliyor. İkinci neden, Demirtaş'ın bir takım marjinal grupların etkisiyle 7 Haziran seçimlerine "seni başkan yaptırmayacağız" sloganıyla girmesi hükümetle örgüt arasında gerilim yarattı (Melik, 24).

2012'de Arap baharı yayılmaya başladı ve Türkiye kendisini sağlama almak için çözüm sürecini başlattı. Örgüt bu süreçte "belki olur" diyerek masaya oturdu ve göstermelik olarak bazı silahlı güçlerini Irak Kürdistan'ına gönderdi. Çünkü Öcalan her zaman devletle iş yaparken tedbirli olun, arkanızı kollayın der, örgüt bu sefer bunu yaptı. Sonra Suriye'de işler değişti ve Türkiye Salih Müslim'i yanına çekemedi, Kobani'de bin yıllık Müslüman Kürt kardeşlerine karşı savaşan gruplara destek verdi. Bu Kürt halkında şok etkisi yaptı. Tabi "Kobani düştü düşüyor" sözü de bunun üstüne gelince Kürtlerin barışa inancı kalmadı. Demirtaş'ın "seni başkan yaptırmayacağız" sözü de Erdoğan açısından en büyük kırılma noktası oldu (Ali, 56).

Sürecin sona ermesinde "PKK'nin, arkasında dış güçlerin olduğuna inanması ve kendisine aşırı güvenmesi" (Mesut, 55) vardır şeklinde açıklama yapan görüşmeciler de olmuştur. Bunların bir kısmı Avrupa ülkelerini işaret ederken diğer bir kısmı komşu ülkelerin örgütü desteklediğini ya da Türk-Kürt barışını istemediklerini belirtmişlerdir.

Kürt Alevi topluluğun AK Parti hükümetlerin Suriye politikasını eleştirdiği ve bu sebeple çözüm sürecine en baştan beri mesafeli yaklaştığı söylenebilir. 2013-14 tarihli bir çalışmaya göre, Türkiye'nin Suriye'de Alevilerin kendilerine yakın gördükleri Esed yönetimini devirmek ve PYD'nin güçlenmesini önlemek için mücadele ederken içeride Kürtlerle barış yapma isteğini samimi bulmadıkları tespit edilmiştir (SÜREÇANALİZ, 2013-2014). Yaptığımız alan çalışmasında da Kürt Alevilerin çözüm sürecinin bitişini özellikle Suriye politikaları bağlamında açıkladıkları gözlenmiştir.

Gerçek Kesit

Helin (38) Diyarbakır'a bağlı … köyünde doğup büyümüş. Evlenince köyden Sur'a yerleşmiş. 12, 10, 7 ve 4 yaşlarında 4 çocuk annesi. Eşi inşaat işçisi ve yılın büyük bir bölümü iş olmadığından çalışamıyor. Düzenli tek geçim kaynakları yıllardır baktığı kaynanasının maaşıdır. Sur'da 9 yıldır yaşadıkları evi olaylar başlamadan 1 ay önce satın alırlar. Tam "kira ödemeyeceğiz, rahatlayacaklayacağız" diye düşünürken olaylar başlamış. İlk zamanlar evlerinden çıkmak istememişler. Zaten gidecek yerleri de yoktur. Ta ki sokağa çıkma yasağı başlayana kadar. Yasaktan kısa süre önce çıkmak istemişler, örgüt izin vermemiş. "Sizin için savaşıyoruz hiçbir yere gidemezsiniz öldürürüz sizi" diyerek taşınmalarına izin verilmemiş. Olayların içerisinde kalmış birisi olarak yaşadıklarını şöyle dile getirdi;

Sur'da olaylar başlamadan önce boş olan evlere yeni kişiler taşındı. Bazen yabancı da görüyorduk. Sonra silah

---

depoladıklarını gördük, sorduğumuzda "biz size zarar vermeyiz" diyorlardı. İnandık hendeklerin açıldığını, çadırları açtıklarını gördük. Böyle olacağını bilemedik. Çok kişi onlara destek verdi. Evine aldı, besledi, sakladı, çocuklarının onlara katılmasına ses çıkarmadı. Gördüklerim içinde hepsi 18 yaşından küçüklerdi. Ama bu hale gelince herkes pişman oldu, çok zarar gördük.

Çatışmanın en yoğun olduğu 9 gün evde 4 çocuğum ve yaşlı kaynanamla mahsur kaldık. Ekmek bile yoktu sacda bir şeyler yaptım. Polisi aradık. Ancak "o bölgede çokça tuzak var gelemiyoruz" yanıtını verdiler. 9 gün boyunca korkuyla yaşadık 4 yaşındaki oğlum korkudan uyuyamıyordu. Çatışma çok şiddetliydi, çok korktuk. Sonra 3 saatlik yasak kalkınca biz de hemen kaçtık. Yasak kalktığında örgüttekiler saklanıyorlardı onlar olmuyordu ama bize sakın eşyalarınızı götürmeyin diye söylüyorlardı. Ev boş olursa saklanamayız dediler. Sadece elbiselerimizle köye gittik. Bir ay orada kaldık. Köyde tek evimiz var. Kayınbabamın ikinci eşi ve eltim de orada yaşıyordu. Çocuklarla çok zor olunca hem çocukların okulları da vardı, şehre geri geldik. Bu evi 450 tl'ye tuttuk. Eşyaları kolu komşu ne verdiyse yerleştik. Şimdi burada da (Bağlar) olaylar çıktı ama herkes gitse bile ben çıkmadım. Çünkü daha taşınacak imkânımız yoktu. Devlet şimdi kira yardımı yapıyor. Burada olaylardan önce evlerde asansörü dahi olanlar 250-300 iken yaşanan bu göçten dolayı iki katı arttı.

- Çocuklar olaylardan nasıl etkilendi?

12 yaşındaki kızım hâlâ konuşmuyor, çok fazla içine kapanık oldu, üzülüyorum. 4 yaşındaki oğlum gece korkarak kalkıyor. Sürekli "Sur'a ne zaman gideceğiz, gidelim artık" diyorlar. Burada kimseyi tanımıyoruz. Çocuğun dışarıda oynamasına izin vermiyorum. Çok sıkılıyor. Orada sokakta oynardı. Şimdi böyle bir şey burada yaşansa hemen polise söylerim. Bize en çok zararı örgüt verdi. Çocuklarım artık buradaki okullara gidiyorlar ama biz evimize, Sur'a geri dönmek istiyoruz. Evimizin durumu ne bilmiyoruz! Hâlâ yasak gitmemiz. Evimizi göremedik yasak kalktı ama bizim mahalleye

giriş yasak. Bundan sonra ne olacak hiç bir şey bilmiyoruz. Bütün eşyam vardı hepsi orada kaldı.

HENDEK VE ÖZYÖNETİM SİYASETİ

Haziran 2015 tarihi sonrasında başlayan çatışmalar gerekçe gösterilerek YDG-H üyelerinin Güneydoğu'da bazı şehirlerde oluşturdukları hendekler ve özyönetim ilanları bu araştırmanın odaklandığı konulardan birisidir. Saha çalışmalarında görüşmecilerin bu konu etrafındaki fikirleri şu şekilde başlıklandırılmıştır; 1- Hendek-Barikat stratejisi yanlıştır, 2- Bu şekilde özyönetim kurulamaz, 3- Siyasetin çözümsüzlüğü ve halkın özsavunma birimlerini kurması, 4- PKK'nin planlı bir taktiğidir, başarılı olabilir (Tablo 24).

	Tablo 24: Hendek siyasetini nasıl değerlendiriyorsunuz? Bu şekilde özyönetim birimleri kurulabilir mi?	S	%
1	Hendek ve Barikat stratejisi yanlıştır	92	67.6
2	Bu şekilde özyönetim kurulamaz	81	59.5
3	Hendekler, siyasetin çözümsüzlüğünün sonucu halkın özsavunma birimlerini kurmasıdır	32	23.5
4	PKK'nin planlı bir taktiğidir, başarılı olabilir	15	11.0

Hendek-Barikat Stratejisi Yanlıştır

Görüşmeciler, şehir merkezlerinde hendek kazarak, barikatlar kurarak özyönetim birimleri kurulması fikrini çok büyük oranda yanlış bulmaktadır. Bu durum güvenlik güçleri ve PKK arasında sonu gelmez çatışmalara dönüşebilir. Bu görüşü savunanlar, PKK'nin bir seçim zaferinden sonra savaşı şehirlere çekme stratejisinin hiç mantıklı olmadığını ve örgütün Kürtlerin haklarından ziyade Türkiye'yi bölgede zora sokmak isteyen ülkelerin menfaatine uygun hareket ettiğini belirtmişlerdir.

Örgütün Kobani ve Şengal'de elde ettiği başarıları Türkiye'de de tekrarlamak istemesinin bu stratejiyi hayata geçirmelerinde etkili olduğunu düşünen çok sayıda kimseyle görüşülmüştür. Katılımcılara göre, örgütü yanıltan hususlardan biri de, 6-8 Ekim 2014 tarihlerinde ülkenin Güneydoğu'sunda Kobani olaylarını protesto etmek için yapılan büyük eylemlerdir. Bu görüşmecilere göre örgüt, hem Suriye'deki kazanımları hem de 6-8 Ekim olaylarındaki geniş katılımı düşünerek şehirlerde bir halk ayaklanması başlatabileceğini düşünmüş ancak bu hamle halktan destek görmemiştir;

> *Devlet içinde devlet olmaz. Madem özyönetim ilan edilecekti o zaman başkanlık sistemine evet denilseydi. Demek ki çıkar çatışması var. Diğer taraftan operasyonlar ve yasaklar çok kötü, olan halka oluyor. Fakir, işsiz, aç halk eziliyor. Böyle hak aranmaz, hak arayacaksan git Hatay'da hendek kaz bakalım orada nasıl olur! (Fatma, 43).*

> *Güneydoğu'nun birçok il ve ilçesinde şehirlerin bazı kesimleri Suriye'yi andırmaktadır. Şehirde evler, iş yerleri, yollar vb. birçok yapı harabeye döndü. Yollarda hendekler oluşturulmuş ve hendeklerin her iki tarafında sadece silahlar konuşmaktadır. Bu hendek siyaseti en çok bölge halkına zarar verdiği için bunu doğru bulmadığımı ifade etmek istiyorum. Bu anlayış bölge halkına özgürlükten çok acı, gözyaşı, sürgün ve göç getirmektedir. Savaşı şehre yayarak özyönetim kurmaya çalışmak şu an çok zor görünüyor. Çünkü daha özyönetimin ne olduğu, ne hükümet tarafından ne de bölge halkı tarafından anlaşılmıştır. Şu anda halk sadece olanları tedirginlikle izliyor ve büyük ihtimalle önümüzdeki süreçte güç hangi tarafa kayarsa halk o tarafta safını tutacak. Özyönetim sadece hendek kazılarak ilan edilecek bir durum değildir ve halk desteği en önemli şarttır (Fuat, 27).*

Görüşme metinlerinde bu başlık bağlamında öne çıkan diğer husus da, olayların yaşandığı yerlerdeki halkın zaten fakir, işsiz ve zor durumda olması, olaylardan sonra ise bunlara kimsenin sahip çıkmamasının yarattığı tepkidir. Halkın yaşadığı mağduriyet özellikle Nisan 2016 görüşmelerinde daha çok dile getirilmiştir. Hendeklerin ve operasyonların "masum halka zarar vermekten başka bir anlam taşımadığı" hemen her anlayıştan katılımcının ifadelerinde görülebilmektedir. Dolayısıyla hendek yönteminin de hak arama yolundan çok fakir halkın hakkının yenmesi şeklinde eleştirildiği söylenebilir.

Bu Şekilde Özyönetim Kurulamaz

YDG-H adı altında şehirlerin savaş alanına dönmesi barış sürecinin uzun süre yeniden başlamayacağı endişelerini de artırmaktadır. Dolayısıyla uzun süreli yeni bir şiddet dönemi Kürtler için ölüm, göç, ekonomik kriz ve psiko-sosyal diğer kayıplar anlamına gelmektedir. Böyle bir sürecin bir çeşit özerklik anlamı taşıyan özyönetim birimlerini kurmak için uygun olmadığı çok sayıda katılımcı tarafından ifade edilmiştir.

"Özyönetim"in ne olduğu konusu da katılımcıların bir kısmı için muammadır. Hem görüşülen YDG-H üyeleri ve örgüt belgeleri hem de yapılan basın açıklamaları incelendiğinde belirli bir şablonun olmadığı gözlenmiştir. Saha araştırması sürecinde de çoğu görüşmeci bu durumu sıklıkla dile getirmiş ve ne olduğunu bilmedikleri bir siyasal yapıyı istemediklerini yazılı-sözlü olarak dile getirmişlerdir. Özyönetim birimlerini örgütün kendi ajandasını halka dayatması gibi algıladığından görüşmeciler örgütü eleştirmektedir. "Öz yönetim için tabanın bunu benimsemesi ve aynı zamanda Türk toplumunun da buna ikna olması gerekmektedir. Ben yaptım oldu ile bu iş olmaz" anlayışı genel Kürt kamuoyunun düşüncesini yansıtmaktadır. Benzer ifadelerle başka görüşmeci notlarında da karşılaşılmıştır;

> "Özyönetim" evrensel düzeyde "olgusal bir statü" olarak kabul edilir. Yani anayasal bir anlaşmayla, merkezin birçok yetkiyi yerele devretmesidir. Bu nedenle özü itibariyle, özyönetim ilan edilebilir bir statü değildir, anlaşmayla sağlanır. Dolayısıyla özyönetim isteniyorsa bile demokratik kanallar kullanılmalıdır. Demokratik mücadelenin önü ülkemizde eskiye oranla daha açıktır (Melik, 24).

> PKK halkın kendisine Kobani'deki gibi destek vereceğini düşünerek, kendisinin de bugün başarılı olamayacağına inandığı bir süreç başlattı. Şu anda örgüt kazdığı hendeklerden çıkamaz hale gelmiş ve büyük kayıplarla karşı karşıya kalmış durumda. Dolayısıyla bu yolla bir öz yönetim mümkün değil. Mantıklı da değil. Halkın talebine paralel de değil. Gerçekçi de değil. Maliyetini halka yüklediği bir savaşı kazanması mümkün de değil (Azad, 41).

Haziran öncesinde halk arasında dedikodu şeklinde dolaşıma sokulan özyönetim kalkışması halka tam olarak anlatılmamıştır. Görüşmeciler sıklıkla özsavunma ve özyönetimden ne kastedildiğini bilmediklerini ve ülke içerisinde böyle hukuki bir statünün ancak müzakereyle elde edileceğini belirtmişlerdir. Bunun için de siyasi yolların kullanımı beklenmektedir.

Hendekler Halkın Özsavunmasıdır

Hendek kazılması ve özyönetim ilanları konusunda örgütün ve DTK'nin Aralık 2015'teki açıklamaları incelendiğinde bu hendekleri şehir halkının kendisini güvenlik birimlerinin saldırılarından korumak için kazdığı iddiasını dile getirdikleri görülmektedir.

Örgütün bu söyleminin yapılan çalışmada çok güçlü olmasa da karşılık bulduğu görülmektedir. 10 görüşmeci bu fikri savunmuştur. Kendisini sosyalist, PKK'li ya da HDP'li şeklinde tanımlayan değişik yaş ve cinsiyetten bazı görüşmeciler bu hendeklerin mahalle halkına sıkıntı verdiğini belirtmelerine karşın siyasetin ve devletin çözümsüzlüğü "dayatmasının" olayları buraya getirdiğini iddia etmişlerdir. Bu katılımcıların bazısı düşüncelerini ifade ederken, "başka yol yok, devlet işi yokuşa sürüyor" söylemini kullanmıştır;

> *Hendekleri açanlar kendilerini kurşun ve bombalardan korumaya çalışan sivil insanlardır. Sivillerin yaşadığı bir bölgeye zırhlı araçlarla girip katliam yapmaya çalışan ve küçücük çocukları sadece evinden çıktığı için öldüren PKK değildir (Zülküf, 24).*

> *Bahsettiğiniz hendek siyaseti yörede yaşayan halkın çocuklarının kendi özsavunmasını yapmak için hükümet ve kolluk güçlerine karşı aldığı bir önlemdir. Yargısız tutuklamalar ve işkencelere engel olmak amacıyla yapılmış olduğunu sanıyorum (Şerif, 23).*

> *YDG-H'nin kabul görmüyor gibi görünen birçok eyleminin ardında aslında bizim bilmediğimiz, fakat halkın güvenliği için alınan önlemler vardır. Bu noktada YDG-H'nin özyönetim teorisinin pratiğe geçmesi için yapılan eylemler birer adım olarak görülebilir. YDG-H'nin eylemleri halkı, devlet terörüne karşı korumak ve özyönetim fikrini halk arasında da yaygınlaştırmak amacıyla yapılmıştır. Bu açıdan bakılınca YDG-H'nin eylemlerinin yerinde ve ezilen bir halkın özsavunması için gerekli olduğunu görüyorum (Barış, 23).*

Örgütün özsavunmayı "sömürgeciliğe karşı geliştirilmesi gereken bir baş kaldırı" olarak tanımlaması (Arkadaş, 2012) sebebiyle bazı görüşmeciler mahallelerdeki hendekleri bu stratejinin parçası şeklinde açıklaması normal kabul edilmelidir. Bu eylemlerin halka vereceği zarara karşılık "benliklerinin kölelikten kurtulacağı ve özgürleşeceği" ideolojik açıdan bir savunma şeklidir. Öcalan'ın eserlerinde ve örgüt kaynaklarında gerçek özgürlüğün zihinsel olarak bağımlılıktan kurtulmakla olacağı sıklıkla işlenmektedir. Dolayısıyla hendekler örgütün "kitlesel kurtuluş" için başlattığı bir hamledir. Halk bunun gerçek mahiyetini "bilmeyebilir".

PKK'nin Planlı Bir Taktiğidir, Başarılı Olabilir

Yapılan çalışmada örgütü desteklediğini ya da hiçbir şekilde eylemlerini onaylamadığını belirten bir kısım katılımcılar hendek siyasetinin hafife alınmaması gerektiğini vurgulamışlardır. Bunlara göre, örgüt geçmişte birçok eylemi sebebiyle halk tarafında kınanmasına karşın sonrasında bunda başarı elde edebilmiştir.

DDKD geçmişi olan ve PKK'yi kurulduğu günden beri takip eden şiddet karşıtı bir görüşmeci, örgütün sürekli devletin yapacağı "yanlış hamleleri" hesap ederek strateji geliştirdiğini ve kendi yanlışlarını da içindeki "kontrolsüz", "ajan" ve "karanlık güçler"e havele ederek büyüdüğünü ifade etmiştir. Bu görüşmeci ve benzeri düşüncedeki diğerleri devletin örgütle şehirde savaşmaya devam etmesi durumunda zamanla halkın PKK'nin yanında yer alması olasılığına dikkat çekmişlerdir. Görüşmeciler şehir savaşlarının kolay bitmediğine de vurgu yaparak en yetkili mercilerden yapılan "o ilçeler gerekirse terör unsurlarından ev ev temizlenecek" vb. açıklamalarını kışkırtıcı bulmaktadır;

Hendek siyaseti bence hafife alınmamalı. PKK devlete karşı şehirde zafer kazanmayacağını bilmeyecek kadar tecrübesiz değil. Ama, 1-kendi takipçi kitlesine ve çekirdek kadrolarına şimdiden serhildan amacına ulaşıyor havası verilmeye başlandı. Onlar için şehirlerin yakılması, yıkılması ve ateş topuna dönmesi serhildan çerçevesinde bir aşamadır. 2- PKK savaşı şehre çekerek devletin dağlarda kurduğu devasa karakolları ve orada kazandığı askeri tecrübeyi şehirde sıfırlamış oldu. Örgüt şehirlerde, hükümetin de göz yummasıyla kendi savaş mekânını üretti (Nuri, 44).

Örgüt savaşı şehirlere çekerek güvenlik güçlerinin yapacağını düşündüğü insan hakları ihlalleri üzerinden Kürt sorununu Dünya gündemine getirmeye çalışacağı yine katılımcılar tarafından dile getirilmiştir;

Hayır! Özyönetim hendeklerle kurulmaz, kurulamayacağını PKK de biliyor ama dikkatleri buraya çekmek için bu yolun denendiğini düşünüyorum. Tabi devletin bu şekilde kırıp dökerek yaklaşacağını eminim tahmin etmiştir ama halkın böyle bir tepkisiyle karşılaşacağını düşündüğünü sanmıyorum. Devletin bu sert ve haşin tutumu karşısında halkın olayı olduğundan daha fazla sahiplenmesini sağladı. Artık dönülemez bir yola girildiğini düşünüyorum. Yani doğrudan olmasa da devletin tutumu yüzünden dolaylı olarak özyönetim birimlerinin kurulacağını düşünüyorum. Hem de ilerde devletin eliyle kurulacağını düşünüyorum (Seyhmus, 27).

Kısmen mümkün. Çünkü olayların çıktığı, hendeklerin kazıldığı bölgeler dar sokaklara ve sıkıntılı mimari yapılara sahip yerler. Diyarbakır'da Bağlar, Sur sokakları gibi. Değil savaş anı, normal zamanda dahi arabaların zorlukla geçebildiği bu sokaklara askerin polisin girmesi ve buraları PKK'nın elinden almaları oldukça zor. Ama büyük bir askeri sevkiyatın gönderilmesi ve bir an evvel eli silaha ve kana bulaşmışların toplanması gerekiyor. Ama asker veya polis kurşununa kurban gitmiş bir ölüm istemiyoruz. Sadece toplanma. O bölgeler bir an evvel temizlenmezse ve (devletin) bu sert siyaseti böyle devam ederse savaşın yayılmasından ve öz yönetim birimlerinin kurulmasından hatta daha kötü durumların oluşmasından korkuyoruz (Rojda, 22).

Bu görüşü savunan katılımcılar iki farklı perspektif ortaya koymaktadır. Birincisi, Örgütün şehirleri savaş alanına çekmesi uzun soluklu bir hamledir. Bunun tamamen temizlenmesi oldukça zor görülmektedir. Görüşmeciler, Filistin'de dar bir alanda İsrail'in Filistin direnişini kıramaması buna karşın Filistinlilerin şehirleri bütünüyle kendi savaş konseptine çevirmesini buna örnek göstermektedir. İkincisi, devletin bölgeye yapacağı sert müdaheleyi öngören örgüt özellikle şehirlerin yıkılması ve sivil ölümler üzerinden Dünya kamuoyunun dikkatini Türkiye'deki Kürt sorununa çekmeyi amaçlamış olabilir. Bu iki yaklaşım örgütün şehirlerdeki çatışmalardan kazanım elde edebileceğine dikkat çekmektedir.

DEVLET/HÜKÜMETİN ÇÖZÜM SÜRECİNDEKİ TUTUMU

Haziran sonrası süreçte çatışmalar başladığında ülke genelinde ve bölgede sıklıkla sorulmaya başlanan sorulardan birisi kuşkusuz bu hendekler ve barikatlar ne zaman yapıldı, bu silahlar buraya nasıl geldi? sorularıdır. Görüşme notları incelendiğinde üç noktanın öne çıktığı görülür; 1- Devlet bunların yapılmasına müsaade etmemeliydi, hata yapıldı, 2- Devlet, en yetkili mercilerin de beyan ettiği gibi her şeyi biliyordu ama PKK'yi savaşa çekmek için buna önlem almadılar 3- Çözüm sürecine zarar vermek istenmedi (Tablo 25).

	Tablo 25: Devletin ve hükümetin hendeklerin kazıldığı süreçteki tavrını nasıl değerlendiriyorsunuz?	S	%
1	Devlet/hükümet hata yaptı	69	50.7
2	Devlet, PKK'yi savaşa çekmek için buna göz yumdu	29	21.3
3	Devlet/hükümet çözüm sürecine zarar vermek istemedi	12	8.8

Devlet/Hükümet Hata Yaptı

Tablo 25'de görüleceği üzere görüşmecilerin çoğunluğu devletin ve hükümetin hendekler kazılırken ve silah depolanırken gerekli tedbirleri almamasını hata olarak yorumlamaktadır.

Devletin en üst mercileri PKK'nin çözüm sürecindeki faaliyetleriyle ilgili bilgilerin kendilerine ulaştığını ve sürece zarar vermemek için müdahale edilmediğini ifade etmişlerdir. Bazı yetkililer de bu durumun kaymakam ve valilerin inisiyatifinde olduğunu, hükümetin mülki amirlere operasyonlar konusunda bir talimatının olmadığını belirterek olayın sorumluluğunu bürokrasiye yüklemeyi tercih etmişlerdir. Devletin bu konuda hata yaptığını söyleyen katılımcılar bu durumu kendi içerisinde farklı şekillerde açıklamışlardır. Bunların bir kısmı, bu durumu ihmalkârlıkla açıklarken başka bir kısmı devletin/yetkililerin Apo ve Kandil'i kontrol edebileceklerine ve herhangi bir kargaşayı kolayca savabileceklerine inandıkları için rahat davrandıklarını belirtmişlerdir. Hükümetin 7 Haziran öncesinde operasyon yaparak ülkede terör sorunu var imajı vermekten sakınması ve oy kaybı yaşamak istememesi de ayrı bir açıklama şeklidir. Daha sert ifadelerle, bir ülkenin terör örgütü şeklinde tanımladığı ve 40 yıldır savaştığı bu yapıya şehirde alan açma fırsatını sunmasını eleştiren görüşmeci sayısı da az değildir;

Devlet bu süreçte iyi niyetinin veya saflığının kurbanı mı oldu, yoksa hükümet çevrelerince iddia edildiği gibi valiler çözüm süreci bozulmasın talimatını abarttı mı bilemiyorum. Ama bana her ikisi de mantıklı gelmiyor. En azından MİT üzerinden bu bilgilerin hükümete ulaştığından kuşkum yok. Bu durumda hükümet ya bu sonucu öngörerek hareket etti ya da Öcalan faktörünü zorlayarak örgütü her şeye rağmen masada tutmayı başaracağını sandı. Ama sebep her ne olursa olsun yaşanılan duruma bakarak yanlış bir politika veya büyük bir hata ile karşı karşıya olduğumuzu ifade etmek gerekir (Azad, 41).

PKK şehirlere silahı şimdi değil barış sürecinin başladığı andan itibaren saklıyordu. Adeta mağaralarını şehirlerin içerisine taşıdılar. Bu noktada devletin de suçu var. O silahlar, bombalar, mühimmatlar taşınırken, PKK akın akın şehirlere girerken asker, polis nerdeydi? "Yoksa aman barış sürecindeyiz, tadımız kaçmasın" denilerek 3 maymun mu oynandı bilemiyoruz. Mesela Sur bölgesinin PKK'nın mühimmat deposu olduğunu herkes bilir. Barış sürecinde fazla ses getirmeden buralar denetim altına alınabilirdi. PKK nasıl böyle güçlendi, neden fırsat verildi? Devletin bu soruları kendine sorması lazım. PKK artık çığrından çıkıyor ve inanılmaz destek var arkalarında. Her meslekten: Öğretmen, doktor, avukat vs. Devletin bir an evvel üslubunu ve tavrını değiştirip kucaklayıcı bir şekilde daha az zararla nasıl denetim ve düzeni sağlarızın peşine düşsün. Şiddet hiçbir şeye çözüm değil. Eğer her iki taraf da bu tavrından vazgeçmezse bu savaş yıllarca sürer. Eskiden sadece dağ ve sınır bölgelerinde olurdu silahlı PKK üyeleri. Şu an burnumuzun dibindeler. Bu da onların 3 sene gibi bir süreçte nasıl sınırdan iç bölgelere aktıklarını apaçık gösteriyor (Rojda, 22).

"Devlet bu süreçte sessiz kalarak PKK'nın silahlanması suçuna ortak olmuştur" (Mehmet, 34) ve benzeri görüşleri savunan katılımcılar olmuştur. Bu konuda, kendisini dindar ve Zaza şeklinde tanımlayan orta yaş üzeri bir görüşmeci, devletin ve hükümetin 6-8 Ekim olaylarını tecrübe ettikten sonra yapılan bu hatayı affedemediğini belirtmiştir;

Hükümet bu süreçte gerekli önlemleri almadığı için PKK'nin güçlenmesine sebep oldu. 6-8 Ekim olaylarında görüldüğü gibi bölgeyi PKK'nin insafına bıraktı. Bu basit bir "güvendik ne yapalım" demekle açıklanacak bir şey değil (Welat, 25).

Katılımcıların bir kısmının düşüncesine göre, devlet önceleri bu yapılanmayı hafife almış, bir kalkışma durumunda güçlü ordusu ve polisiyle bunun önünü alabileceğine ve PKK-Öcalan'ı kontrol altında tutabileceğini düşünmüş olabilir. Ancak devlet, gerçeği fark ettikten sonra örgüte karşı başarı kazanmakta zorlandı;

PKK, silah depoladığında, mayın döşediğinde ve en son hendekleri kazdığında hükümet olayın farkındaydı. Ancak hükümet bunlarla ilgilenmek yerine bütün enerjisini seçime, başkanlık sistemine, terörist olarak ilan ettikleri paralel operasyonlarına ve muhalifleri susturmaya endekslemişti. Ayrıca teknolojik imkânlarla zamanı geldiğinde

PKK'nın bu faaliyetlerini etkisiz hale getireceğini düşünmekteydi. Zaten başkanlık olmuş olmamış fiiliyatta fazla değişiklik görülmemektedir. Hendekler, süreç tam bozulduktan sonra başladı. Fakat devlet/hükümet herhangi bir müdahalede bulunmadı (Sidar, 33).

Çözüm süreci başlamadan 2012'de örgütün "Kıra Dayalı Şehir Gerillacılığı" stratejisini geliştirmesi aslında örgütün niyetini açıkça ortaya koymaktaydı. Örgüt bunu kendi tarihsel gelişim seyri açısından zorunlu görmekteydi. Buna karşın devletin bu stratejiden haberdar olmaması ya da bunu ciddiye almaması görüşmeciler açısından açıklanamayan bir durumdur. Dolayısıyla bu konuda devletin ve hükümetin hata yaptığı söylenmektedir.

Nisan 2016 görüşmelerinde, ortaya çıkan tonlarca silah, bomba, bir türlü bitirilemeyen operasyonlar, verilen yüzlerce şehit ve etkisiz hale getirilen binlerce örgüt üyesi sebebiyle katılımcıların bu konuda devleti/hükümeti daha fazla sorguladığı gözlenmiştir. Özellikle örgütün belirli bir plan dâhilinde şehirlere bu kadar yığınak yapması kafakarışıklığını artırmaktadır. Çok sayıda görüşmeci yaşanan gelişmeleri izah edemediğinden, "acaba bütün bunlar devletle örgütün bir danışıklı dövüşü mü?" sorusunu dile getirmektedir.

Gerçek Kesit

Nazım İdil'in yerlisi bir eğitimci. İlçede sokağa çıkma yasakları başlayınca şehirdeki binlerce kişi gibi evini kilitleyip yükte hafif pahada ağır eşyalarıyla beraber komşu bir ilçeye taşınmış. Evleri hâkim bir noktada olduğu için güvenlikçilerce kullanılmış ve evde hemen herşey kullanılamayacak hale gelmiş. Odaların bazısına kum torbaları konulmuş, köpek saklanmış ve yatak, perde, halı ne varsa harap olmuş. Özellikle Şafilerce köpeğin necis kabul edilmesi sebebiyle eşyaların tekrar kullanılması zorlaşmış. Yeni ilçede 2 yaşındaki oğlu ve eşiyle beraber güneş görmeyen sobalı bir ev kiralamışlar. Eşyalarını çevreden toplayıp yeni bir yuva kurmuşlar. 40 gün burada kaldıktan sonra İdil'e geri döndüler.

- Son iki yılda mahallede ve ilçede neler yaşandı?

Çözüm sürecinde ilçede çok sayıda öğrencimiz veya tanıdığımız çıkış yaptı (örgüte katıldı). Çünkü gidenlerin çoğu

---

artık savaş olmayacak, işte devlet geri dönüşte bize iş verecek diye gidiyordu. Tabi bi de şehirde kalıp YDG-H'ye katılanlar var. Geçen yıl birçok öğrencimiz onların kurtarılmış semtlerinde ideolojik ve silahlı eğitim alıyorlardı. Mesela biz bazı öğrencilerimizi biliyorduk ki, bazen dağa gidiyor bazen eve geliyor. Bunlar o zamandan hazırlıklarını yapıyorlardı. Devletin bunları bilmemesi mümkün değil. Bunlara nasıl müsaade edildiğini kimse anlayamıyor. Evet, herkes örgüte ateş püskürüyor ama devletin de buna göz yummasını eleştiriyor.

- Mahallelerde hendeklerin kazılması ne zaman başladı? Süreç nasıl gelişti?

7 Haziran'dan birkaç ay önce ufak ufak halka ne yapacaklarını anlatmaya başladılar. Önce mahalle mahalle toplantılar yapılıyor halk davet ediliyordu, seçimden sonra zorla çağırdılar. Gelmeyene baskı yapmaya başladılar. Aslında seçimden önce halk ayaklanması başlatacaklarını, özyönetim ilan edeceklerini ve halkın polise karşı direnmesi gerektiğini anlatıyorlardı. Hendek kazılacağını ve güvenlikçilerin buralara sokulmayacağını söylüyorlardı. Haziran seçimlerinden sonra planlarını uygulamaya başladılar. Polis bazen gelip hendeklere müdahele ediyordu ama hendek yükselince bir daha gelmiyordu. Yani Haziran'dan operasyonların başlayacağı Şubat ayına kadar devlet bunları ya görmemezlikten geldi ya da uğraşmak istemedi. Fakat örgüt de bu süreçte hendek kazdı, duvar ördü, bomba döşedi ve gençleri eğitti.

Çatışmalar ilk başladığında taşınmamıştık. Ama Eylül-Ekim'deki gergin dönemde halk işlerin kötüye gittiğini anlamaya başlamıştı. Özellikle Kasım-Aralık aylarında insanlar taşınmaya başladı. Biz son güne kadar kaldık. Çatışma olunca evin içinde kaçışıyorduk. Ön odalardan arka odalara telaşla kaçınca çocuk çok korkuyordu. Camdan bazen çatışmaları izleyip "baba bum, bum..." diye bağırıyordu. Şimdi de bir gürültü duyunca ürküyor. Evlerimizi öylece bıraktık çıktık. Şimdi haber aldık ki, herşey berbat. Tabi evi, dükkânı yıkılan onlarca insan oldu, bizim ev yıkılmamış şükür. Evlerin kapılarını, dükkânların kepenklerini fünyeyle patlatıp arama-tarama yapmış polis. Ama hırsızlara gün doğmuş. Mesela benim televizyon, akrabalarımın iş yerlerindeki değerli eşyalar çalınmış. Hâlâ orada kalan insanlar. Bazısı kötü niyetli demek ki! Tam olarak eve gidince ne göreceğimizi bilmiyoruz ama komşum bakmış, herşey pislik içinde dedi. Polis evi üst olarak kullanmış, kum torbaları koymuş, evde köpek beslemiş. Şimdi biliyorsunuz bize göre köpeğin dokunduğu şeyleri kullanamayız.

Ben o dönem mecbur okula gidiyordum. Okullar açıktı fakat öğrenciler okullarda olay oluyor, örgüt protesto yapıyor, okula gideni tehdit ediyor diye okula gelmiyordu. Zaten dönemin sonuna doğru eğitim iyice bitme noktasına gelmişti. Dönem arasında operasyonlar başladı ve öğretmenler seminere gönderildi. Öğrenciler herbir tarafa dağıldı. Bazı orta-lise son sınıf öğrencileri sınava hazırlansınlar diye Batman'da yurda yerleştirildi. Orada da düzenli ders olmamış. Öğrencilerimizle görüştüğümüzde zaten kafalarının dağınık olduğunu görüyorduk. Aslında 7-8 aydır herkes, ne yapacağız, taşınacakmıyız, nereye gideriz, evimiz yıkılır mı, bu süreç ne zaman biter diye endişe içerisinde bekliyordu. Şimdi belirsizlik var. Yıkılan ev ve iş yerleri kaldırılıyor ama devlet hasar tespitini neye göre yapacak, hakkımızı verecek mi? Herkesin kafası bunlarla meşgül.

Bizim en büyük problemlerimizden biri, ne belediye ne de kaymakamlığın bize sahip çıkması. Herkes başının çaresine baktı. İdil'in nerdeyse yarıdan fazlası köylere gitti. Akrabalarının yanında, 20-25 kişi küçücük evlerde kalan birçok tanıdığım var. Çoğumuz bir iki çanta eşyayla evden çıktık. Soran yok, nereye gidiyorsunuz, ne yiyip ne içeceksiniz diye! Yakınlarda kaymakamlığa müracaat ettim. Sen yardım alamazsın, memursun dediler. İyi de evim gitmiş, mağdur olmuşum! Cevap yok. Belediye deseniz o hiç ortalıklarda yok. Bu yüzden halk onlara çok tepkili. İlçede Haziran'da %90 oy verdik, şimdi bunu mu yapacaktınız! diye kızıyor insanlar.

Devlet, PKK'yi Savaşa Çekmek İçin Buna Göz Yumdu

Devletin örgüt karşısında bu "tavizkâr" tutumunu açıklamakta zorluk çektiğini veya örgütün bu eylemlerini desteklediğini belirten bir kısım kimseler de bunu devletin PKK'yi savaşa çekmek için yaptığını söylemektedir.

Bu görüş sahipleri temelde iki izah yolunu seçmektedir; birincisi, taraflar arasındaki barış müzakerelerinde iş Kürtlerin haklarını vermeye gelince hak vermek durumunda olan tarafın zihinsel-siyasi saiklerle buna yanaşmak istememesi ve yeni bir çatışma ortamı yaratarak, "biz müzakere ederken bunlar savaş hazırlığı yapıyordu" bahanesiyle masayı devirmek istemesidir. Bu düşünce sahipleri açısından devletin barış sürecinde yeni karakollar yapması, eskilerini güçlendirmesi ve iç güvenlik yasasını çıkartması savaş hazırlığı şeklinde yorumlanmaktadır. İkincisi ise, 7 Haziran sonrasında savaş başlatılarak Batıdaki illerde Türk milliyetçisi oyların kazanılması, bölgede de PKK ve HDP'nin eritilmesi amaçlandığından PKK'nin uygun bir savaş zeminine çekilmesi öngörülmüş olabilir;

Devlet sınırlara kalekollar yapıp bölgeye de askeri sevkiyat yaptı ve bu yüzden süreç samimiyetsizlikle bitirildi. Devlet çözüm sürecini bitirmek için bahane aradı ve PKK'yi bu yola sürükledi (Şerif, 23).

Çok sayıda görüşmeci devletin çözüm sürecinde yeni karakollar ve barajlar yaparak örgütün kırsaldaki hareket alanını daraltmaya çalışmasını barış görüşmelerinde samimi olmadığına delil göstermektedir. Aynı şekilde bir çok görüşmeci de devletin çözüm sürecinde örgütün güçlenmesine alan açtığını belirtmiştir. Örgütle siyasi-ideolojik yakınlığı güçlü olan görüşmeciler ilk seçeneğe daha çok vurgu yapmaktadır. Onlara göre örgüt gelişmeleri gözlemleyerek devletin savaş hazırlığı yaptığını saptamış ve silahlarını yurtdışına çıkarmamıştır.

Çözüm Sürecine Zarar Verilmek İstenmedi

Cumhurbaşkanı ve Başbakan'ın bölgedeki gelişmelerden haberdar olduklarını ancak çözüm sürecine zarar vermemek için operasyon yapılmadığını ifade ettikleri bilinmektedir. Ayrıca tonlarca silahın şehirlere yığılması ve aylarca hendek/barikat kazma çalışmalarının devam etmesi devletin tepe noktalarının bu gelişmelerden haberdar olmama ihtimalini azaltmaktadır.

Saha çalışmalarında da devletin/hükümetin tavrını çözüm süreci ekseninde açıklayan az sayıda görüşmeci olmuştur. Bunların hemen hepsi birbirine çok benzeyen, kısa cümlelerle ifade edilmiştir. "Hükümet barış sürecini baltalamak istemedi. Bu sebeple onlara bir şey yapmadı. Belediyeler hendek kazılmasına müsaade etmemeliydi" (Ahmet, 70) ifadesi bunun tipik bir örneğini sunmaktadır.

Bu görüşmeciler içerisinde devlet/hükümetle örgütün özerklik konusunda anlaştıklarını ve yaşanan bu savaşın aslında "danışıklı dövüş" olduğunu dile getirenler de vardır. Devletin sahip olduğu bu kadar tecrübeye, istihbarat ağına, teknik imkâna ve hatta vatandaşın ihbarlarına rağmen örgütün faaliyetlerinden haberdar olmaması mümkün görülmemekte ve bunun Kürtlere verilecek özerkliğin bir aşaması olduğu iddia edilmektedir;

> Benim gördüğüm; barikat kurulma sürecinde devlet müdahale etmiyor, barikat tamamıyla kurulduktan sonra müdahale ediyor. Bu anlamda iki taraf arasında bir ilişki olabileceği yönünde şüphelerim var. Belki de bu hendek meselesi, üzerine daha önceden anlaşılmış bir özerkliğin aşama aşama hayata geçirilmesi sürecidir! (Melik, 24).

Devletin ve hükümetin gelişmelerden haberinin olduğunu ancak süreci baltalamamak için operasyon yapılmadığını iddia eden görüşmeciler olanlardan dolayı sadece örgütü suçlamaktadırlar. Çalışma örnekleminde bu görüşün AK Parti tabanında bile çok destekçisinin olmadığı görülmektedir.

SOKAĞA ÇIKMA YASAKLARI VE ÇATIŞMALAR

Bölgede artan çatışmaların şehirlere yayılmasıyla devlet, çok sayıda ilçede sokağa çıkma yasakları ve kırsal alanlarda da güvenlik bölgeleri ilan etti. Bu durum zaman zaman bir ayı aşan sürelerde devam etti ve sosyo-ekonomik yaşamı oldukça olumsuz etkiledi. Yasaklar ve devam eden güvenlik operasyonları konusunda katılımcıların görüşleri iki noktada toplanmıştır; 1- PKK'nın eylemleri de operasyonlar da suçsuz halka zarar veriyor, 2- Operasyonlar ve yasaklar hendekler ve şehirdeki PKK bitene kadar sürmelidir (Tablo 26).

	Tablo 26: Sokağa çıkma yasakları ve operasyonları nasıl değerlendiriyorsunuz?	S	%
1	Hem devlet hem de PKK suçsuz halka zarar veriyor. Eylemler ve operasyonlar bitmeli	120	88.2
2	Hendekler ve şehirdeki PKK bitene kadar sürmeli	16	11.7

Terör de Operasyonlar da Suçsuz Halka Zarar Veriyor

Uzun süreli sokağa çıkma yasakları ve devam eden operasyonlar konusunda katılımcıların çok büyük bir kısmı açıkça bunların bitmesi ve diyalog yolunun açılması gerektiğini dile getirmektedir.

Görüşmelerde en çok öne çıkan konulardan biri hendeklerin kapanması ve operasyonların bitirilmesi talebidir. Bu bağlamda görüşmeciler, "olan masum, fakir fukaraya oluyor" sözünü sıklıkla kullanmıştır. Operasyonların durması gerektiğini söyleyen görüşmecilerin notları genel olarak incelendiğinde şu alt temaların öne çıktığı görülecektir; a- şehirdeki olaylar Ankara'dan zannedildiği gibi kolay bitmez, sulh yolu bulunmalı. "Şiddetle barış sağlanmaz", b- devletin, SAT, JÖH, PÖH, JİTEM'le tank ve başka ağır savaş araçlarıyla şehirde bu şekilde operasyon yapması acizlik şeklinde algılanıyor, c- bölgede terör bahanesiyle 90'larda köyler yakılıp yıkılıyordu şimdi şehirler. "Aynı hatayı yaparak doğru sonuç alınmaz";

"Olan masum, fakir fukaraya oluyor" sözü hendeklerin kazıldığı ve operasyonların yoğun olduğu bölgelerde halkın sık kullandığı ifadelerden biridir. Bu söz bir taraftan PKK'nin hendek siyasetinin bir taraftan da devletin ağır silahlarla yaptığı operasyonların masum halka zarar vermekten başka bir işe yaramayacağı ifade etmektedir. İki tarafın mevcut politikalarla sadece bölge halkını üzeceği görüşü mülakatlarda ve yapılan diğer görüşmelerde dile getirilmiştir;

Hükümetin bu tür yollara başvurmasının nedeni kendinden uzaklaşan doğu seçmenini cezalandırmak ve kendisine yeni gelen Kürt düşmanı milliyetçi kesimin istekleri veya seçim nedeniyle onlara vaat etikleri söylemleri gerçekleştirmek için bu insanlık dışı politikaları sergilediklerini düşünüyorum (Seyhmus, 27).

İmkânları olan başka yerlere gidiyor. İmkânı olmayan evinde, çatışmaların içinde kalıyor. O çocukların psikolojisi, evine ekmek götüremeyen esnafın hali! Bir nevi savaşın içerisinde gibisin, hiçbir farkı yok (Pervin, 24).

Olan sadece yöredeki insana, esnafa oluyor. Eğer bir sorun çözülecekse silahla değil müzakereyle olmalıdır. İnsanların ihtiyaçlarını önemsemeden, sokakta görünen her cisme ateş açan bir polisin benim huzurumu sağlayacağından şüphem var. Sur ilçesinde akli dengesi bozuk Songül isimli bir kadının taranmış cesedi bulundu. Bunun örgütle ne bağlantısı olabilir. Kesinlikle bu yasaklar hemen kaldırılıp halkın gerekli ihtiyaçlarının karşılanması için gerek belediye gerek valiliğin yardım etmesi lazım (İmran, 24).

"Şiddetle Barış Sağlanmaz" sözü de daha çok devletin yaptığı operasyonları eleştiren kesimin kanaatlerini yansıtmaktadır. Görüşmeciler devletin, "şehirlerde terörist var" diyerek ağır operasyonlar yapmasından rahatsızlıklarını farklı şekillerde ifade etmişlerdir. Bunlardan, bir kısmı Türk-Kürt kamuoyu tarafından marjinal bulunabilir. Bazı katılımcılar bölge şehirlerinde yapılan uygulamaları, İsrail'in Filistin'deki uygulamalarına benzetmiştir. İsrail'in de yaptığı saldırılar ve öldürdüğü siviller için, "ama orada teröristler var" diyerek olayı meşrulaştırmaya çalıştığı belirtilerek Türkiye'nin benzer yanlışa düşmemesi istenmektedir. Diğer taraftan örgütün hatalarına karşın masum insanların hak ve hukuku göz önüne alınarak barışçıl çözümlerin bulunması gerektiği vurgulanmaktadır;

Devlet, vatandaşına kin tutma lüksüne sahip değildir. Bu kadar kin ve nefret Cumhuriyet'in hiçbir döneminde rastlanılmayan bir durumdur. Aslında bu, devletin bölgede ne kadar aciz kaldığının göstergesidir. 10.000 kişilik güvenlik gücüyle bir ilçede operasyon yapmak acizlikten başka bir şey değildir. Kanımca bu aynı zamanda bir savaş suçudur. Tanklar darbe dönemlerinde bile göstermelik olarak şehirlerde yürütülürken şimdi bu ülkenin asli unsurlarından olan Kürtlere karşı kullanılmaktadır(Rıdvan, 29).

Devletin geçen yıl elini sıktığı adama bu sene terörist demesi bende travmaya neden oluyor. Devlet devletliğini yaptı diyorum! Şiddetle, kinle çözüme ulaşılmaz, ulaşılması da muhtemel değildir (Naz, 27).

Operasyonları eleştiren bazı görüşmecilerin genel olarak devlet-vatandaş ilişkilerindeki sıkıntılara vurgu yaparak sorunu daha derinlikli şekilde okumaya çalıştığı görülür. Buna göre devlet, kendisini merkeze oturtarak vatandaşını ikincil konuma itmekte ve onun refahını, güvenliğini önemsememektedir. Bir kısım katılımcılara göre devletin güvenliği her tür insan hakkının ihlalini mübah kılabiliyor. Özellikle Kürtler söz konusu olduğunda bu durumun daha da göz ardı edilebilir hale geldiği kanısı güçlüdür;

> *Bu ülkede hükümet için alt tabaka ve orta tabakaya ait can ve mal güvenliğinin pek bir ehemmiyeti yoktur. Bu konular, söz konusu Kürtler olduğunda ehemmiyetini daha da yitirmektedir. Basında bununla ilgili bir karikatür vardı. Karikatür Başbakan'ın açıklamasından hareketle çizilmişti ve şöyleydi: "hiç sivil kaybı yok. Ölenlerin hepsi Kürt". Aslında bu, işbaşına gelen hükümetlerin ve geçmişten bu yana T.C. Devleti'nin resmi ideolojisini yansıtmaktadır. Bazı ilçe ve mahallelerde uygulanan sokağa çıkma yasakları ve akabinde meydana gelen şiddetli çatışmalar halk üzerinde çok büyük olumsuz etkiler meydana getirmektedir. Sokağa çıkma yasakları ve şiddetli çatışmalar her ne kadar PKK ve YDG-H'ları bertaraf etmeye ve yok etmeye yönelik olsa da bundan en çok etkilenen ve mağdur duruma düşen halk olmaktadır. Dolayısıyla devletin bu uygulamaları "Kaş yapayım derken göz çıkarmak gibidir". Şiddet ancak şiddeti doğurur. Önemli olan devletin halkın dağa çıkmasına sebep olan etkenleri ve problemleri araştırıp bulması, çözüme yönelik çalışmalar yapması ve kalıcı çözümler üretmesidir (Sidar, 33).*

Operasyonların sürmesi halinde bölgede şiddetin normalleşeceği ve devletin kendi eliyle burayı Filistinleştireceği mülakatlarda dile getirilmiştir. Yine, şehirde PKK'li var diye ağır silahlarla ve mahalleleri tamamen ortadan kaldırarak yapılan "terörle mücadele" 90'larda olduğu gibi kısa sürede örgüte kitlesel katılımlara neden olabilir, endişesi de bu duruma örnek verilebilir. Olayların yoğun olarak yaşandığı mahallelerde ve çevresinde eğitim-öğretimin aksaması, sıklıkla çocukların karıştığı toplumsal olayların yaşanması vc gidecek yeri olmadığı için hâlâ bu mahallelerdc yaşam mücadelesi veren ailelerin çocukları şiddeti muhtemelen en ağır şekilde yaşamaktadır. Görüşmeciler zaman zaman bu noktaya temas etmiştir. Diyarbakır Suriçi'ndeki görüşmelerde, "çocuğum gece 'bom... bom...' diyerek kalkıyor" diyen kimselerle karşılaşılmıştır;

> *Oradaki Kürt halkını niye düşünmüyor devlet. Eğer bu olaylar ülkenin Batı tarafında olsaydı, başka devletler dahi karışırdı. Batıda iki saat su kesilince büyük televizyon kanallarında dile getiriyorlar. Ama insanlar susuz, aç, çaresiz kalıyor, ölüyor hiç kimse bunu dile getirmiyor. PKK yanlış yapıyor bana göre. Bunu kendi halkının arasında yapmaması*

lazımdı. Olan Kürt halkına oluyor. Devletin zulmü altında yok olup gidiyor (Pelda, 22).

Evleri boşaltılan görüşmeciler zaman zaman yapılan ağır askeri operasyonların da PKK'nin hendek stratejisinin de fakir halkın yaşadığı yerlerde olması sebebiyle yaşanan acıların ve mağduriyetlerin ülke kamuoyunda görünmezlikten gelindiğini düşünmektedirler.

Gerçek Kesit

Halit'le (48) Diyarbakır Sur'da bir kahvehanede buluşmak üzere sözleştik. Buluşma noktasına vardığımda iki mağdur arkadaşının da orada olduğunu gördüm. Hasan (45) ve Nihat'ın (49) da Sur'da evleri var/dı, hendekler/operasyonlar sebebiyle başka mahallelere "sığınmak" zorunda kalmışlar. Sığınmak kelimesi bu durumu tam olarak karşılıyor. Çünkü bu üç kadim arkadaş yeni mahallelerine gitmek istememiş, Sur'u terk etmemek adına evlerinde mahsuz da kalmışlar. Ancak artık yapacak bir şeylerinin olmadığını anlayınca çıkmak mecburiyetinde kalmışlar. Aslında üçü de aynı hikâyeyi yaşamışlar. Şimdi de akşam evlerine gitmek istemiyor, çocuklarının, "baba evimize ne zaman gideceğiz" sorusunun cevabını verememektedirler.

Evlerinin ne olduğundan haberleri yok. Bana Sur'da yüksek bir binanın çatısından Hançepek mahallesine bakmayı teklif ettiler. Buna şaşırdım. Ancak başımı birgün belaya sokacağından korktuğum merakıma yenik düştüm ve hâlâ çatışmaların devam ettiği semtte bir binanın çatısına çıktık. Burada yıkılmış binaları, yerle bir olmuş sokakları göreceğimi düşünürken Halit'in gözyaşları akıl gözümü kapattı ve duygu dünyamda koskacaman yeni bir enkaz yarattı. Evi yıkıldığı için dahası hayatının en güzel anılarının mekânı yıkıldığı için ağlayan birini hiç bu kadar yakından görmemiştim. Kelimeler boğazımda düğümlendi. Mestrovic'in "Duyguötesi Toplum" dediği şeyi tam olarak anlamıştım. Evet, anlamıştım ki, aylardır Kürtlerin bu zor imtihanıyla uğraşıyorum ama aklım duygularımın önünde. Duygusal olarak inceleme "nesnem" olan bu insanların duygu dünyasını yeterince öğrenmemişim. Yakınlarda "bilimsel objektivitenin" Çince'de yaklaşık olarak, "ırmağın karşısında yanan bir köyü soğukkanlılıkla incelemek" anlamlarına geldiğini duymuştum. Sanırım Türkiye'de halkın çoğu ve akademiler kendimizi direkt ilgilendirmeyen sosyal problemleri ırmağın karşısından izliyoruz. Duyguötesi toplumda seçilmiş "gerçeklerle" ve onların çarpıtılmış simulasyonlarıyla hakikati arıyoruz. Ancak bu acıların sahipleri çarpıtılmamış ve simule edilmemiş gerçekleri yaşıyor.

- Mahallede son bir yıldır ne yaşandı, hendeklerin kazılma süreci nasıl oldu?

Hasan- Mahallede YDG-H'nin çalışmaları oluyordu. Çevreden çocuklar bunlarla beraber takılıyordu. 6-8 Ekim olaylarıyla beraber daha çok görünmeye başladılar. Biz bu dönemde duyuyorduk, hendek kazılacak, özyönetim ilan edilecek. Özellikle Haziran seçimlerinden önce iyice artmaya başladı bu dedikodular.

Halit- Biz Haziran'dan önce bunları duyuyorduk. Ama diyorduk ki böyle konuşuyorlar bir şey yapamazlar. Ufak tefek olaylar olacağını tahmin ediyorduk. Hatta seçimden sonra ilk hendekler kazıldığında (Nihat- Bizim sokakta seçimden önce ilk hendekler kazıldı. Polis kapattı bunları o zaman) biz bunun büyümeyeceğini düşündük.

- Peki, hendekler kazıldığını gördüğünüzde müdahele edildi mi?

Nihat- Herkes karakola haber veriyordu, burada hendek kazılıyor diye. Polis ilk zamanlar bunları kapattı. Haziran seçiminden sonra hendekler ve barikatlar artınca artık onlar da bıraktılar. Geceleri belediye arabalarıyla taş, su, erzak getiriyorlardı mahalleye. Polis bunları görüyor, müdahale etmiyordu. Hâlâ bunları anlamıyoruz.

Mahalleli ilk zamanlar aslında anlamadı ne oluyor diye. Çok defa sokaktan geçen vatandaşa gelin yardım edin dendi, mecbur silahlı, tanımadığınız gençler! Halk hendek nedir bilmiyor, onlara yardım ediyordu. Bunların olacağını bilseydik kendimizi tehlikeye atar buna müsaade etmezdik. Bir arkadaşımız Bağlar'a taşındı. Orada da biliyorsunuz hendek kazmaya başladılar. Hem de o arkadaşın evinin önüne. Adamın yüreği yanmış. Gençleri görünce kriz geçirdi, hendekleri tekmelemeye başladı. "İsterseniz vurun beni, yeter artık evimizi yıktınız, bizi elaleme dilenci ettiniz. Utanmadan gelip bir de burada mı hendek kazacaksınız!" diye feryat etti. Ama biz Sur'da ne olduğunu anlamadık. Geçici bir şeydir zannettik.

- Sur'da işlerin kötüye gittiğini gördüğünüzde taşınmayı düşünmediniz mi?

Halit- Haziran'dan sonra hendekler barikatlar birden artınca örgüt taşınmamıza izin vermedi. Kamyonetler de giremiyordu hendeklerden dolayı. Zaten çoğumuz Kasım ayına kadar bitecek diye bekledik. Ondan sonra birden çatışmalar başladı. Mahalleli birçok YDG-H'li de çatışmalar başladıktan sonra onlardan kaçmaya başladı. Çevremizde bazı aileler oradan kaçan çocuklarını hem devletten hem de örgütten kaçırmak için başka şehirlere gönderdi. Bazısı da çocuk heyecana kapılır bunlara katılır diye çocuklarını şehirden gönderdi.

- Burada, hendek sürecinde gençlerin örgüte bakışı nasıl?

Halit- Bizim mahallelerde dediğim gibi çoğu bir heyecanla onlarla vakit geçirdi. Bazısı dağa gidip geliyordu diye duyuyorduk. Yani eğitim alıyorlarmış. Ama çatışmalar başlayınca onlardan ayrılan çok olmuş diye konuşuluyor. Çünkü kendi yaptıklarının sonuçlarını gördükçe pişman olanlar olmuş. (M.Y. Bölgede marjinalleşme artıyor deniyor!) Bence devlete karşı marjinalleşenler zenginlerdir. Bir de artık örgütle halkın çok yakın olduğu yerlerdeki gençler. Yoksa bizim mahalle, Şehitlik, Fiskaya veya Bağlar'ın gençleri Sur'daki durumu görünce geri adım atmak zorunda kaldılar. Zenginler internetten izliyor bir şeyler, sonra başlıyor devlete kızmaya. Ama bizim çektiğimiz rezilliği varoş çocuğu daha iyi anlıyor.

Hasan- Hocam taşınmayı düşünmedik, sonra da hiçbir şey almamıza izin verilmedi. Bir gün gittim eve üç tane halı aldım. Mahalleden çıkarken YDG-H yolumu kesti bunları götüremezsin dedi. Niye dedim? Başkan yasakladı dediler. Tartıştım onlarla olmadı bırakmadılar. Baktım canımdan olacağım mecbur bıraktım halıları sokakta.

Halit- İlk sokağa çıkma yasağında biz ve çocuklar evde 9 gün mahsur kaldık. Elektirik yok, her taraftan silah sesleri geliyor, kapıdan kafanızı bile çıkaramıyorsunuz. Allah'tan herkes un, su, yağ, makarna vb. stoklamıştı. Çocuğun ordan çıktıktan sonra uzun süre sesi kısıldı korkudan. Bir gün yasağa ara verildi biz öyle çıktık. Oradaki ev büyüktü. Babam yapmıştı. 8 odalıydı. İki televizyon, iki buzdolabı her türlü eşyamız vardı. Şimdi evde buzdolabı, çamaşır makinesi, birçok mutfak eşyası yok. Sağdan soldan topladıklarımızla bir ev tuttuk. Akşam oraya gitmek istemiyorum. Ayağım gitmek istemiyor. 45 yıldır ben Sur'da yaşamışım. Her akşam bunu yaşıyoruz. Sadece ben değil, bu kahvedeki arkadaşların çoğu bizim mahalleden. Sabah burada toplanıyoruz. Zaten çoğumuz inşaatlarda çalışıyoruz. Diyarbakır'da 9 aydır iş yok. Burada oturup dertleşiyoruz. Yeni mahallelerimizde kimseyi tanımıyoruz.

Hasan- Benim küçük çocuk, hanım, annem ve babam 15 gün içerde mahsur kaldılar. Biz işe gitmiştik öğlen yasak geldi. Ben kaldım dışarda onlar içerde. Ne yaşadığımızı anlatamam. Örgüt herkes kapılarını açık bıracak diyor ama bunlar genç. Malum her türlü dedikodu ortalıkta dolaşıyor. Biz de duyduk evini, malını mülkünü, namusunu kaybetmiş insanlar. Neyseki panzerlerle çıkardılar bizimkileri. Çocuk çok korkmuştu.

- Taşınırken belediye veya kaymakamlıklardan yardım aldınız mı?

Nihat- Bizim durumumuz Suriyelilerden daha kötü. Onlara devlet sahip çıkıyor, halk sahip çıktı, çadırkent kuruldu, sıcak yemek verildi. Bize niye konteyner kent kurulmadı. Kimsenin umurunda mı ne yiyoruz ne içiyoruz! Valisi, belediye başkanı sormadı ki nereye gidiyorsunuz diye! Sahipsiz kaldık. Birkaç gün tanıdıkların yanında kaldık. Baktık bu işin sonu yok kış günü mecbur tuttuk boş bir ev. Kaymakamlık yine ilk ay 300, ikinci ay 500 şimdi 1000 tl veriyor aylık. Ama eşya yok, yakacak yok... Halk devlete de çok kızıyor, bunlara müsaade etti diye. Yine de halk kaymakamlığın kapısında bekliyor bir şey alırım diye. Belediyenin önünde kimseyi göremezsin! Oysa Haziran'da Kasım'da oyumuzu onlara verdik. Geçen Kışanak hanım geldi buraya hepimiz tepki gösterdik. Halk, size bu yüzden mi oy verdik diyor. Hepimiz onlara verdik oyumuzu. Ama şimdi hiçbirimiz anlamıyoruz bu neyin savaşıdır diye!

Hendekler ve Şehirdeki PKK Bitene Kadar Sürmeli

Tablo 26'da görüleceği üzere ancak çok az sayıda görüşmeci bütün hendekler kapanana ve PKK'liler şehirden çıkana kadar operasyonların devam etmesi gerektiğini belirtmiştir. Bu kimseler genellikle terör-şiddet hadiselerinin masum halka zarar verdiğini ancak bir devletin de bu tür oluşumlara müsaade etmemesi gerektiğini söyleme gereğini hissetmiştir.

"Devlet halkının ve masum insanların güvenliği ve devletin bütünlüğü için ne gerekiyorsa yapmalıdır" (Ahmet, 43) düşüncesi bu kategori içerisindeki anlayışa tipik bir örnek olabilir. Operasyonların ve sokağa çıkma yasaklarının kısa sürede bitmesi ve güvenlik birimlerinin sivil kayıplar konusunda daha hassas olması gerektiği bu görüşmecilerin ayrıca değindiği konulardır;

Operasyonlar hız kesmeden devam etmeli, PKK'nın halkı sindirmesine izin verilmemelidir. PKK ve şehirdeki uzantılarının operasyonel güçleri kırıldıktan sonra barış süreci yeniden başlatılmalıdır (Mehmet, 34).

Sokağa çıkma yasağını halkın güvenliği için gerekli görüyorum. Şiddet daha çok PKK tarafından oluyor. Onlar roket ve bomba kullanıyorlar. Askerlerimiz silah kullanırken bile önce havaya ateş atıyorlar (Çiğdem, 49).

Bu görüşmeciler açısından operasyonlarla örgüt kısa sürede şehirden atılabilir. Halkın güvenliği açısından öncelikle bu operasyonlar yapılmalı, örgütün halk üzerinde baskı kurmasına müsaade edilmemelidir.

HAZİRAN 2015 SONRASI YDG-H'NİN EYLEMLERİ

Yaklaşık iki yıldır bölge halkı YDG-H (Yurtsever Devrimci Gençlik-Hareketi) yapılanmasından haberdardı. Kuruluş sürecinde PKK zaman zaman bu yapılanmayı överken bazen de kendileriyle ilişkisinin olmadığını iddia etmiştir. Ancak hem bölgede örgütten bağımsız böyle bir yapılanmanın oluşumunun mümkün görülmemesi hem de Haziran sonrası süreç bu yapılanmanın PKK'yle yakın ilişkisini görünür kılmıştır.

Gençlik yapılanması kurulduğu ilk dönemlerde, yoksulluğun yoğun yaşandığı ve aynı zamanda yoksulluk kültürünün hâkim olduğu semtlerde uyuşturucu satışı, seks işçiliği, kara para işletmeciliği ve mafyatik yapılanmalara karşı taşlı, sopalı ve silahlı eylemler gerçekleştirmiştir.[17] Bu yapılanmanın örgütün dağ yapılanmasından ziyade faaliyet gösterdikleri mahallelerdeki gençlerden oluştuğu söylenmektedir. Ancak, Diyarbakır Suriçi'ndeki görüşmelerimizde konuştuğumuz gençlerin çevre illerden olduğu görüldü. Çatışmaların başladığı dönemlerde bu yapının, örgütün "kadrolar"ıyla desteklendiği yaygın kanaattir. Çalışmamızda görüşmecilere bu yapılanma ve eylemleriyle ilgili fikirlerini sorduğumuzda iki noktanın öne çıktığı görüldü;

1- Bu eylemler en büyük zararları Kürtlere veriyor. HDP ve PKK'ye de zarar veriyorlar

2- Halkı savunuyorlar. Siyasi çözümsüzlük buna neden oldu (Tablo 27).

---

[17] İnternet üzerinden yapılacak aramalarda 2014-2015 yıllarında YDG-H'yle ilgili çok sayıda haberin yerel ve ulusal medyada yer bulduğu görülecektir. Bunların bir kısmı resmi soruşturmalara konu olmuştur.

Tablo 27: 7 Haziran sonrası YDG-H'nin eylemlerini nasıl değerlendiriyorsunuz?		S	%
1	En büyük zararları Kürtlere veriyor. HDP ve PKK'ye de zarar veriyor	85	62.5
2	Halkı savunuyorlar, siyasi çözümsüzlük buna neden oldu	44	32.3

"En Büyük Zararları Kürtleredir"

YDG-H'nin eylemleri konusunda yapılan incelemede katılımcıların bu eylemleri Kürt halkı açısından zararlı ve tehlikeli gördükleri anlaşılmaktadır. Özellikle YDG-H bağlamında görüş belirten birçok kişi bu yapılanmanın PKK ve HDP'ye de zarar verdiğini belirtmiştir.

Görüşmeciler, bu birimlerin mahallelerin serseri, hapçı ve kontrolsüz gençlerini içerisine alarak büyüdüğünü ve bunun da hem örgüt hem halk açısından büyük bir tehlikeyi bünyesinde barındırdığını belirtmişlerdir. Bu sebeple, "YDG-H Kürt halkına zarar vermektedir" ve "bu tür yaklaşımlar Kürtleri HDP çizgisinden uzaklaştırmaktadır" (Edip, 32) anlamında çok sayıda görüşmeci notuyla ve ifadesiyle karşılaşılmıştır. Bir görüşmeci bu konudaki fikirlerini şöyle açıklamıştır, "PKK'nin bu eylemlerini HDP'nin halkta yarattığı barış umutlarını sabote ederek barış masasını dağıtma girişimi olarak değerlendiriyorum" (Mehmet, 34). Başka görüşme notlarında da bu açıklamalar doğrultusunda ifadeler görülmektedir;

Tam bir eşkiyalık. Okul yakmakla, yol kesip araç yakmakla, bölgenin hizmetinde olan iş makinalarını tahrip etmekle, turizmi ve yatırımları baltalamakla, hepsinden önemlisi daha fazla çocuğu yetim bırakmakla YDG-H tam bir eşkiyalık örneği göstermektedir (Mesut, 55).

Halkı baskı altına alarak, korkutarak kendisine destek sağlamaya çalışmak, karşı gelenleri infaz etmek, zor durumda kalan halka yardım yapılmasını engellemek, yardım yapanları tehdit etmek, infazlarını ve tüm suçlarını devletin üzerine atmak şeklindeki eylemleriyle YDG-H tam da 90'lı yıllardaki devletin uygulamalarıyla örtüşüyor (Azad, 41).

Katılımcılar sıklıkla savaşı şehre çekip, masum insanları mağdur ederek örgütün ancak halkın nefretini kazanacağını söylemişlerdir. Çözümün demokratik yollarla aranması gerektiği ve HDP'nin siyasi açıdan belirli bir noktaya geldiği dönemde yapılan bu yeni hamlenin Kürtlerin mi yoksa Türkiye'ye sorunlu komşu ülkelerin mi işine geldiği kafa karışıklığına neden olmaktadır;

7 Haziran sonrası YDG-H eylemlerinin kime ne kazandırdığı belli değildir. Neden mi? 7 Haziran'da HDP yüzde 13 gibi bir oy almış ve halk nezdinde büyük bir başarı sağlamıştır. Mademki siyasi bir başarı var neden eylemler başladı? Eğer eylemler olmasaydı seçim süreci aynen devam etseydi (1 Kasım'da) oy aranı daha da yukarılara çıkmaz mıydı? Yani her şey onların lehine iken neden eylemler yapıldı diye düşünüyor insan. Bu eylemler kime hizmet etmiş işte orada soru işaretleri var. Bu soruların cevabına hangi açıdan bakarsanız bakın mantıki bir açıklama olabileceğini düşünmüyorum. Halkın huzursuz olduğu ve maddi ve manevi açıdan olumsuz etkilendiği hiçbir eylemi de tasvip etmiyorum (Fuat, 27).

Bir insan, bir genç, bir çocuk parasızsa ve maddi imkânları yoksa ve eğitimden de uzaksa onun için şiddet bir meslek haline gelir, bir hobby olur. YDG-H şu an Türkiye için en ciddi sıkıntı ve tehdit oluşturan unsur bence. Çünkü bu gençlerin kaybedecek bir şeyleri yok. Kanaatimce özellikle Doğu bölgelerinde gençlere yeterli maddi imkân ve olanak sağlanmadığı sürece YDG-H üyeleri günden güne artacak ve bu, bir meslek haline getirilecektir (Rojda, 22).

Görüşmeciler örgütün gençlik yapılanmasının daha çok yoksulluğun yoğun yaşandığı semtlerde ve hayata tutunamayan gençler arasında zemin bulduğunu belirtmişlerdir. Parti ve örgüt çalışmalarında aktif rol alan bir görüşmeci, ilk başlarda bu gençlerin uyuşturucu, hırsızlık, tefecilik operasyonları yaparak halkın dikkatini çektiklerini ve kendisinin de bu dönemde YDG-H'yi olumlu değerlendirdiğini belirtmiştir. Ancak zamanla aynı mahallelerdeki mafya gruplarının gençlik yapılanmasını kendi kontrollerinie aldığını ve bu gençlerin halkı rahatsız ettiklerini öğrendikçe fikirlerinin değiştiğini ifade etmiştir.

Yoksulluk kültürünün hâkim olduğu çevrelerde yasadışı işlerin gündelik hayatın rutinine dönüştüğü bilinmektedir. Buralarda kuvvetli bir protesto kültürü gelişmiştir ve hükümet, güvenlik güçleri, din adamlarına karşı olumsuz tutum ve davranışlar hızla zemin bulabilir (Lewis, 1961). Hendeklerin kazıldığı semtler çok büyük oranda yoksulluğun ve yoksunluğun yaşandığı yerler olması açısından örgütün buralarda üye bulması zor olmamıştır. Görüşmecilerin kanaatine göre, operasyonların uzaması durumunda bu semtlerden ve çevreden örgüte katılımlar sürebilir.

Siyasi Çözümsüzlük Buna Neden Oldu

Çalışmaya katılanların önemli bir kısmı YDG-H'nin eylemleri konusunda çekincelerini belirtmelerine karşın siyasi çözümsüzlüğün eylemlerini meşrulaştırdığı görüşünü savunmuşlardır. Bunların bazısı bu yapılanmayı mantık olarak doğru bulduğunu ama uygulamada bazı hatalarının olduğunu ve Kürt hareketine kısmi zarar verdiğini dile getirirken bazısı bunların masum Kürt halkını "devletin saldırıları" karşısında koruduğuna inanmaktadır.

HDP ve DTK yaptıkları açıklamalarda YDG-H'yi ve hendekleri halkın kendisini savunması şeklinde kabul ettiklerini beyan etmişlerdir (imctv.com.tr, 2015). Dolayısıyla araştırma yapılan bölgede HDP'nin yaklaşık %70'ler düzeyinde oy almasına karşın (Şanlıurfa çıkarıldığında bu ortalamanın %80'leri geçtiği görülür) hendekler ve YDG-H'lilerle ilgili söylemlerinin tabanda karşılık bulmadığı rahatlıkla söylenebilir. HDP'nin de içerisinde bulunduğu DTK'da aktif olarak görev yapmış ve halen bölgede kanaat önderi konumunda bulunduğu düşünülen birkaç görüşmeci de, Kürt ulusalcı hareket içerisindeki üst düzey siyasetçi arkadaşlarıyla yaptıkları ikili görüşmelerde örgütün hendek hamlesini ve YDG-H'nin eylemlerini eleştirmelerine karşın basına aksi yönde beyanlar verdiklerini belirtmişlerdir;

PKK'nin YDG-H hamlesinin siyasi olarak HDP'de yıkım yaptığını düşünmüyorum. Bugün halk PKK'ye kızıyor ama yarın seçim yapsanız sonuç pek değişmez. Çünkü halkın bir kısmı olaylara uzak zengin semtlerde yaşıyor ve masum halkın ne çektiğinden habersiz. Ayrıca, PKK tabiri caizse kendi "epistemik cemaatini" yaratmış ve olayları kendi iletişim kanallarıyla halka istediği çerçevede aktarıyor. Bilgiyi ve haberi kendi ideolojisiyle harmanlıyor. Dolayısıyla kendi medyasını takip eden kitle nazarında hendekler bir hak-hukuk meselesine dönüşüyor (Nuri, 44).

Örgütün hendek eylemlerini farklı şekillerde izah etmeye çalışan görüşmeciler de olmuştur. Bunlar, özyönetim birimlerinin kurulmasının KCK Sözleşmesi'nde ve diğer örgüt bildirilerinde var olduğunu, ancak bunun elde edilmesinin şiddetle değil demokratik yollarla gerçekleştirilebileceğini belirtmişlerdir;

Hendekler var olan saldırgan politikalar karşısında oluşmuş bir reflekstir. "Özyönetim" teorik olarak tartışılması gereken bir konudur.

Ancak burada YDG-H'nin uygulaması bence yanlıştır. Özyönetim silahla değil siyasi bir müzakereyle ilan edilmeliydi. Savaşın şehre yayılması ve sürecin buzdolabına konması karşısında hendekler ortaya çıkacak en muhtemel sonuçtu. Çünkü sayın Öcalan daha önce, eğer süreç başarısız olursa ve suistimal edilip Kürt halkı oyalanmaya çalışılırsa benim de önüne geçemeyeceğim bir savaş başlar demişti (Rıdvan, 29).

Örgüt içerisinde bulunmuş, uzun süre cezaevinde yatmış bir görüşmeci özyönetim birimlerinin kurulmasının planlı bir hamle olduğunu belirtmiştir. Ancak ona göre, Öcalan silahlı bir özyönetim hamlesini 2005'teki KCK Sözleşmesi'nde kabul etmemektedir. Bu sözleşmede belirtilen "meşru müdafaa durumuna hazırlıklı olmak" ise Haziran 2015 koşullarını karşılamamaktadır.

Gerçek Kesit

Hazal (38), çatışmaların hemen tamamında evinde kalmış. Yakın zamanlarda taşınmışlar. Kendi ifadesiyle "biz hâlâ Sur'da zar zor kendimizi geçindiriyoruz" diyor. 3, 6 ve 9 yaşlarında çocukları var. Kendisi İş Kur aracığıyla işe başladığından onlara eşi bakıyor. Eşi daha önce Sur'da seyyar tezgâhta meyve satıyormuş, şimdi çalışmıyor.

- Mahallede olaylar nasıl başladı?

Gençlere neden bunları yapıyorsunuz diye soruyorduk, "Bizim sizinle sorunumuz yok, bizim kimle savaştığımız belli" diyorlardı. Ben Sur'da doğup büyüdüm. Burada evlendim, komşumun oğluyla. Kayınbabamla oturuyorum, ev onun. Şimdi kayınlarım evde hak istiyorlar, ben iyice ortada kalacağım (…) Belediyeden yardım istemeye gittim, bana dilenciymişim gibi davranıldı. Şikâyet ettim, oyumuzu size veriyoruz neden böyle davranıyorsunuz! diye sitem ettim. İlk başlarda erzak yardımı yaptılar. Ancak hepsi kokmuş eşyalardı, çöpe attık.

Bizim üzerimizden ne oyun oynanıyor bilemiyoruz. Anlamıyorum neyin savaşı bu! Ben örgütün evden çıkmayın dediğini duymadım. Zaten aylar öncesinden belliydi ne olacağı, kimse çıkmadı. Çoğumuzun kira verecek durumu yoktu.

Akrabalarımız var, durumları iyi ama çıktıktan sonra onlardan bile destek görmedik.

Mahallemizde gençler örgüte katıldı, destek verdi. Ama aileleri istemiyordu, bile bile çocuğunu ateşe atmak istemediği için. Ama biz destek veriyoruz örgüte. Onlar bizim çocuklarımız ve için savaştılar. Eskiden dilimizi dahi konuşamıyorduk, onların sayesinde bugün rahatız. Bu yüzden destek veriyoruz onlara.

-    Taşınma sürecinde örgütten destek aldınız mı?

Demirtaş 3 gün geldi, halka dedi ki, sokağa dökülün istemiyoruz, her sokağa çıktığımızda gençlerimiz ölüyor. Benim çatışmalarda yıkılmayan evimi devlet kamulaştırma için yıktı, hâlâ Sur'dayım. Gelecekte ne olacak bilmiyoruz. İyi olmasını umudediyoruz. Biz evimizden çıktıktan sonra HDP çağırdı, Sur halkı olarak gelin konuşalım, yaşadıklarınızı anlatın diye. İstemiyorum, onların hiç birşeyine katılmam, bizim yanımızda değillerdi. Halkın ezilmişliğini kullanarak bu günlere geldiler. Gelin tv'ye çıkın, yaşadıklarınızı anlatın dediler ama zor günümüzde yanımızda değildiler. Yine de şöyle düşünüyorum, örgüt bir suçluysa devlet on suçlu. Bu savaş ne için anlamıyorum! Örgüt neden Sur'a, halkın içine girdi! Hatalıydı. Halk korktu, örgüte destek verenlerin çoğu bile İstanbul'a, en iyi yerlere göçtüler, gittiler. Bu anlattıklarımı duyunca siz tedirgin oluyorsunuz ama düşünün biz aylardır ateş çemberinin içindeydik.

ENDİŞE VE BEKLENTİLER

Operasyon Sürecinin Uzamasıyla İlgili Endişeler

Saha çalışmalarında katılımcıların, operasyonların uzaması durumunda bölgede nelerin olabileceği konusunda bazı öngörüleri olmuştur. Bunlar; 1- Bölgede özellikle gençlerde radikalleşme artabilir, 2- Türk-Kürt ayrışması derinleşebilir, 3- Çözüme inanç azalır ve bölge Suriyeleşir-Filistinleşir 4- PKK güç kazanır (Tablo 28).

	Tablo 28: Operasyonlar ve sokağa çıkma yasakları uzarsa bunun Kürtlere etkisi nasıl olur?	S	%
1	Bölgede Radikalleşme artabilir	33	24.2
2	Türk-Kürt ayrışması derinleşir	26	19.1
3	Çözüme inanç azalır, bölge Suriye-Filistinleşir	19	13.9
4	PKK güç kazanır	8	5.8

Buradaki tasnife uymayan ancak sadece birkaç görüşmecinin belirttiği konular da vardır. Bu görüşmeciler, yaşanan sürecin devam etmesinin Kürt toplumunda büyük bir kopuş ya da problem oluşturmayacağını düşünmektedirler. Tahmin edileceği üzere bu kimselerin çoğu, aynı zamanda "hendekler kapanıncaya ve PKK'liler bitirilinceye kadar operasyonlar sürmeli" görüşünü savunmaktadırlar. Kendisini dindar olarak tanımlayan 60 yaş üstü Kürt bir görüşmeci, Türk-Kürt ayrışmasının olmayacağını, sadece örgütün bunun olmasını arzu ettiğini belirtmiştir;

> *Türk-Kürt ayrışması olmaz. Bu söylem PKK'nin işini kolaylaştırıyor. Bence bunu kendileri yayıyor. Özerklik istekleri için halk arasında bu sözleri yayarak işi Dünya devletlerine, "artık Kürt halkı Türklerle beraber yaşamak istemiyor!" noktasına getirmek istiyorlar (Veysi, 65).*

Bunun dışında hem hendeklere hem de devletin yaptığı operasyonlara tepki gösteren görüşmeciler de vardır. Bölgede hâlâ tarafsız kalmaya çalışan bir kesim için, "PKK'nin hendeğine de devletin hendeğe tankla, 20.000 askerle girmesine de karşıyız" (Ahmet, 39) sözü oldukça tanımlayıcıdır.

Bölgede Radikalleşme Artabilir

Görüşmeciler, çatışmaların uzaması, sivil ölümlerin devam etmesi ve evlerini boşaltmak zorunda kalan kimselerin mağduriyetlerinin giderilmemesi halinde zamanla bölgede devlete karşı nefretin artacağı endişesini taşımaktadırlar.

Bu katılımcılar, yapılan operasyonların Batıdaki illerde belki olumlu karşılandığını ancak Kürt toplumunda şüpheye ve yer yer de öfkeye neden olduğunu belirtmişlerdir. Geçmişteki tecrübelerinden hareketle bazı görüşmeciler, bu ağır durumun şehirlerde devam etmesi halinde örgüte halk desteğinin artacağını, hiç değilse sempatizan gençlerin bir kısmının radikalleşerek örgütün savaşçı kadrolarına katılacağı öngörüsünde bulunmuşlardır. Uygulanan uzun sokağa çıkma yasaklarının, genç bir görüşmecinin ifadesiyle "insanlarda savaş ortamı hissi yaratarak" şiddeti tetiklediği yaygın bir kanaattir;

Süreç uzarsa durum daha kötü olabilir. Şayet şiddetli mücadele, sivil ölümler ve güvenlikçilerin hataları devam ederse PKK bölgede güç kazanır. Şöyle ki, diyelim örgütün sempatizan kitlesi şuan bölgede %75. Hendek sebebiyle kızsın insanlar bu %50'ye düşsün. Peki diğer taraftan, şuan örgütün bölgede radikal çekirdek kitlesi %10. Süreç uzar ve devlet hatalarını düzeltmezse bu radikal kitle %25'e çıkar. Bu da devletin başına büyük bir belanın açılacağı anlamına gelir. Kaldı ki, örgüt zaten güçlü bir medyaya ve internet ağına sahip, kaybettiği sempatizan kitlesini kısa sürede geri kazanabilir. Ama devlet, radikalleşecek Kürt gençleri tekrar nasıl kazanacak! Koca devlet oyuna geliyor (Murat, 45).

Elbette hendeklerin oluşturulması ve hendeklerin arkasında eli silahlı kişilerin olması karşısında hükümetin sessiz kalması beklenemezdi ki öyle de olmamıştır. Peki, hükümet bunu daha ılımlı bir yolla, yani siyasi diyalog yoluyla çözemez miydi? Elbette bu da önemli bir seçenekti, maalesef bu düşünülmemiştir. Sadece sokağa çıkma yasakları uygulanarak ortam tam da istenen savaş durumuna çevrilmiştir. Bu tamamıyla siyasi bir başarısızlıktır ve gelecekte olacakları öngörmemektir. Geçmişte yaptığı şeylerin aynısını yaparak farklı sonuçlar elde etmeye çalışan anlayış (devlet) tarihte olduğu gibi şimdi de fiyasko ile sonuçlanmaya mahkûmdur (Fuat, 27).

YDG-H, yapılacak başkaldırının bir kadrosudur. PKK, YDG-H'nin çatışmalarda profesyonel olmadığının farkında ancak kutuplaştırmayı derinleştirmek ve birlikte yaşamayı minimize etmek için YDG-H, PKK için çok önemlidir. Bölgedeki aileler YDG-H'ye mensup bir aile ferdini yitirdiğinde T.C. devletine olan güvenlerini yitirir ve bunun yerini "T.C. Devletine düşmanlık" alır. Devleti kendi devleti olarak görmediği gibi sürekli PKK'ya sempati duyar. Kısacası YDG-H'nin kendisi ve yaptığı olaylar, eylemler PKK'nın mücadele ruhuna uygundur. Ancak profesyonel olduklarını söylememiz mümkün değildir (Sidar, 33).

Yapılan saha çalışmaları ve daha önceki gözlemlerimize göre, PKK sürekli olarak devletin şiddeti kullanacağını hesaplamakta ve bu durumda da halkı kendi yanına çekebileğini düşünmektedir. Görüşmecilerin basit bir hesaplamayla ortaya koyduğu bu denge oyununda çatışmaların devamı halinde örgütün marjinal kitlesini önemli oranda artırması güçlü bir olasılık olarak görülmektedir. Çatışma ortamlarında insanların akli melekelerinin zayıflaması ve duygusal karar alma eğiliminin artması örgütün özellikle gençler üzerinde etkisini pekiştirebilir.

Yaş ortalaması ülke genelinden oldukça düşük olan bölge illerinde örgütün güçlü iletişim ağlarına sahip olduğu düşünüldüğünde özellikle sivil ölümler, siyasilerin kışkırtıcı söylemleri, güvenlikçilerin duvarlara yazdıkları yazılar ve öldürülen örgüt üyelerine yapılan bazı kötü muamelelerin örgüte katılımı ve marjinalleşmeyi artırması şaşırtıcı olmayacaktır.

Türk-Kürt Ayrışması Derinleşebilir

Çatışmaların sürmesi halinde Türk-Kürt ayrışması yaşanacağı veya var olan ayrışmanın derinleşeceğini ifade eden görüşmeciler de olmuştur. Bunlara göre, Türkler, Kürtlerin yaşadıkları haksızlıklar karşısında sürekli "üç maymunu oynamakta" ve sadece "biz kardeşiz" diyerek ülkenin bütünlüğünü sağlamaya çalışmaktadırlar. Hem askerin, polisin ölümü hem de sivil, PKK/YDG-H'lilerin ölümünün halklar arasında kin ve nefreti artıracağı kanaati yaygındır.

Türklerle Kürtlerin birlikte yaşama isteği yâda bu konudaki öngörüsünün, 2013 tarihli bir araştırmada oldukça yüksek olduğu görülmektedir. Bu çalışmaya göre, Kürtlerin %97,3'ü Türklerin %74,1'1 "Türklerle Kürtlerin Türkiye toprakları üzerinde ortak bir geleceği olduğuna inanıyorum" önermesine olumlu yanıt vermiştir (Akyürek vdğ., 2013). Oysa çatışmaların devam ettiği dönemde yaptığımız görüşmelerde bu konuda belirgin bir karamsarlığın yaşandığı gözlenmiştir.

Kendisini devlet yanlısı, Kürt haklarını sonuna kadar savunan, dindar ve Zaza olarak tanımlayan bir görüşmeci, sürecin çatışmayla devam etmesi durumunda Kürtler içerisinde "barışı ve birlikte yaşamayı savunanların marjinalleşeceği" uyarısında bulunmuştur. Ona göre, Rojava'da yaşanan gelişmeler ve Kürtlerde milli bilincin yükselmesi sebebiyle sivil ölümler üzerinden örgüt medyasının yaptığı yayınlar gençlerde karşılık bulmaktadır. Geçmişte örgütle hiçbir bağı olmayan çok sayıda ailede bile bu süreçte gençlerin örgüte katıldığı, bir kısmının da kafasının karışık olduğu hem yukarıda belirtilen hem de başka görüşmeciler tarafından ifade edilmiştir. Bölgedeki şiddetin ülke içerisinde diğer bölgelerde de birlikte yaşama darbe vuracağı tahmin edilmektedir. Süreç kanlı şekilde devam ederse Kürtler arasında Türklerle "birlikte yaşamı savunanlar marjinalleşebilir" endişesinin zemini güçlenebilir;

> PKK savaşı şehre getirerek sempatizan kitlesini savaşçı sınıfına çekme imkânı buldu. Dağdan gelen kadrolarla şehirdeki çoğu serseri YDG-H üyeleri birleşti. Eskiden örgüt çocuğu halk savaşı için ikna etmek, dağda uzun süre eğitmek zorundaydı. Şimdi çocuk zaten her şeyi görüyor ve örgüte katılmak için yapması gereken iki mahalle öteye gitmek. Eğer savaş uzarsa gençler şiddeti kanıksar, şiddet normalleşir ve PKK'ye kitlesel katılım artar. Çevremde Kobani'den sonra zaten artan çıkışlar (örgüte katılım) böyle devam ederse daha da artabilir. Yakın çevremde bile bunu görüyorum. Başka bir tehlike süreç uzadıkça, devletin baskısı arttıkça siyasete güven iyice azalacak, gençler gözünü yine dağa çevirecek. Baskı Kürt-Türk çatışmasını da beraberinde getirecek ve "birlikte yaşamı savunanlar toplumda marjinalleşecek" (Nuri, 44).

> Suçlu olan bir grup yüzünden devlet bütün toplumu cezalandırıyor. Bu da Kürt toplumunun Türkiye'den kopuşun kenarına gelmesine neden oldu. Bu şiddet devam ederse Kürt ve Türk toplumu arasında yeniden kapatılamayacak bir uçurum-ayrışma oluşabilir. Gerek devlet gerek PKK bir an önce bu tavırlarından vazgeçmelidir (İbrahim, 38).

Şanlıurfa/Suruç ve Ankara'daki bombalamalar ve sonrasındaki süreçte birçok şehirde Kürtlere yönelik sözlü-fiili saldırıların yaşanması endişeleri daha da artırmıştır. Yine Türk toplumunda bölgede yaşanan yıkımlar ve sivil ölümler konusunda tepkinin oluşmaması da kırgınlıklara neden olmaktadır. Genç bir bayan (20) bu kırgınlığı, "Burada bu kadar insan ölürken, biz kardeşiz diyen insan evlatlarının da susmasını istemiyorum" diyerek ifade etmiştir. Kürt siyasal hareketi içerisinde aktif rol alan ve kendisini dindar olarak tanımlayan başka bir görüşmeci;

> *Ben, bizim bu Doğu ve Güneydoğu'daki sokağa çıkma yasaklarının olduğu yerlerde sivil halk, çoluk-çocuk, kadın ve yaşlıların öldürülmeleri ve cenazelerinin günlerce sokak ortasında bekletilmelerine çok üzülüyorum. Bunlara Batıdaki sivil halkın tepkisiz kalması bizleri çok derinden etkiliyor. Bu durum çok vahim! Çünkü bu durum ülkeyi bölmeye kadar götürebilir (Özgür, 38).*

TESEV'in 2011 yılında Türkler arasında Kürt sorununun nasıl algılandığına ilişkin araştırmasında özellikle Kürtlerin zorunlu göçlerle büyükşehirlere kitlesel göçleriyle başlayan süreçte Kürt sorununun "toplumsallaştığı" tespiti yapılmıştır. Daha öncesinde devletle Kürt vatandaşlar arasında süre gelen etno-politik sorun Türklerle Kürtlerin gündelik yaşamda sıklıkla karşılaşmasıyla halklar arasında bir soruna dönüşmeye başlamıştır (Ensaroğlu & Kurban, 2011). Saraçoğlu (2011) ve SETA (Aras vdğ., 2009) çalışmalarında da benzer bir ayrışmanın yaşandığı görülmektedir.

Yaptığımız görüşmelerde katılımcıların, şehit cenazeleri, sivil ölümler, öldürülen PKK'liler ve operasyonlardan mağdur olan halkın iki toplum arasındaki bu ayrışmayı daha da derinleştirmesinden endişe duydukları belirlenmiştir.

Çözüme İnanç Azalır ve Bölge Suriyeleşir-Filistinleşir

Görüşmelerde değinilen başka bir endişe de, çatışmaların uzaması ve ölümlerin artması halinde çözüme inancın azalacağı ve bölgenin Suriye ve Filistin gibi olabileceğidir. Bu görüşmeciler çoğunlukla kendisini "tarafsız" olarak tanımlayan Kürtlerden oluşmakta ve devletin, örgütü askeri yollarla şehirden çıkarma girişiminin neticesinin felaket olacağını düşünmektedirler.

Şehirdeki çatışmaların kolay bitmeyeceğini düşünen bazı görüşmeciler, Sur, Silopi, Cizre gibi küçük ilçelerde bile iki aya yakındır devam eden çatışmalarda güvenlik birimlerinin fazla mesafe kat edememesini, görüşlerinin haklılığına delil göstermektedirler. Çözümün ağır askeri operasyonlarda olmadığını, yetkililerin açıklamalarında belirtildiği gibi "PKK/YDG-H'lilerin hepsinin öldürülmesi" durumunda Kürt toplumunda "intikam" duygusunun örgüte yeni katılımları tetikleyeceği ve bunun bölge şehirlerini sonu gelmez çatışmaların mekânı yapacağı endişesi güçlüdür;

> *Devlet, bütün teröristler bölgeden süpürülene kadar operasyonların süreceğini söylüyor ama yanılıyor. Şimdi basit bir hesap yapalım, siz Sur, Silopi, Cizre, Nusaybin'de 1000 PKK'li öldürdünüz, 200 kişi de sivil. Tabi asker, polis de bizim evladımızdır ama söyleceğim şey başka. Bu 1200 insanın hepsi Kürt ve bunların taziyesinin sahibi her biri için 50-100 kişidir. Tabi bu rakamlar bazen 200'ü de geçer ama ortalama konuşalım. Toplam 120.000 acılı insan demektir bu. Yok efendim savaşanlar Rusmuş, Fransızmış, sünnetsizmiş. Kürtler devletin söylediğine değil tabutta kimin olduğuna bakar. Artık devletin şunu anlaması lazım, bir ailedeki acı dağa çıkacak yeni 3-5 kişi demektir. Örgüt bunu görüyor da hesap yapıyor devlet göremiyor! Sen şimdi 3-5 ay savaştın, şehirleri diyelim boşalttın, diyebilirmisin ki, ey Kürtler gelin barışalım. Bu kadar kanın üzerinde barış olur mu? (Nuri, 44)*

> *Hendekler bölgenin hemen hemen bütün alanlarına yayıldığından sonuçlar da lokal olmaz. Sonuçları daha büyük olacaktır. Yani devletin şiddetli bastırması karşı tarafın da şiddete temayülünü arttırır. Sürecin uzaması aynı zamanda evlerinden, canlarından, mallarından ve en önemlisi yurtlarından olan vatandaşların da devlete olan güvenlerinin sarsılmasına ve yok olmasına sebep olabilir (Metin, 44).*

> *Bu şiddet bir an önce bitmeli. Böyle devam ederse ülkemiz Suriye'den beter olur. Hükümet şiddet politikasından vazgeçmeli yoksa konjoktür de uygun olduğu için küresel güçler Kürtleri ve Kürdistan'ı Türkiye'den koparır (İbrahim, 38).*

Şiddetin yeni bir şiddet dalgası doğurmasından korkan çoğunluğu orta yaş üzeri görüşmeciler, devletin, örgütün istediği bu kısır döngüye girmemesini arzulamaktadır. Şehirlerdeki şiddetli çatışmaların çok sayıda ölüme neden olacağı, bunun da devlete karşı intikam hırsıyla dolu yeni bir kitle yaratacağı kuvvetle vurgulanmaktadır. Sonuç olarak çatışmaların devlet tarafından başlatılacak yeni bir müzakere ve restorasyon hamlesiyle bitirilebileceği kanısı yaygındır.

Çatışmaların bölgede, "Suriye veya Filistin gibi oluyoruz" endişesi oluşturduğu açıkça gözlenmektedir. Genç bir bayan PKK'nin bu eylemleriyle, "bölgeyi yanlızlaştırdığını ve Suriye gibi savaş bölgesi haline getirmeye çalıştığını düşünüyorum" (Jiyan, 27) ifadelerini kullanmıştır. Görüşmecilere göre bunun önüne geçmenin yolo, örgütün "şiddet" hamlesine karşılık devletin "Kürtlerin haklarının verilmesi" hamlesi çok daha akıllıca olacaktır.

Örgüt Güç Kazanır

Görüşmecilerin operasyonların ve sokağa çıkma yasaklarının devamı halinde ne olur? sorusuna verdikleri yanıtlardan biri de, PKK'nin süreçten kârlı çıkacağı ve bir sonraki barış masasına elinin daha güçlü şekilde oturacağıdır.

Operasyonların sürmesi, şehirlerin yıkılması, sivil kayıplar ve hatta örgüt üyelerinin ölmesi PKK'nin bölgede daha geniş bir alanda propaganda yapmasının önünü açabilir. Bölgedeki yaptığımız diğer çalışmalardaki deneyimlerimize de dayanarak, örgüte katılımların ve çatışmalardaki ölümlerin cenaze sahiplerinde ve hususiyle yakın arkadaş-akraba çevresinde örgüte güçlü bir aidiyet zemini oluşturduğunu söyleyebiliriz. Dolayısıyla operasyonlardaki kayıplar örgütü sayısal açıdan bitirmek için yeterli bir ölçü değildir. Örgüt yeni acılar ve intikam yemini yapan gençlerden kendi kayıplarını telafi etmeye devam edebilir. Diğer taraftan bu görüşü savunan katılımcılara göre, örgüt yapılan operasyonları uluslararası zemine çekerek devleti istediği şartlarda barış masasına oturmaya zorlayabilir;

PKK, hendeklerle özyönetim elde edemeyeceğinin farkındadır. Ancak hendeklerle ayrıştırmayı ve kutuplaştırmayı derinleştirerek Türk'lerle Kürt'ler arasında ortak noktaları, birlikte yaşamı minimize etmeye çalışmaktadır. PKK, hendeklerle aynı zamanda Dünya kamuoyuna düşmeyi, Dünya'nın dikkatini Kürt'lerin yaşadıkları bölgelere çevirmeyi amaçlamaktadır. Aynı zamanda bu bölgelerde yapılan insan hakları ihlallerinin görülmesini sağlamaktadır. PKK, bu süreci daha da keskinleştirerek masaya daha güçlü bir şekilde oturmayı amaçlamaktadır. PKK, yine bu YDG-H'ları kendi himayesine alarak ve atmosferi altına sokarak ileride planlayacağı projeler için daha kalifiye elemanları yetiştirmiş olmaktadır (Sidar, 33).

Evet, YDG-H eylemlerine halk kızıyor ama devlete de kızıyor. Halkın PKK'ye kızması "artık düş yakamdan" anlamına gelmiyor. Yine onu destekliyor! Zaten Türklerin bunu anlaması gerekiyor (Sultan, 28).

Devlet yetkililerinin "en son terörist ölünceye kadar mücadelemiz sürecek" veya "ya bizdensiniz ya da teröristlerle" gibi açıklamaları ortada durmak isteyen Kürt gençlerin bir kısmını örgütten yana tavır almaya zorlamaktadır. Bu söylemler orta yaş üstü kimselerce "kutuplaştırıcı" ve "şiddeti tırmandırıcı" olarak algılanmakta ve örgütün uzun vadede bundan kazanç sağlayacağı düşünülmektedir.

Gerçek Kesit

Haşim (36) Sur'da yaşayan, uzun süredir işsiz olan bir hendek ve operasyon mağduru. Üç çocuğu ile beraber operasyonlar başladıktan sonra üç ayrı eve taşındılar. Önce İskenderpaşa'daki ablasının yanına taşınmışlar. Operasyonlar bitmeyince Bağlar Kaynartepe'ye taşınmışlar ama olaylar burada da onları bırakmamış. Yeni evleri bu mahalledeki olaylarda hasar görmüş. Tekrar aynı mahallede başka bir ev tutmuşlar. Çocuklar yılın büyük kısmını çatışmalar, biber gazları ve eğitim alamadan geçirmişler. Yedi yaşındaki oğlu çatışmalardan çok olumsuz etkilenmiş. Öğretmen tatilde neler yaşadınız diye resim yapmalarını istemiş. Çocuk gaz bombaları, ağzı puşili gençler, zırhlı polislerin resmini yapmış. 9 aydır çocuk başka bir şey görmemiş ki!
- Olaylar nasıl başladı?
Mahallede ilk olaylar Haziran'dan önce oldu. Bu dönemde hendekler azdı. Tek tük olaylar oluyordu. Hendekler arttıkça herkes Çarşı karakolunu aramaya başladı. Anlamıyoruz, bunlara devlet nasıl müsaade etti. Çocuklar okuldan gelirken halk işe gidip-gelirken gençler onlara hendek kazdırıyordu. Polis de çoğu zaman görüyordu görmemezlikten geliyordu. En çok zoruma giden şeylerden biri, sokağa çıkma yasakları başladı, evde elektirik yok. Bir gün gizlice komşuya gittim telefonu şarja takmak için, dönüşte polisler kelepçeyi taktı. Başladılar bağırıp-çağırmaya, hakaret etmeye. Yok, işte niye bunları ihbar etmediniz, niye tepki göstermediniz falan. Ya hocam biz anlamadık bu yaşadığımız nedir! İhbar ettik yüzlerce kez. Hem devletin istihbaratı yok mu? Bir de zaten görüyorlardı hendek kazdıklarını. Ondan sonra hakareti yine bize yapıyorlar!

Örgüte laf anlatmak ayrı bir sıkıntı! Kapını açık bırak, eşya götürme, evin anahtarını bize bırak. İçlerinde Türkçe, Kürtçe bilmeyen kimselerin olduğunu ben gördüm. Kız sarışın, mavi gözlü yabancı dil konuşuyordu. Başka bir gün yine doğru dürüst Türkçe konuşamayan biri eski havrayı sordu bize. Dedik orası harabedir, yıkılmış gitti bakmaya. Şimdi bunlar neyin savaşını veriyor! Zaten hepimiz olanlara anlam veremiyoruz, kafamız karışık.

- Taşınma imkânı omadı mı?

Ben belki on arkadaşın evini taşımaya yardım ama kendim mahsur kaldım içerde. Sonra babamla beraber fanilaları beyaz bayrak gibi sallayarak çıktık. Çıkarken önce örgütün sonra sonra polisin kontrolünden geçtik. Öcne çıkmak istedim aslında ama babam, "oğlum ben 60 yıldır burdayım. Evimi bırakıp çıkmam, öldürseler bırakmam burayı. Beş on gün devam eder biter" dedi, biz de ısrar etmedik. Biliyorsunuz önce dokuz gün sokağa çıkma yasağı oldu sonra bir gün ara verildi. Ben o gün çek çek arabayla evimden önemli eşyaları çıkarmaya çalıştım. Bizim ev çarşıya yakın olduğu için bunu yapabildim. Daha içerdekiler bunu da yapamadı. Hepimiz ortada kaldık. Millet yardım etti, eşya verdi iyi kötü bir ev düzdük. Bağlar'daki çatışmalarda da bizim ev hasar gördü. Eşyalara çok bir şey olmadı.

- Sizi en çok üzen şey ne oldu?

Çok şey var. Mesela bizim mahallelerde Demirtaş'a çok oy verildi, hakkımızı savunur, bizim dertlerimize sahip çıkar diyc. Ama bu kadar olay oldu sesi çıkmıyor. Keşke konuşaydı, örgütün de devletin de bize yaşattıklarını bütün dünyaya haykıraydı. Örgüt öldürse, devlet öldürse kahramanımız olurdu. Şimdi çok kızıyoruz ona. Diğer taraftan çoğumuz Cumhurbaşkanı'nın Kürt sorununu çözeceğine inanmıştık. Valla şimdi hiç tanıyamıyoruz onu. Sanki daha çok oy almak için bizi sildi attı.

Hepimizi üzen şeylerden biri de iki komşumuzun öldürülmesi oldu. 13 yaşında komşumun kızı fırının önünde ekmek almak için beklerken polis kalabalık dağılsın diye anons yaptı. Herkes bir tarafa kaçıştı. Bu kız da evim yakındır diye düşündü galiba, evine doğru koştu. Polis de onların evinin tarafta olunca şüphelenmiş. Kader! Kız sokağa giriyor, tekrar kafasını çıkarıp bakıyor. O sırada polis vurdu onu. Diğeri de başka bir komşumuz. Ortalık sakinken güvercinleri beslemek için dama çıkıyor. Keskin nişancı onu da vuruyor. 4 aylık hamile hanımı sürüye sürüye onu eve alıyor ama kan kaybından ölüyor. 6 ve 4 yaşlarında çocukları da yetim. Bunları görünce kendi yaşadıklarım hiç gözümün önüne gelmiyor.

- Taşınma süreçlerinde yardım alabildiniz mi?

Esaslı bir yardım alamadık. Kaymakamlık ilk önce bazılarına 300 bazılarına 500 verdi. Şimdi 1000 tl oldu. Bizi İş Kur aracılığıyla bir okula verdiler, asgari ücretle çalışıyoruz. Tabi kira yardımı kesildi. Diyanet ve yerel tarikatların gıda yardımları oldu. Belediye'ye iki defa müracaat ettik dün gelmiş, kilim, battaniye gıda kolisi bırakmışlar. CHP bir ara yardım yaptı ama curcunadan bir şey almadan geri geldik. Asıl yardım tanıdıklardan oldu. Ama ev kiralarken çok çirkinliklerle karşılaştım. Resmen bizim mağduriyetimizden para kazanmaya çalışıyor insanlar.

- Mahalleli gençlerin şu an örgüte ve devlete bakışını nasıl görüyorsunuz?

Haşim- Bunlarla beraber bir yıldır çalışan bazı gençler çatışmalar başlayınca şehri terk etti. Benim görüştüğüm gençlerin çoğu mahallenin nasıl harabeye döndüğünü görünce onlardan uzaklaşmaya başladı. Çünkü buralardaki insanların hiçbir şeyi yoktu, evleri de yıkılıp halk perişan olunca gençler yanlış yaptıklarını anladı bence. Olan masum halka oldu. Benim için hendek kazmışlar! Özsavunma diyorlar, neyse o biz onu istemiyoruz. Evimizi, mahallemizi yıktınız. Böyle hak mı aranır. Tabiki devlet sana operasyon yapacak (...) Çevremdeki gençler devleti de doğru bulmuyor. Niye bunların olmasına müsaade etti, niye mahallelere tanklarla girildi, barışçıl yollar bulunamaz mıydı? Şimdi bizim mahalleyi düşünün insanların gözü önünde iki sivil öldürüldü. Bunların elinde silah yoktu, gündüz vakti polis bunu görmedi mi? Benim gördüğüm iki taraf da gariban halkı düşünmüyor. Bizim bilmediğimiz bir savaş yapıyorlar, bizim evimiz başımıza yıkılmış.

90'lara Geri mi Dönüyoruz Endişesi

Bölgede yeniden başlayan çatışmalar terör-şiddet ve faili meçhul ölümlerle toplumsal hafızada yer eden 90'lı yılları akla getirmeye başlamıştır. Kürtlerin hafızasında felaketin sembolü olan "90'lı yıllar"a geri mi dönüyoruz? sorusu son dönemde sıklıkla dile getirilen bir endişedir. Çalışmamızda bunu katılımcılara yönelttik. Aldığımız yanıtlar üç noktada toplanmıştır; 1- Henüz değil ama 90'lara doğru gidiyoruz, 2- Zaten yaşıyoruz veya daha kötü bir süreç yaşıyoruz 3- Şuanki durumun 90'lardan daha kötü olduğunu düşünüyorum (Tablo 29).

	Tablo 29: 1990'lara geri dönüyoruz endişesi taşıyor musunuz?	S	%
1	Henüz değil ama 90'lara doğru gidiyoruz	66	48.5
2	Zaten yaşıyoruz-90'lardan daha kötü bir süreç yaşıyoruz	38	27.9
3	Şuanki durumun 90'lardan daha kötü olduğunu düşünmüyorum	24	17.6

Henüz Değil Ama 90'lara Doğru Gidiyoruz

"Tam 90'lara dönmedik ama gidiş oraya" yanıtını verenlerin yanında "durumun daha kötü olduğunu düşünmüyorum" diyenlerin de önemli bir kısmı şiddetin böyle devam etmesi durumunda, faili meçhullerin yaşandığı 90'lara doğru bir gidişatın yaşanacağını belirtmişlerdir.

Görüşmeciler sıklıkla, yaşanan bombalamaların ve işlenen cinayetlerin aydınlatılamamasının ve mahkemelerin bu dosyalara sürekli "gizlilik" kararı vermesinin endişeleri artırdığını belirtmişlerdir. Yaşanan ölümler toplumda duyarsızlık oluşturmakta ve özellikle toplumlar arasında kopuşlara zemin hazırlama riski taşıdığı vurgulanmaktadır;

Kesinlikle 90'lardan daha ağır travmalar yaşamak üzereyiz. Artık insanlar ölümlere duyarsız hale gelmeye başladı. Son zamanlarda kaç katliam gerçekleşti hatırlayamıyoruz bile. Bir olayın üzüntüsünü yaşarken yeni olaylar cereyan etmekte. İnsanlar toplu mekânlarda duramamakta, bir eyleme veya mitinge giderken tedirgin olmaktadır. 90'lı yılları çocuk olarak geçiren bir birey olarak 2015'te yaşadıklarımızın 90'lar olduğunu söyleyebilirim. İnsanlar arasındaki kopuşlar meydana gelmektedir. Hatta maalesef artık birbirimizin ölümlerine sevinir olmaya başladık. Bunun da en tehlikeli yansıması halkların duygusal anlamda birbirinden kopuşudur (Fuat, 27).

Katılımcılar çatışmaların devamı halinde 90'lardan daha kötü bir durumun ortaya çıkabileceği endişesini güçlü şekilde yaşamaktadır. Şehirlerin içerisinde sürekli eylemlerin olması, çatışma seslerinin duyulması ve ölüm haberlerinin gelmesi endişeleri artırmaktadır. Kitle iletişim araçlarının da bu kaygı ve endişeleri tetiklediği akılda tutulmalıdır.

Gelecekle ilgili barış beklentilerin azalması 90'lara geri dönüleceği endişesini artırmaktadır. Özellikle bu araştırmanın son safhasını oluşturan Nisan 2016 döneminde yapılan görüşmelerde barış beklentilerinin iki sebeple azaldığı gözlendi. Öncelikle ülkenin Başkanlık tartışmalarına kilitlenmesi ve hükümet çevrelerinin Kasım seçimlerinde desteklerini aldıkları düşünülen Türk milliyetçi oyları kaybetme endişesiyle böyle bir dönemde yeni bir süreç başlatılacağına inanılmamaktadır. İkinci olarak, PKK'nin Suriye'deki durum netleşene kadar Türkiye'deki son "başarısız" hamlesini geri çekeceği düşünülmemektedir. Bu iki sebeple bölgede işlerin daha da kötüye gideceği endişesi güçlüdür.

Zaten Yaşıyoruz/Daha Kötü Bir Süreç Yaşıyoruz

Haziran 2015 sonrası süreçte bölgede yaşanan bombalama, cinayet, hendek kazma ve operasyonların görüşmecilerin büyük çoğunluğunda, "90'lı yılları yaşıyoruz" ya da "oraya doğru gidiyoruz" endişesi oluşturduğu görülmektedir.

Bölgede işlerin daha kötüye gittiği endişesini yaşayanlar fikirlerini bazı argümanlarla şöyle ortaya koymuştur; a- geçmişte şehir merkezlerinde tanklar yoktu, b- 90'ları bilemiyorum ama şu an çok kötü, c- durum kötü, gidişat 90'lara doğru, d- artık bölünme tehlikesi daha fazla, e- OHAL kalktı Özel Güvenlik Bölgesi uygulaması geldi,[18] f- 90'larda şehirlerde pek hoşlanılmasa da hiç değilse ben tarafsızım diyebiliyordunuz ve g- yer yer 90'lardan daha kötü bir haldeyiz.

Yaşananlar 90'lara dönüyoruz endişesi yaratıyor. Devletin olağanüstü hal kanununu (OHAL) kaldırıp yerine özel güvenlik kanununu getirmesi bir algı çalışması, çünkü ikisi de aynı şeylerdir (Mehmet, 22).

Yaşımdan dolayı 90'lı yıllara şahit olmadım. Ama benim hatırımda hep 2010'lu yıllar kalacak... Hem de acı bir şekilde (Rojda, 22).

Kitle iletişim araçları sayesinde bölgenin en ücra köşesinde yaşanan herhangi bir olay ya da insan hakları ihlali durumunda Dünya kamuoyu her şeyden haberdar olmaktadır. Kürtler kitle iletişim araçlarını ve sosyal medyayı aktif kullanmaktadırlar. Kürt toplumu 90'lı yıllardan bu yana politik bir cendereden geçmiştir. Devletin kolay boyun eğdirebileceği bir toplum olmaktan çıkmıştır (Sidar, 33).

Durum 90'lardan daha kötü! O dönem çok hoş karşılanmasa da pek çok aile devlet, PKK, Hizbullah arasında tarafsız kaldı. Şimdiyse hangi mecliste ne konuşsan ya devletçi ya Kürtçü sınıfına konuyorsun. Eskiden köylerdi sadece böyle. Bunda, Kürtlerde milli bilincin yükselişi ve savaşın merkeze taşınması önemli faktörlerdir. Gri alan yok, illa bir taraf olmak zorundasın (Nuri, 44).

Çalışmaya katılan bir kısım görüşmeciler Tahir Elçi'nin öldürülmesi üzerine değerlendirmelerde bulunmuştur. Bunlar genelde, Elçi'nin öldürülmesini çatışmaların devamını isteyen çevrelerin yaptığını düşünen kimselerdir. Buna göre, barış yanlısı ve her iki tarafın da hatalarını açıkça söyleyen güçlü bir kişiliğin emellerine zarar vereceğini düşünerek bu cinayet işlenmiştir. Cinayet çoğunlukla devlet eksenli yorumlanmıştır;

---

[18] Olağanüstü Hal (OHAL) ilk kez 1984'te Bitlis'te uygulandı. Ancak 1987'de çıkarılan kararname ile kanunlaştı. 2002 yılına kadar farklı şekillerde Güneydoğu Anadolu'da uygulandı. Bununla daha etkin karar alma ve uygulama hedeflenirken bazı dönemlerde kontrolsüz eylemlerin önü de açıldı. Özel Güvenlik Bölgesi ise 1983'te çıkarılan, "Askeri Yasak Bölgeler ve Güvenlik Bölgeleri Yönetmeliği"ne göre, ülke savunması için önemli görülen ve sivillerin giriş-çıkışı yasaklanan bölgelerdir. Yasak bölge uygulaması, Haziran 2015 tarihlerinden sonra 15 ilde 300'ün üzerinde yerde yapıldı (Yasak bölge ilan edilen alanlar Doğu ve Güneydoğu Anadolu'daki valiliklerin internet sitelerinden görülebilir).

90'lı yıllarda uygulanan yöntemlerden farklı ve daha vahim olan şeyler uygulamaya konmuş durumdadır. Şöyle ki, Elçi gibi bilinçli, vatanını seven bir insanı ortadan kaldırmayı ve sürüden ses çıkarmayanları da korumaya alan bir sistemle karşı karşıyayız. 90'lı yıllardan farklı olarak devlet, soykırımı kabullenmiyor ve yapılan her türlü kötü eylemi PKK veya halkın belli örgütlerine mal etmeye çalışıyor. Kanımca 90'lı yılları çoktandır yaşıyoruz (Barış, 23).

Şehirlerde yaşanan çatışmalar, uzun süreli yasaklar ve Silvan hariç diğer ilçelerde operasyonların bir ayı geçmesine rağmen bitmemesi halkın endişelerini artırmaktadır. Bu sürecin daha da uzamasından korkan bir görüşmeci durumu şöyle değerlendirmiştir, "90'lı yıllardan daha kötü yılların bizi beklediğini ve Suriye gibi iç savaşa sürüklenebileceğimizi düşünüyorum". Özellikle şehir merkezlerinde top, tank, helikopter gibi ağır araçların kullanılması ve uzun süreli sokağa çıkma yasakları durumun 90'lardan daha kötü olduğu algısını güçlendirmektedir.

Saha çalışmalarında sıklıkla dile getirilen endişelerden biri, ülkenin Batısında yaşayan halkın Doğuda yaşananlara tepkisiz kalmasıdır. Bu durum bazı görüşmeciler için "90'lardan daha kötü" bir sürecin yaşandığının göstergesidir;

90'lı yıllara dönülüyor endişesi yok çünkü 90'lı yıllardan daha kötü bir döneme çoktan girdik. Sadece Türkiye geneli olmadığı için Batı kamuoyu tarafından pek ekranlara getirilmiyor. Ama biz burdayız, biz yaşıyoruz biz görüyoruz. Sıkılan kurşunun, patlatılan bombaların onların evinde değil bizim evimizde sesleri yankılanıyor (Mahat, 21).

Nisan 2016'da yapılan görüşmelerde, burada dile getirilen tepkiler sebebiyle ülkenin Batısındaki bombalama eylemlerine bir ölçüde eleştiri getirmeyen kimselerle karşılaşılmıştır. Marjinalleşen çevrelerde bunlar, Türklerin Kürtlerin yaşadığı "acıyı anlamak istememesi" ve "halkın vurdumduymaz" tavırlarına karşılık yapılmış eylemler şeklinde okunabilmektedir.

Şuanki Durum 90'lardan Daha Kötü!

Bölgede mevcut terör ve şiddet ortamının geçmişe göre "daha kötü olduğunu düşünmüyorum" kanaatinde olan görüşmeciler bunu farklı şekillerde izah etmişlerdir. Çoğunluğunun siyasi olarak AK Parti çizgisine yakın olduğu gözlenen bu görüş savunucuları geçmiş ve günümüz arasında mukayese yaparken örgütü geçmişin JİTEM'ine benzetmeleri dikkat çekidir.

Katılımcıların bir kısmı, hükümetin böyle bir duruma müsaade etmeyeceğini, Kürt halkının geçmişe göre çok daha donanımlı ve bilinçli olduğunu belirtmişlerdir. Bunlar, gelişen teknik-teknoloji sayesinde bölgedeki olası vahşeti bütün Dünya'ya duyurabileceklerine ve Dünya'nın da buna seyirci kalmayacağına vurgu yapmıştır;

90'lı yıllara benzeyen tarafları olmakla birlikte, 90'lı yıllar genellikle devletin tutumuyla ilgili bir kavramdır ve bu bağlamda bir 90'lara dönme endişesi taşımıyorum. Fakat son zamanlardaki tavrıyla örgüt, 90'lı yıllardaki devletin, JİTEM'in yerini almış görünüyor (Azad, 41).

Aslında olaylara baktığımızda birçok yönüyle 90'ları aratmıyor. Hatta daha kötüsününde oluştuğunu görüyoruz ama yine de 90'lar diyemeyeceğim. Halkın bilinçlendiğini düşünüyorum. Her ne kadar 90'larda köyler şimdilerde ise şehirler boşaltılıyor olsa bile halkın bir şekilde bunu bertaraf edeceğine, bunun üstesinden geleceğine inanıyorum, en azından inanmak istiyorum (Seyhmus, 27).

Bu soruda 90'lı yılları olgun çağlarında yaşadığını düşündüğümüz 45 yaş ve üzeri görüşmecilerle daha genç görüşmeciler arasında bir karşılaştırma yapılmıştır. Orta yaş ve üzeri görüşmecilerin bu konuda diğer yaş gruplarına göre sürece nispeten daha olumlu baktıkları ve 90'lı yıllara dönüş olmayacağını düşündüklerini belirtmiştir. 45 yaş ve üzeri 27 görüşmecinin metinleri incelendiğinde bunlardan 17 kişi durumun aynı veya daha kötü, 10 kişi de 90'lara döndüğümüzü düşünmüyorum yanıtını verdiği görülmektedir. Ancak bu 10 görüşmeci içinde de, sürecin uzaması ve sivil kayıpların devam etmesi durumunda kötüye doğru gidişin olacağını belirtenler olmuştur.

Gerçek Kesit

Murat (53) bölgede tanınan bir psikiyatrist. Dolayısıyla çok sayıda sivil ve kamu görevlisi vatandaşla görüşmektedir. Kendisiyle hendekler/operasyonlar öncesini ve sonrasını konuşmak üzere randevulaştık. Açıkçası psikiyatrik açıdan

---

bölgenin durumunu nasıl değerlendirdiğini merak ettiğim bir uzmandı.

- Haziran öncesi ve sonrasında hasta profilinizde bir değişim oldu mu?

Bir kaç açıdan durumu açıklayabilirim. Bir, daha önceden devam eden hastalarımızın durumu. İki, Sur'da yaşayanlar, işyeri olan esnaflar veya çalışanlar. Üç, güvenlikçiler. Tedavisi önceden devam eden hastalarımızın bir kısmıyla kesinti yaşadık. Bunların bazısında tedavi yeniden başladı. Nusaybin, Derik, Cizre veya Sur'dan gelen birçok hastamız sokağa çıkma yasakları sebepleriyle buraya gelemediler. Bazısı ilaç alamadığı için çok ağırlaşmış. Hastalarımızın bir kısmı düzenli ilaç alması gerekiyor ama bu süreçte ilaç almaları mümkün olamamış. İlaç alamadığı için uyuyamayan, saldırganlık gösterenler oldu. Aileler çaresizlikle ne yapalım diye bizi arıyorlardı.

Sur'dan gelen hastaların bir kısmı buradaki esnaf ve çalışanlar. İşsiz kalmışlar, iflas etme aşamasına gelmişler. Hepsi büyük bir boşlukta ve çaresizlik içerisinde! Halk daha çok uyku bozukluğu, öfke, gelecekle ilgili kaygı gibi sorunlar yaşıyor. Çocuklar özellikle daha çok etkileniyor. Cizre'den bir hastam var. Orada cenazelerini almak için Kaymakam'dan izin alıp şehre girmişler. Basına da çıktı. Cenazeyle çıkarlarken polis ateş açmış. Bir arkadaşı yanlarında ölmüş hastam da sakat kalmış. Bunları nasıl atlacaklar bilemiyorum!

Güvenlikçi hastalarımız da ise sorun daha büyük. Operasyonlar başladıktan bir süre sonra gelmeye başladılar ilk. Hemen hepsi benzer şeyler yaşıyor. "Biz buraya gönüllü veya dış görevle geldik. Ailelerimize bir hafta on güne biter dedik. Ama aradan beş ay geçti. Hiçbir şeyin biteceği yok. Çocuklar arayınca artık bir şey söyleyemiyoruz. Yakın arkadaşlar şehit oluyor. Onların hikayesi bizi etkiliyor" gibi açıklamaları sıklıkla duyuyoruz. Daha temel sorgular da var. Aslında bunlar polisleri ve askerleri istifaya sürüklüyor. Öncelikle çalışma koşulları çok kötü. İçeri giriyorlar 3-4 gün araçlarda çatışma bölgesindeler. Bir gün dinleniyorlar sonra yine içeri giriyorlar. Diğer taraftan bir türlü bitmeyen bir süreç var. Sur bitti, İdil'e oradan Cizre'ye sonra Nusaybin'e bunu gördükçe endişeleri artıyor. Burada en temel sorunları, "biz neyin savaşını yapıyoruz. Düne kadar aynı masa etrafında barış görüşmesi yaptığımız örgütle bugün niye savaşıyoruz! Çanakkale deniyor ama bu Çanakkale değil ki! Kendi halkımızla savaşıyoruz!" Bu cümleleri hemen bütün güvenlikçi hastalarım söylüyor. Benden rapor istiyor, istifa yolu arıyorlar.

Bir hastam yaşadığı olayı anlattı. Bu onu çok sarsmış. TİM'le Sur'da yürüyorlarmış. Bir evin önünde ayakları çıplak, 5-6 yaşlarında kız çocuğuyla karşılaşmışlar. Çocuk korkudan hemen ellerini havaya kaldırmış. Bu onu şok etmiş. Silahları indirtmiş. Bana, "insanlığımdan utandım" dedi. İstifa etmek istiyordu. Yapılan operasyonların şeklinden şüpheleri vardı. "Bu insanlardan Türkiye artık bir şey beklemesin" demişti. Başka bir polis, komiserlerinin yanında şehit olduğunu anlattı, çocukları bir gün sonra izne gelecek diye bekliyorlardı. Bunun şokunu yaşarken başka bir komiser, "zaten hepimiz buraya ölmeye gelmedik mi!" diyerek onlara konuşma yapmış. Bu konuşma onu daha çok yıkmış, "biz insanız, makina değiliz ki!" dedi. Çoğu artık bıkmış, sıkılmış durumda. Operasyonların sonunu görmüyorlar. Ne zaman bitecek, yeni çatışma yeri nerede, niye ssavaşıyoruz! Bunlara cevap arıyorlar.

Diğer bir hasta grubumuz örgüt taraftarları. Bunlardaki hendek meselesi direkt psikiyatrik değil. Genelde başka sorunlar için geliyorlar ama bu konuyu da açıyorlar. Onlar da büyük bir hayal kırıklığı yaşıyorlar. Hendekler ve çatışmalarla beraber halkın onlara destek vereceğini ve istediklerini alacaklarını düşünüyorlardı. Halkın hendekleri sahipleneceğini düşünmüşler. Örgüte siyasi ve ekonomik destek verenler ise, bir hastam, "Biz bugüne kadar, canımızı istediler verdik, malımızı istediler verdik, oyumuzu istediler verdik... Artık ne vereceğiz bilemiyoruz onlara" demişti. Çatışmaların şehrin içine taşınması örgüt yanlılarında da hayal kırıklığı, korku ve endişe yarattı.

Kısa veya uzun vadede gerek bireysel gerek toplumsal

düzeyde post-travmatik stress bozukluğu yaşanacak. Çatışmalar öfkeyi, ayrışmayı, şiddet eğilimini ve endişeleri artırıyor. Devletin en tepesi bile "ya bendensin ya da terörist" derse Kürt genç ortada kalamayacağını düşünür. Kendisini örgütün yanına itilmiş bulur. Bu sert ve ayrıştırıcı söylemler şiddeti tabanda yaygınlaştırıyor. Malum şiddet başlayınca, halk ifadesiyle konuşalım, hayvani melekeler öne çıkar-vurmak kırmak, yok etmek, merhamet, empati yok oluyor toplumda.

Barış Süreci Tekrar Başlar Mı?

Saha çalışmalarında katılımcılara yöneltilen sorulardan birisi de, tekrar barış sürecinin başlayacağını düşünüyormusunuz, sizce nasıl başlar? sorusuydu. Katılımcıların bu soruya yanıtı iki noktada toplanmıştır;

1- Süreç yeniden başlayabilir,

2- Sürecin yeniden başlayacağını düşünmüyorum. Aynı soru içerisinde bulunan, yeni bir barış süreci nasıl başlar? sorusunda ise katılımcıların çoğu herhangi bir açıklama yazmadıklarından bu cevaplar da aynı tabloda gösterilmiştir. Bunlar;

3- Şeffaf ve yasal bir süreç olursa başlar

4- Öcalan ve PKK'siz çözüm olmaz (Tablo 30).

	Tablo 30: Barış süreci tekrar başlar mı? Sizce nasıl başlar?	S	%
1	Süreç yeniden başlayabilir	83	61.0
2	Sürecin yeniden başlayacağını düşünmüyorum	50	36.7
3	Şeffaf ve yasal bir süreç olursa başlar	35	25.7
4	Öcalan ve PKK'siz çözüm olmaz	9	6.6

Süreç Yeniden Başlamalı

Tekrar barış görüşmelerinin başlayıp başlamayacağı konusundaki beklentileri görmek için görüşmecilere yönelttiğimiz soruya katılımcıların %61'i "başlayabilir" yanıtını vermiştir.

Bu sorunun tamamlayıcısı niteliğinde olan, barış süreci tekrar nasıl başlar? sorusuna verilen yanıtlarla beraber değerlendirildiğinde farklı açıklamaların yapıldığı görülür. Bunlar; a- siyasilerin çıkarına olursa, b- iki tarafta savaştan bıkınca, c- Kürtlere yasal hakları verilince, d- devlet operasyonları durdurunca e- devlet ya da Türkler, Kürtlerle PKK'yi aynı görmekten vazgeçince tekrar barış görüşmeleri başlar düşünceleri ağırlık kazanmıştır;

> *Başlar, başlayacak. Devlet, hükümet, PKK güçlerinin dengelendiğini hissettikleri zaman akil kişiler devreye girecektir (Metin, 44).*

> *Süreç yeniden başlamalı. Ama şehirdeki bütün PKK'lileri öldürüp ondan sonra masaya oturayım derseniz halkı kaybedersiniz. Çünkü şehirde 500 kişi ölse bunun acısı en az 25000 ortak acı demek (Ali, 32).*

"Barış Zaten Savaşanlar Arasında Olur"

> *Ancak devlet-hükümet çok radikal değişiklikler yaparsa. Kürt haklarının verilmesi konusunda samimi davranıp somut adımlar atarsa barış görüşmelerinden bir netice alınır. Yoksa bu savaş böyle sürüp gider. Taraflar işine gelince barış der sıkışınca savaş der. Nihai çözüm Kürtlerin demokratik haklarının verilmesiyle olur (Özgür, 38).*

> *Açıkçası tekrar bir sürecin başlatılabileceğine inanıyorum. Eğer bir defa yapıldı ise tekrar yapılabilir. Elbette bu kolay olmayacaktır; çünkü güven ortamı zedelendi. Belki de aynı kişilerle değil de farklı kişi ve yetkililerle tekrardan adımların atılıp bu sürecin devam etmesi sağlanabilir. Daha şeffaf ve demokratik kanallardan devam ettirilebilmesi uygun olacaktır. Evet, barış savaştan çok daha zordur ama unutulmamalı ki barışta kaybeden savaşta kazanan olmaz. 30 yıldır akan kan artık durmalıdır. Bunun samimiyetini karşılıklı olarak görmeliyiz (Fuat, 27).*

Barış görüşmelerinin tekrar başlaması kuşkusuz katılımcıların çok büyük çoğunluğunun arzusudur. Fakat yeni bir süreçle ilgili çekinceler de vardır. Görüşmeci metinleri incelendiğinde, sağlıklı yeni bir sürecin başlaması için, operasyonların bitmesi, tarafların karşılıklı güveni tesis edebilmesi, PKK'nin silahları ülke dışına çıkarması ve devletin Kürtlerin temel hakları konusunda kamu vicdanını tatmin edecek adımlar atması öncelikli şartlar olarak görülmektedir. Yapılması kolay görülmeyen bu ön adımlara karşın barışa inancın veya barış beklentisinin güçlü olduğu açıkça görülmektedir.

Sürecin Yeniden Başlayacağını Düşünmüyorum

Yapılan saha çalışmasında azımsanmayacak sayıda görüşmecinin de tekrar sağlıklı bir barış sürecinin başlayacağına inanmadıkları görülmüştür. Katılımcıların 1/3'ünden fazlası bu konuda karamsar görüş belirtmiştir.

Görüşmeciler neden yeniden bir barış sürecinin yaşanmasını olası görmediklerini temellendirirken; bu şartlar altında, şiddet sürerken başlayacağını düşünmüyorum, hükümet ve devlet Kürtlere temel haklarını verme konusunda isteksiz fikrini savunanların yanında "PKK bitmeden barış olmaz" vb. ifadelerini kullanan görüşmeciler de olmuştur;

Kalıcı barışın olması için Kürt düşmanlığı bırakılmalı ve Kürtlere dayatılan zulme artık son verilmelidir. Biraz empati kurun. Siz kendi çocuğunuzun cesedini sokağa çıkma yasağı nedeniyle kokmasın diye hiç dondurucuda günlerce sakladınız mı? Sizin bedeniniz polis arabasına bağlanıp sokaklarda sürüklendi mi? Sizin çocuklarınız eve ekmek getirmek için uğraşırken uçaklarla bombalanıp (Roboski) hepsi öldürüldü mü? Siz okulda anadilinizi konuştuğunuz için yıllarca işkence çektiniz mi? Siz olsanız bunlara rağmen hâlâ BARIŞ der miydiniz? (Zülküf, 24).

Çözüm sürecinin başlayacağına inanmıyorum. Mevcut iktidar ve sistem başkaldıranın başını ezeceğiz, mahallelere, evlere tek tek gireceğiz diyor. Ancak etki tepkiyi doğurur! (Şivan, 31).

Yeni bir barış sürecinin başlamasının mevcut şartlarda zor olduğunu belirten bir görüşmeci (20); "Artık lügâtımda barışa dair cümle kalmadı" ifadesini kullanmıştır. Başka bir görüşmeci de Tahir Elçi'nin öldürülmesi olayı bağlamında, "barış elçisinin bile öldürüldüğü bir yerde barıştan bahsetmek ne kadar doğru!" (Mehdi, 22) cümlesiyle tepkisini ortaya koymuştur. Genel manada barış görüşmelerinin büyük beklentilere neden olduğu ancak karşılanmayınca da aynı şekilde büyük hayal kırıklığı yarattığı gözlenmektedir.

Çözüm sürecinde yükselen barış beklentilerini yapılan kamuoyu araştırmalarında da görmekteyiz. 2013 tarihli UKAM araştırmasında Kürtlerin %84,25'i çözüm sürecinin başarıya ulaşacağı konusunda iyimser olduğunu belirtmiştir. Aynı şekilde "hükümet veya PKK barış için üzerine düşeni yapmazsa hayal kırıklığı yaşarım" diyenler de %75 dolayında tespit edilmiştir. Bu araştırmada katılımcılara yöneltilen, "çözüm sürecinin kimler tarafından sabote edileceğini düşünüyorsunuz?" önermesine de katılımcıların büyük oranda MHP (%32,9), CHP (%26,2), derin devlet (%15,4), dış güçler (%14) yanıtını verirken hükümetin (%2,9), HDP'nin (%1,7) ve Kandil'in (%1,1) sabote edeceğini düşünenlerin oldukça düşük olduğu tespit edilmiştir (Kaya vdğ., 2013).

Bizim araştırmamızda bu hayal kırıklığının yaşandığını görmekteyiz. Kanaatimize göre bu kırılmanın derinleşmesinde en belirgin faktörlerden biri, süreci sabote edebileceği düşünülen aktörlerin değil de bizzat barış beklentisinin en yüksek olduğu aktörlerce bitirildiğine inançtır.

Şeffaf ve Yasal Bir Süreç Olursa Başlar

Yeni bir müzakere sürecini ancak şeffaf ve anayasal dayanağının olmasına bağlayan katılımcılar olmuştur. Bunlara göre, üç yıl devam eden son süreçte devletin en büyük hatası PKK'yi tek muhatap kabul edip diğer Kürt grupları muhatap almaması, yapılan görüşmelerin geniş bir mutabakatla değil hükümetin siyasi inisiyatifiyle yapılıyor havasının oluşmasıdır.

Görüşmecilere göre bu sorun devletin bir sorunuysa konu mecliste ve yasal zeminde müzakere edilmeli ve tarafların siyasi çıkarlarına endeksli yürütülmemelidir. Bu görüşmecilerin konuşma metinleri incelendiğinde büyük kısmının hükümetin söylemlerini desteklediği ve PKK'yi şiddetle eleştirdiği ancak hendeklerin kazılmasına yönelik soruda ve barış görüşmeleri konusunda devletin bazen de hükümetin yanlış yaptığını ifade etmişlerdir. Yapılacak görüşmelerin bir izleme heyeti gözetiminde olması durumunda başarı sağlanacağını vurgulayan katılımcılar da olmuştur;

Kürt halkının ekseriyeti muhafazakâr ve Müslümandır. Ama ne yazık ki 30 yıllık çatışmalı süreçte devlet politikaları bu halkı PKK gibi Marksist bir ideolojinin kucağına attı. Maalesef bu hataya AK Parti hükümetleri de düştü. Devlet yani hükümet geçmişte yaptığı hatalardan ders çıkarmalı, Kürt halkını HDP-PKK'nin kucağına atmamalıdır. Çözüm için bölge halkını muhatap almalı, HakPar, HüdaPar gibi çevreleri de sürece dâhil etmelidir. Devlet, Kürt halkının insani ve vicdani bütün haklarını Kürt halkına iade etmeli ve anadilde eğitime öncelik verilmelidir. Devlet bu hakları HDP-PKK ile müzakere etmemelidir. Çünkü bu tür pazarlıklardan sonra elde edilen hakların HDP-PKK'nin sayesinde kazanıldığı imajı ortaya çıkmaktadır. Bu da vatandaşı onların kucağına itmektir. Muhatap vatandaş olmalıdır (Abdullah, 33).

Süreç yeniden başlayabilir. Ancak her iki tarafın da fedakârlık yapması, toplum yararını düşünmesi gerekmektedir. Ayrıca sürecin yeniden başlaması durumunda çerçevenin yazılı ve kanunlara uygun bir şekilde çizilmesi gerekir (İbrahim, 38).

Görüşmecilerin, çözüm sürecini ne bitirdi? sorusuna verdikleri yanıtlar da göz önünde bulundurulduğunda, barış görüşmelerinin başlamasının "tarafların birbirine güvenmesi" ve "karşılıklı samimiyetin olmasına" bağlandığı söylenebilir;

Yaşandığı bütün ülkelerde barış süreçleri hep uzun sürmüş ve kesintilere uğrayarak kanlı çatışmalar yaşanmış ama nihayetinde sonuca ulaşmıştır. Çatışmaların bugün zirveye ulaşmış olması sürecin bir daha başlamayacağı anlamına gelmez. Sürecin yeniden başlaması için öncelikle çatışmaların durması gerekiyor. Bunun için de gizli görüşmelere başlanması gerekiyor. Silahlar susarsa masa yeniden kurulabilir. Ancak daha önemli olan hükümetin örgütle arasından Kürt sorununu kaldırması gerekiyor. Yani Kürtlerin temel haklarını vermeli, anayasal düzenleme gerekenler için taahhütte bulunmalı ve ortada meşru bir kriz sebebi bırakmamalıdır (Azad, 41).

Yeni bir barış sürecinin olabilmesi için öncelikle her iki tarafın da birbirine güven içinde uzlaşmaya gitmesi gerekli. Üçüncü bir izleme komitesi olması gerek, hakem niteliği taşıyan. Ve barışçı bir dil kullanılmalı. Eşitçi ve demokratik bir siyaset izlenmeli (Deniz, 38).

Görüşmeciler çözüm sürecinde doğru bir yöntemin uygulanmadığını vurgulamaktadır. Burada öne çıkan eleştiri noktaları, öncelikle tek muhatabın Kürt ulusalcılar olmasıdır. Bölgedeki diğer grupların sürece dâhil edilmemesi ve örgütün bu süreçte toplumsal tabana kendi hegomonyasını kabul ettirecek bir alan açılması hata olarak görülmektedir. "Herşeyi benin sayemde alıyorsunuz" söylemi örgütün önünü açmaya başlamıştır. Bunun yanında görüşmelerin "şeffaf" olmadığı ve sadece siyasilerin inisiyatiflerinde yürüdüğü eleştirisi de sıklıkla duyulmuştur. Dolayısıyla siyasilerin bu süreci oy kazancı/kaybına endeksleyerek konjeltürel olarak yürütecekleri, ana esastan sapacakları endişesi güçlüdür.

Genel olarak yeni bir sürecin ancak politik kaygıları olmayan aktörlerce yürütülebileceğine inanılmaktadır. Diğer bir nokta da, Kürtlerin temel hakları konusunda müzakere yapılmasıdır. Bu katılımcılar devletin, Kürtlerin yasal haklarını pazarlık konusu yapmasını doğru bulmamaktadır.

Öcalan ve PKK'siz Çözüm Olmaz

Barış görüşmelerinin başlamasını Öcalan ve PKK ekseninde değerlendiren bir kısım görüşmeciler de, yeni müzakerelerin bu kişi ve yapılar olmadan gerçekleşmeyeceğini belirtmişlerdir.

Kürt sorunu 1980'lerden sonra sıklıkla PKK ekseninde düşünülmeye başlanmıştır. Bu alışkanlık zaman zaman gerçek sorunla PKK sorununu birbirine karıştırma yanlışlıklarına neden olmaktadır. Elbette PKK ve Kürt sorunu içiçe geçmiştir ama ikisini eşitlemek alanın uzmanlarında doğru bulunmamaktadır. Bugün için PKK'yi sürecin dışına iterek bir barış görüşmesinin yapılamayacağını düşünen Kürtlerin oranının az olmadığı görülmektedir. Örnek olması açısından, 2013 BİLGESAM araştırmasında Kürtlerin %65,5'inin Öcalan ile yapılan görüşmeleri olumlu karşıladığını belirtmek gerekir (Akyürek vdğ., 2013). Yapılan mülakatlarda da, bu görüşü savunanların sadece marjinal örgüt çevreleri olmadığı, kendisini dindar ve devletçi olarak tanımlayan kimselerin de Öcalan ile görüşme yapılması gerektiğini vurguladıkları görülmüştür;

Barış olmak zorunda yoksa Kürtlerle Türkler arasında kopuş yaşanır. Diğer taraftan gerçekçi olmak gerekirse sadece PKK'yle olmayacağı gibi PKK'siz de barış olmaz. Yine, "şehirdeki bütün teröristler tek tek temizlenecek" denilerek de bir yere varılamaz. Bunu yapsanız bu kanın ve acının üstünde sağlıklı barış yapamazsınız. Buradan ancak devlete karşı intikam sesleri çıkar! Şehirler barışla temizlenmeli (Nuri, 44).

Barış konusunda kesinlikle hükümet de PKK de tek sorumludur. Müzakere masasına Apo'yla oturulmadığı müddetçe bu hal devam eder ve ülke bölünmeye kadar gider (Özgür, 38).

Bazı görüşmeciler açısından barışın "sadece PKK'yle olmayacağı gibi PKK'siz de" olmayacağı açıktır. Sahip olduğu siyasi, ideolojik ve silahlı olanaklar örgütün barış görüşmelerinde olması gerektiği tezini savunanların temel argümanıdır. Bu kimseler örgütün bir mutabakatla silahları bırakmaması durumunda bölgede yapılacak yasal düzenlemelerin tek başına barış için yeterli olmayacağını ileri sürmektedirler.

Beklentiler-Temenniler

Çalışma kapsamında görüşmecilere belirlediğimiz sorular dışında, eklemek istediğiniz başka bir husus var mı? seçeneği de sunulmuştur. Ayrıca konuşmalarda ve metinlerin içerisinde görüşmecilerin temas ettikleri beklenti ifade eden cümleler tahlil edildiğinde üç konunun öne çıktığı görülür; 1- Yetkililerin kışkırtıcı dil kullanmaması ve bir an önce barışın sağlanması, 2- Örgütün hendek stratejisini terk etmei, 3- Güvenlik güçlerinin daha kontrollü olması, sivil ölümlerin bitmesi 4- Kürtlere anadilde eğitim hakkı verilmesi ve Kürt kimliğinin kabulü (Tablo 31).[19]

	Tablo 31: Beklentiler	S
1	Bir an önce barışın sağlanması	38[20]
2	Örgütün hendek stratejisini terk etmesi	34
3	Yetkililerin kışkırtıcı söylemlerden uzak durması	23
4	Güvenlik güçlerinin daha kontrollü olması, sivil ölümlerin bitmesi	22
5	Kürtlere anadilde eğitim hakkı verilmesi ve Kürt kimliğinin kabulü	19

---

[19] Buradaki bazı hususların görüşmecilere bir şekilde ima edilerek dahi olsa sorulmadığından belirtilmiş olması önemli bulunmuştur. Elbette bunlar açık bir soru olarak sorulması durumunda çok yüksek oranlarda onaylanacağı daha önce yapılmış çalışmalarda açıkça ortaya konmuştur. Kürtlere anadilde eğitim hakkı, anayasada Türk-Kürt eşitliğinin sağlanması gibi hususların Kürt toplumunda hemen her inanç-ideolojiden insanın kırmızıçizgilerini oluşturduğunu belirtmek gerekir.
[20] Eklemek istediğiniz başka bir husus var mı? şeklindeki soruya cevap veren 64 kişinin 38'i barış, diyalog ve bölgeye huzur gelmesini dilemiştir. Bu, halkın savaş değil barış istediğinin en dikkat çekici örneklerinden birisidir.

Bir An Önce Barışın Sağlanması

Görüşmecilerin en çok öne çıkan beklentisi PKK'nin şehirlerden çıkması, operasyonların durması ve yeniden barışın sağlanmasıdır. Genel kanaat, iki taraftan da ölümler geldikçe barış sürecinden daha da uzaklaşılacağı ve insanlar arasında keskin sınırların oluşmaya başlayacağıdır. Bu sebeple bir an önce barış görüşmelerinin başlaması arzu edilmektedir.

Görüşmeciler çatışmaların, tarafların zafer kazanma hırsına dönüşmesini bölge için tehlikeli gördüğü açıktır. Bu sebeple devletin daha olgun bir tavırla çatışmaları siyasi zeminde bitirmesi arzulanmaktadır;

> *Aslında barışn olacağını düşünmüyorum ama umut etmekten başka çaremiz yok. Eğer devlet Batıdaki askeri gücünü biraz daha Doğuya, sıkıntılı yerlere kaydırırsa en azından silahlı PKK üyelerinin bir an evvel temizlenmesi ile barış süreci yeniden gündeme gelebilir. Yalnız asker ve polis hunharca hareket ederek halkı topyekün suçlu görüp şiddetle hareket ederse sıkıntı çıkar. Görüyoruz ki biber gazıyla, topla tüfekle, tomalarla olmuyor bu iş. Gerekirse devlet siyasi olarak PKK'dan barış talebinde bulunmalı. En azından bu bölgede yaşıyan masum halk adına, gözyaşlarının ve savaş ortamının durması adına. Savaş araçları görmek istemiyoruz, artık normalleşmeye başlayan silah ve bomba sesleri duymak istemiyoruz. Biber gazı solumak, beri taraftan taş atan çocuk ve genç görmek istemiyoruz. Devlet büyükleri biraz daha yumuşak bir üslup kullanarak bu halkı kucaklamalı. Güven vermeli (Berivan, 41).*

> *Diyarbakır'da artık yaşam alanımız çok kısıtlı. Her an silah ve çatışma seslerinden, gaz bombalarından, şiddetten, bağırış çağırışlardan ve bütün bu olanların eğitime ve yaşamsal faaliyetlere engel olmasından çok sıkıldık. Yaşamayan bilemez. Devlet de Batıdakiler de kimse buradaki halkın ve gurbetçilerin (operasyon sebebiyle evlerini terk eden tahmini 200.000 kişi) neler yaşadığını düşünüyor. Şu Diyarbakır'ın 24 saatte yaşadığını Batıdan herhangi bir il bir saatte yaşasa tüm ülke ayağa kalkar. Ama artık bizim için normal geliyor. Normalleştirdik. Her an ölme korkusu bizde normal bir seyir aldı. Bu ne acı! Bizler tükeniyoruz... Şu an bu satırları yazarken dahi gelen silah ve çatışma seslerinden endişe duyuyorum. Ve daha fazla yazmak istemiyorum (Rojda, 22).*

Kürt toplumunun tarihsel sürecine işaret ederek artık savaş görmek istemediklerini belirten katılımcılar da olmuştur;

Ben barış istiyorum. Dedem, babam ve ben savaşla büyüdük. Ama çocuklarımızın savaş görmesini istemiyoruz. Devlet bir an önce devirdiği masayı kaldırsın ve diyalog yollarını açsın (Nureddin, 30).

İslam diyoruz, kardeşiz diyoruz, polis de bizimdir, asker de bizimdir gerilla da bizimdir diyoruz. Kanımız akıyor, huzur istiyoruz. Huzura, barışa katkıda bulunan herkesten Allah razı olsun (Zahir, 45).

Yapılan bazı saha çalışmaları Kürt sorununun çözümünde yeni bir dil ve üslup inşasının gerekliliğini ortaya koymuştur. Türk/Kürt yetkililerin ve halkların ayrışmayı derinleştirecek söylemlerden uzak durması diyalogları geliştirici yeni bir anlayışı öğrenmesi gerekmektedir (Ensaroğlu & Kurban, 2011). Yaptığımız saha çalışmalarında da yetkili mercilerin çatışmaları tırmandıracak söylemlerden uzak durması isteğinin öne çıktığı görülmektedir. "İlçelerin ev ev temizlenmesi", "terörün bölgeden süpürülmesi", "son terörist ölünceye kadar mücadelenin devam edeceği", "HDP artık çözüm sürecinin filmini yapar" vb. söylemler katılımcılarca rahatsız edici bulunmuştur. Diğer taraftan örgütün ve HDP'nin Cumhurbaşkanı, Başbakan ve diğer kamu görevlileri hakkında kullandıkları ifadelerin de aynı şekilde çözümsüzlüğün parçası olduğu görüşmeciler tarafından belirtilmiştir.

Karşılıklı nefret söylemlerinin zaten kırılgan bir süreçten geçen ülkede ve bölgede kırılmaları daha da derinleştirdiği genel kanıdır. Barış sürecinin yeniden başlamasını bekleyen halk yapılan karşılıklı sert açıklamalarla hayal kırıklığı yaşamaktadır. Nisan 2016 görüşmelerinde de barış beklentisinin yüksek olduğu ancak çoğu kimsenin bunu yakın vadede ihtimal dâhilinde görmediği gözlenmiştir.

Örgütün Hendek Stratejisini Terk Etmesi

Barışın sağlanmasını isteyen görüşmecilerin bir kısmı örgütün hendek stratejisinden vazgeçmesini beklemektedir. Hendek ve barikatların masum Kürt halkına büyük zararlar verdiğini ve bölgeyi Suriye-Filistin gibi yapabileceği endişesini taşıyan görüşmeciler örgütün bir "çıkmaz sokağa girdiğini" ve "harakiri yaptığını" belirterek hatadan dönmesini istemektedir.

Örgütün şehirlerde yaptığı eylemlerin devletin sert mühahalesine neden olduğunu ve çok sayıda can-mal kaybını beraberinde getirdiğini düşünen katılımcıların kanaatine göre, "örgüt şehir dışına çıkmadan devlete barış yapalım demek anlamsız" bir taleptir. Bu sebeple barış için örgütün eylemlerini sonlandırması gerektiği görüşünü dile getirmişlerdir;

> *Amaçları Kürtlerin dil, kimlik haklarıysa işte meclis, işte demokratik zemin. Amaçları dış güçlere hizmet etmekse Kürtlere ihanet ediyorlar. Örgüt, izahını bulamadığım o kadar hamle yapıyor ki, bir Kürt olarak bunların, kimlerin haklarını savunduğunu şaşırıyorum. Esnaf perişan, fakir fukara perişan, şehirler perişan sen çıkacaksız, ben Kürtleri savunuyorum diyeceksin! Buna kim inanır? Örgüt halkı düşünüyorsa yanlışından dönmelidir (Neva, 23).*

Örgütün hendek stratejisi başlangıç ve gelişim aşamalarıyla halk tarafından sorgulanmaktadır. Kanaatimizce daha önceki hamleleri Kürt halkının gündelik yaşamına uzun süreli ve direkt etki etmeyen örgüt, ilk defa bu boyutta bir eylemle halkla hesaplaşmak durumunda kalmıştır. Kısa süreli kepenk/kontak kapatma eylemlerinde bile halk memnuniyetsizliğini ortaya koyarken şehirlerin savaş alanına dönüştürülmesi, halkın örgütün eylemleri konusunda endişelerini artırmıştır. Bu konudaki beklenti örgütün yeni konsepti terk etmesidir.

Güvenlik Güçlerinin Sağduyulu Olması

Görüşme metinleri üzerinde yapılan değerlendirmelerde bazı görüşmecilerin güvenlik birimlerinin sert, kaba ve kontrolsüz davranışlarından rahatsızlık duyduğu tespit edilmiştir. Özellikler sivil ölümler babul edilemez bulunmaktadır.

Hususiyle ulusal basına da yansıyan, "Türk'sen övün değilsen itaat et", "Kurdun dişine kan değdi", "Eğitim sırası JÖH'te", "Esedullah timleri", "Kurtlar gelince çakallar kaçtı" gibi duvar yazılarıyla, polis aracının arkasında cenazelerin sürüklenmesi vb. Kürt halkının tepkisini çekmektedir. Şayet, devletin bu tür bireysel yanlış davranışlarda bulunanlara yönelik ciddi bir soruşturması varsa, suçlular hakkında bir yaptırım ve cezası olmalı ve bu tür olaylar kamuoyuna doğru-hızlı bir şekilde yansıtması gerekir;

Devlet terörist ve vatandaş ayrımını tam olarak gerçekleştiremiyor bence. Hendeklerin kazıldığı bölgelere tank sokmak orada yaşayan insanlara en büyük darbeyi vurur. Zaten PKK'nin attığı roketler yetmezmiş gibi bir de devletin topu tankı çıktı karşımıza. İkisi de resmen şehrin içine etti. Öldürülen insanlara terörist imajı vermenin zor olmadığı bir ortamda yaşıyoruz. Ama halk kimin sivil olduğunu biliyor (İzzet, 22).

Görüşmecilerin bir kısmı uygulanan sokağa çıkma yasaklarının farklı yorumlandığını düşünmektedir. Onlara göre bu uygulamalar vatandaşın olaylardan zarar görmemesi için başlatılmasına karşın sanki güvenlik birimlerine sokağa çıkan herkesi vurma yetkisi veriyormuş gibi algılanmaktadır. Açıkçası yaşanan ölümlerin hangilerinin sivil hangilerinin YDG-H'li olduğunun bilinmesi ve yine ölenlerin hangi silahla vurulduğunun belli olmamasına karşın görüşmeciler ağırlıklı olarak bu ölümlerden devleti sorumlu tutmaktadır. Sıklıkla gündeme gelen bebek, çocuk ya da yaşlıların ölümleri toplumsal vicdanı kanatmaktadır;

Devlet sivil yaşama özen göstermiyor. Hendeklerin kazıldığı yerlerdeki insan yaşamına verilen önem SIFIR. Zaten mahalle halkın şikayetlerinin göz ardı edilmesiyle bu günlere gelindi. Bu ülkede üç aylık bebekler ölüyorsa, başta duranlar vicdanlarıyla hareket etmelidir (Neva, 23).

Aslında çatışmaların asıl sorumlusu savaşı şehirlere taşıdığı için PKK'dır. Lakin yeni Türkiye'nin zihniyetini taşımayan bazı güvenlik elemanlarının tavırları devletin meşru eylemlerini gölgeliyor. Malum bu tavırlar şehirlerde PKK propagandasının tutmasına zemin oluşturuyor. Hükümetin bu konuda daha hassas olması gerekir (Welat, 25).

Sokağa çıkma yasakları uygulanan yerlerde güvenlikçilerin hareket eden hemen her şüpheliye ateş açması sıklıkla dile getirilen bir şikâyettir. Bir görüşmeci bunu (Hatice, 22), "Sokağa çıkma yasakları çok yanlış bir durum. Batıda sokağa çıkma yasağını delene para cezası veriliyor Kürtlere ise ölüm!" şeklince açıklamıştır. Bazı görüşmecilerin kendi çevrelerinde yaşanan bu ölümler sebebiyle şok yaşadığı gözlenmiştir.

Güvenlikçilerle ve diğer uzmanlarla yapılan görüşmelerde mahalle aralarında sürekli tetikte beklemenin, sürekli nereden geldiği belli olmayan kurşunlarla şehit vermenin ve bir türlü bitmeyen operasyonların ağır psikolojik sorunlara neden olduğu görülmüştür. Ailelerinden kısa süreliğine ayrılan, bir kısmı gönüllü, bir kısmı da zorunlu görev veya sürgün olarak bölgeye gelen güvenlikçilerin bu ağır şartlar altında zaman zaman kontrollerini kaybettikleri anlaşılmaktadır.

Anadilde Eğitim ve Kürt Kimliğinin Kabulü

Kürt sorununun hiç kuşkusuz en önemli noktalarından biri anadilde eğitim konusudur. Kürtler bu ülkede kendilerini kurucu unsur olarak gördüklerini ve anadillerinde eğitim yapma haklarının da en doğal hakları olduğunu belirtmektedir. Çalışma kapsamında görüşmecilere anadilde eğitim veya diğer Kürt hakları konusunda direkt soru yöneltilmemesine karşın bir kısım görüşmeciler bunlara temas etme gereği hissetmiştir.

Yapılan kamuoyu araştırmalarında Kürtlerin Türkiye'den en büyük beklentisinin ulus-devlet temelinde oluşan eşitsizliklerin düzeltilmesi ve kendilerinin "eşit yurttaşlar" olarak kabul edilmesi olduğu görülmektedir. 2013 tarihli UKAM raporunda, "Kürtler için en iyi statü hangisidir?" şeklindeki bir önermeye katılımcıların %62,8'i eşit yurttaşlık, %15,1'i demokratik özerklik, %11,6'sı bağımsızlık ve %7,8'i federasyon yanıtını vermiştir (Kaya vdğ., 2013). Başka bir araştırmaya göre, Kürt sorununun çözümü için Kürtlere "eşit yuttaşlık" haklarının verilmesini önemli buluyorum diyen Kürtlerin oranı %50,3, demokratik özerkliği isteyenler %18,2, yerel yönetimlerin güçlendirilmesini isteyenler %15 ve federatif yapıyı istiyorum diyenler %8,7 şeklinde tespit edilmiştir (Akyürek vdğ., 2013). SETA araştırmasında ise "Sizce Kürt sorununun en önemli kaynağı nedir?" önermesine Kürt katılımcıların %28'i ayrımcılık, %27,6'sı sosyo ekonomik nedenler, %18,2'si devlet politikaları, %10,9'u Kürt milliyetçiliği ve %5,6'sı da dış güçler yanıtını vermiştir (Aras vdğ., 2009). Yakın tarihli bu üç araştırma da Kürtlerin eşit vatandaşlık haklarına sahip olmak istediğini ve devletin kendilerine ayrımcılık yapmasını istemediklerini açıkça ortaya koymaktadır.

Yapılan bu araştırmada da katılımcılar temel haklar konusunun yeniden barışın ve Kürt-Türk kardeşliğinin sağlanmasında belirleyici rol oynayacağını belirtmişlerdir;

"Kürtlerle Türkler bu ülkeyi birlikte işgalden kurtardı" söyleminin içini doldurmak için ülkede Türklerin yararlandığı her haktan Kürtlerin de yararlanması gerekir. Bunu sadece iş, aş bağlamında değil temel haklar ve özgürlükler açısından da ele almak gerekir; 1- Her milletin kendi kaderini tayin etme hakkı vardır. 2- Yaratıcının insanlara verdiği dili, kimliği hiçbir devlet ve hiçbir millet yasaklayamaz (Şerif, 23).

Kürt toplumunun hassasiyet gösterdiği bir başka konu da, anayasada Türklüğün tek etnisite olarak yer alması buna karşın Kürtlerin yok sayılması mevzuudur. Kürtler, Türk kimliğiyle beraber Kürt, Arap, Laz, Çerkez vb. kimliklerin de anayasada yer almasının toplumsal barışın tesis edilmesinde önemli bir aşama olacağını düşünmektedirler.

SONUÇ VE DEĞERLENDİRME

Bu çalışma, Kürt toplumunda Çözüm Süreciyle başlayıp Suriye/Kobani hadiseleri ile devam eden ve 7 Haziran 2015 seçimleriyle görünür olan yeni çatışma dönemini genel hatlarıyla ortaya koymayı amaçlamaktadır. İlk defa uygulanan "hendek siyaseti", şehir çatışmaları ve sokağa çıkma yasakları konusunda bölgedeki genel algının yakalanması hedeflenmiştir. Ayrıca bu sürecin bölge ekonomisine etkileri kısaca değerlendirilerek tarihe ışık tutulmaya çalışılmıştır.

Terör ve devletin bununla başa çıkma stratejileri çok sayıda teorinin konusu olmuş ve farklı perspektiflerden açıklanmaya çalışılmıştır. Walzer, bu iki olgunun iyi analiz edilmesi gerektiğini vurgulayarak, önce devlet baskısının terör grupları için eylem gerekçesi olduğunu sonra da terörün devlet baskısı için gerekçe haline geldiğini belirtmektedir. Ona göre, bunlardan ilki aşırı sol grupların diğeri de muhafazakâr sağın motivasyon kaynağıdır (Akt. Fuller, 2010). Türkiye'de sol bir grup olarak PKK, 70'lerde devlet, feodal ağalar ve şeyhlerin Kürt toplumuna baskısını gerekçe göstererek kurulmuştur. Çoğunlukla sağ partilerin işbaşına geldiği devlet de 80'lerin ortalarından itibaren belirli aralıklarla PKK terörünü gerekçe göstererek Doğu ve Güneydoğu'ya, bazen sivil insan haklarını ihlal edecek derecede sert müdahalelerde bulunmuştur. Burada dikkat çekici olan noktalardan birisi, örgütün belirli baskı odakları karşısında kendisini "Kürt halkının savunucusu" olarak sunmasına karşın kendi baskı felsefesi olan "zor"u halka uygulamaktan çekinmemesidir. Çalışmanın da anlaşılır kılmaya çalıştığı problemlerden biri olan hendek-barikatlar teorik açıdan örgütün, "halka rağmen halk için!" anlayışını yeniden ortaya koymaktadır.

Saha çalışmasının bulgularından hareketle dört noktanın tekrar vurgulanması gerekir. Öncelikle Kürt halkının bir an önce yeni müzakere ve barış sürecinin başlamasını beklediği belirtilmelidir. Görüşmecilerin çok büyük bir kısmı örgütün hendek stratejisini hatalı bulduğunu, bunun Kürt halkına büyük bir zarar verdiğini diğer taraftan operasyonların ve sokağa çıkma yasaklarının da bitmesi gerektiğini ifade etmiştir. Sokağa çıkma yasakları ve şiddetli çatışmalar halk üzerinde büyük psiko-sosyal tahribatlar yapmaktadır. Çatışmalar şehirlerin tarihi ve kültürel mirasını tahrip etmekte, insanlarda onarılması zor travmalara neden olmaktadır. Hususiyle de çocuklar üzerinde ciddi kalıcı etkiler bırakma tehlikesi taşımaktadır. Bölgede yaşanan çatışmalar, sokağa çıkma yasakları ve örgütün boykot kararları eğitimi ve sosyal hayatı günden güne kötüye götürmektedir. Evleri yıkılan veya tahliye edilen halka yönelik aradan geçen yaklaşık bir yıllık sürede somut adımlar atılmaması da devlete karşı tepkilere neden olmaktadır.

Yukarıdaki değerlendirmelerden hareketle, halkın meseleye tek taraflı baktığı anlamı çıkarılabilir. Bunun iki nedeni vardır; öncelikle devlet, uzun süre Kürtlerin kimliğini ve sosyo-kültürel yaşamını kendi ulus-devlet ideoloji için tehlikeli görmüştür. Bu sebeple Kürt toplumunun bir kısmı devlete karşı tabir yerindeyse "ontolojik" bir güvensizlik yaşamaktadır. Diğer taraftan halk, PKK'nin şehirlerden çekilmesi veya çatışmaları durdurmasını devletin yapacağı siyasi hamlelerle mümkün görmektedir. Çoğunluğunun Kürt siyasal hareketine oy verdiğini varsaydığımız örneklem grubumuzun barışı devletten beklemesi düşündürücüdür. Nitekim bir kısım görüşmeciler çatışmaların durması için örgütle 2015 Temmuz-Ağustos aylarında birkaç temaslarının olduğunu ancak uygun bir istişare yapısı olmadığı için netice alamadıklarını ifade etmişlerdir. Bu noktada tespitimiz bölgede akan kanın barışa alan açmaktan çok yeni intikam ateşlerini körükleyeceği yönündedir. Önerimiz, devletin ve PKK'nin sivil ölümlerin, ağır ekonomik ve kültürel kayıpların da yaşandığı şehir çatışmalarını ve bombalama eylemlerini barışçıl yollarla bitirmeleridir. Yine, PKK'nin, sivillerin yaşadığı bölgede başlattığı çatışmanın sonuçsuz kalacağını, başvurduğu yöntemin Kürt halkı ve sivil siyasetine zarar vereceğini, bu durumdan en çok iki silah arasında kalan sivillerin mağdur olacağını yeniden düşünmesi gerekmektedir. Bölgede yaşanan sivil ölümler konusunda tarafların ikna edici açıklamalar yapması gerekir.

Çalışmada öne çıkan ikinci konu, operasyonların uzaması, sivil ölümlerin devam etmesi ve demokratik kanalların kapatılması durumunda ülkede Türk-Kürt ayrışması yaşanması-derinleşmesi tehlikesidir. Görüşmeciler Türk kamuoyunun bölgede yaşananları bilmediğini, anaakım medyanın olaylara "yeteri" kadar yer vermediğini ve sivil ölümler, tarihi-kültürel mirasın tahrip edilmesine "yeterli" tepkinin verilmediğini sıklıkla dile getirmişlerdir. Bu durum Kürtlerde birlikte yaşama duygusunu tahrip edebilir. Hususiyle 2015 yaz aylarında ülkenin Batı illerindeki Kürt vatandaşlara yönelik fiili-sözlü saldırıların yaşanmasının kardeşlik duygusuna zarar verdiği düşünülmektedir. Türk-Kürt ayrışmasının önlenmesi adına, ülkenin önde gelen STK, parti, sendikaları vb. barış sürecinde olduğu gibi bölgeyi ziyaret etmeli ve buradaki paydaşlarıyla yaşanan olayları yerinde müzakere ederek barış için yapıcı rol oynamalıdırlar. Aynı şekilde bölgedeki işadamları/kadınları dernekleri, dini grup liderleri ve geniş aileleri temsil eden kişiler çatışmaların bitmesi konusunda çalışma yürütmesi ve medyaya belirli aralıklarla bilgilendirme toplantıları yapması önemlidir.

Yakın zamana kadar AB temsilcisi ve raportörlerinin sıklıkla ziyaret ettikleri bölgeye bir süredir gelmedikleri ve raporlarda bölge sorunlarına temas edilmediği bazı görüşmecilerce dile getirilmiştir. Uluslararası kuruluşların bu tavrı Kürtlerde güvensizlik oluşturmakta ve AB'ne güveni azaltmaktadır. Yapılan görüşmelerde, AB ve BM gibi kuruluşların Türkiye'yi Batı'nın göçmen krizini önleyecek bir "tampon" olarak gördüğünü bu sebeple ülkedeki diğer gelişmelere göz yumulduğu belirtilmiştir. Kanaatimize göre, Kürtler ve Türkler arasında ülke geneline yayılabilecek bir çatışma durumunda Batılı ülkeler yeni bir göçmen krizi yaşayabilir. Zira, 8 milyona yakın Kürt vatandaşın ülkenin Batı'sında, Türklerin yoğun olduğu yerlerde yaşaması olası bir krizde Kürtlerin, yönünü istikrarsız vatanlarına değil Batı'ya çevirmesi güçlü bir ihtimaldir.

Saha çalışmalarında dikkat çekici bulunan bir husus da, çatışma sürecinin uzaması ve örgütün şehirlerden çıkarılamaması veya kırsaldaki çatışmaların devamı durumunda Kürt gençler arasında radikalleşmenin artma riskidir. Suriye/Kobani savunmasıyla beraber artan PKK'ye katılımlar ve Kürtlerde milli bilincin yükselişi bölgede örgütün etkin medya-sosyal medya ağı aracılığıyla şehirlerde savaşacak yeni gençleri bünyesine katmasına neden olabilir. Örneklem grubu belirlenirken siyasal dağılımlara dikkat edildiği için, örgütün yaptığı son hendek hamlesiyle sempatizan ve seçmen tabanında rahatsızlık oluşturduğu bu araştırmadan yola çıkarak söylenebilir. Buna karşın görüşmeciler, örgütün, Kürt sorununun çözümünü savaşta gören radikal kitlesini artırma ihtimaline dikkat çekmiştir. Bölgede radikalleşmenin önlenmesi için Türk kamuoyuna, bölgede bazı ilçelerde yaşanan durumun bir nevi "afet" olduğu anlatılmalıdır. STK'lar, Türk-Kürt kardeşliğinin zedelenmemesi için evlerini terk eden aileler adına yardım kampanyaları düzenlemelidir.

Radikalleşme konusunda en büyük kaygı çalışmanın son safhasında ortaya çıkan, HDP eş başkanları ve bazı milletvekillerinin yargılanma süreci, DBP'li belediyelere kayyım atanması, PKK'ye yakın memurların meslekten atılması, Kürtçe yayın yapan birçok TV kanalı, gazete ve derginin kapatılması, siyasi tutuklamalar ve devletin en üst mercilerinin yeni bir barış-çözüm sürecinin olmayacağını ısrarla vurgulaması radikalleşmeyi tetikleyebilir. Bölgede kitlesel eylemelerin olmaması veya Kürt ulusalcılara yönelik yoğun eleştirilere bakarak, atılan bu adımların uzun vadede devlete desteği artıracağını beklemek gerçekçi görülmüyor. 90 sürecindeki tecrübe bunu açıkça ortaya koyuyor. Devletin nokta tespitlerle, bizzat failleri cezalandırmak veya önleyici tedbirler almak yerine kitlesel cezalandırma yapması her seferinde Kürt toplumunda yeni bir mağdur grubu yaratıyor. Siyasi, kültürel kanalların kapatılması silahlı çözüm öneren PKK'nin şahin kanadının işini kolaylaştırır.

Üzerinde durulması gereken son bir nokta, görüşmecilerin önemli bir kısmının barış sürecinin bitmesi ve yaşanan çatışmaları siyasi çıkarlar çerçevesinde yorumlamasıdır. Hükümet daha güçlü şekilde eleştirilmekle beraber Kürt siyasal hareketin temsilcileri de bu eleştirilerin hedefi olmuştur. Bu durumda, sokağa çıkma yasaklarının ve operasyonların uzaması bölge halkının siyaset yoluyla gelebilecek olan barışa güvenini azaltabilir. Görüşme metinlerinden yola çıkarak, sadece siyasetçilerin güdümünde yürüyecek bir barış sürecinin halka güven vermeyeceği söylenebilir. Katılımcıların, "barışın başarılamaması" konusundaki düşüncelerinden hareketle ülkede barış araştırmalarına önem verilmesi gerektiği açıkça görülmektedir. İrlandalı bir barış uzmanının, araştırmanın yürütüsücüne söylediği, "bu kadar sosyal sorunu olan bir ülkede üniversitelerde neden bir barış bölümünün olmadığını merak ediyorum" cümlesi konunun önemini göstermesi açısından dikkat çekicidir. Bu bağlamda önerilerimiz, barış için çatışmaların bitmesi beklenmemelidir. Çatışmaların uzun sürme ihtimaline karşın taraflar görüşmelere bir an önce başlamalıdır. Toplumsal çatışmaların azaltılması için üniversitelerde "barış" araştırma merkezleri ve bilim dalları kurulmalıdır.

Yaklaşık yüzyıldır devam Türkiye'nin Kürt sorunu zaman zaman çatışma düzeyine çıkmaktadır. Haziran 2015 sonrası süreçte 3 yıldır devam eden barış görüşmelerini askıya alacak gelişmeler yaşanması üzerine çatışmalar yeniden başlamıştır. Suriye'nin kuzeyinde PKK'nin güdümündeki PYD'nin elde ettiği kazanımlar ve Kuzey Irak'ta Bölgesel Kürt Yönetimi'nin bağımsızlık uğraşısı ülkedeki Kürt nüfusun devletten beklentilerini artırmaktadır. Irak ve Suriye'de IŞİD karşısında verdikleri mücadele sebebiyle ABD, AB ve Ruslarca muhatap kabul edilen Kürtlerin bundan hareketle Türkiye'den, iki yıl önceki barış görüşmelerinden daha çok hak talep edeceği düşünülebilir. Buna karşın 14 yıldır iktidarda olan ve siyasi yorgunluk belirtileri gösteren AK Parti'nin Kürt sorununu çözmek için gerekli etno-politik adımları atma konusunda cesur davranıp davranamayacağı merak konusudur. Özellikle, ülkede en önemli gündem maddelerinden biri Erdoğan'ın başkanlık isteğiyken Türk milliyetçilerini kızdıracak bir hamlenin atılması olası görülmemektedir. Türkiye'nin bu denklemde elini güçlendiren gelişme ise, Suriye'nin Kuzey koridorunda Kürtlerin kurmayı arzu ettiği özerk bölgeye İran, Irak ve Suriye'nin karşı çıkmasıdır. ABD'denin de çekimser açıklamalarda bulunması Kürtlerde endişeye neden olmaktadır.

Özetle, Arap baharının evrilerek Kürt baharına dönüşmeye başladığı Ortadoğu'da Türkiye'nin çatışmaları şiddetle bastırmaya çalışması uzun vadede hatalı kabul edilebilir. Bir taraftan devletin kurucu ulus-devlet felsefesi bir taraftan AK Parti'nin reformcu gücünü kaybetmesi bir taraftan da Erdoğan'ın başkanlık için Türk milliyetçi oylara ihtiyaç duyması kısa vadede Türkiye'de kalıcı barış konusunda umutları azaltmaktadır. Çatışma sürecinin uzaması ise bölgede Kürt gençlerin radikalleşmesine ve gelecekte sağlıklı çözümler üretilmesinin önünün kesilmesine neden olabilir.

EK: TÜRKİYE'NİN KÜRT MESELESİ

NEREYE GİDİYOR?[21]

Ortadoğu'da, Arap Baharıyla başlayan yeni şiddet sarmalı etkisini kaybetse de yer yer devam ediyor. Suriye ve Irak şiddetin en yaygın ve yoğun şekilde yaşanmaya devam ettiği yerler. Etnik, dini ve mezhepsel motivasyonların önemli etken olduğu çatışmaların Türkiye ayağında etno-politik bir sorun olan Kürt meselesi Haziran 2015'ten beri devletin başını ağrıtıyor.

Türkiye, Arap Baharıyla yayılmaya başlayan protesto eylemlerinin neler yapabileceğini fark ettiğinde kendi yumuşak karnı olan Kürt sorununun çözümü için yeni bir barış süreci başlattı. 2012-2015 yılları arasında devlet/AK Parti ile PKK arasında devam eden barış görüşmeleri 2015'in başlarında sekteye uğradı. Çoğu zaman olduğu gibi siyasal iktidar, bu yüzyıllık sorunun çözümü için atılması gereken adımların devletin kurucu felsefesinde değişiklik yapmak gerektiği gerçeğiyle karşılaştı. Oysa Erdoğan'ın Gülen hareketiyle arası açıldıktan sonra yeni müttefikinin ulus-devletçiliği en güçlü şekilde savunan ulusalcıların olduğu kulaktan kulağa yayılmaya başlamıştı bile. Dolayısıyla ulusalcı, Kemalist askerlerin ağırlıklı olduğu yeni müttefik, Kürtlerin en çok önemsedikleri ve bazıları süreci bitiren Dolmabahçe Mutabakatı'nın da maddeleri arasında yer alan taleplerini onaylamaya istekli değildiler. Kürtlerin yoğun yaşadıkları yerlerde yarı özerklik benzeri yasal düzenlemeler, Kürtçenin okullarda öğretilmesi ve belediyelerde yasal olarak kullanılmasının önündeki engellerin kaldırılması, anayasada "Türklük" vurgusunun kaldırılması veya ülkedeki bütün etnik grupların Türklerle beraber zikredilmesi bunların bazılarıydı.

Diğer taraftan Kürt ulusalcılar 1970'li yıllardan beri sorunun çözümünü silahlı mücadelede gördü. Barış görüşmelerinin yapıldığı

---

[21] Bu yazı Ekim 2016 tarihinde İngiltere merkezli bir araştırma merkezi için kaleme alınmıştır. Bu sürenin tamamında bölgede çalışmalarına devam eden araştırmacılar için ilk araştırmaların bazı bulgularını değerlendirme fırsatı sunmaktadır.

dönemlerde bile örgüt, silahlı gücünü dağıtmayı barış sonrasına bırakmayı önerdi. PKK devlete güvenmemekte ve silahı barış için bir koz olarak kullanmaktadır. Bu sebeple örgüt, önce Kürtlerin taleplerinin karşılanmasını sonra silahlı unsurların dağıtılmasını talep ediyor. Elbette PKK içerisindeki farklı grupların ve kuşakların farklı beklentilerinin olması da çözümü zorlaştıran ayrı bir faktör.

Tarafların burada kısaca özetlenen anlayış ve tavırları sebebiyle Türkiye'de Kürt sorunu, kısa süreli çözüm arayışları ve akabinde gelen çatışma süreçleriyle çözümsüzlüğünü devam ettirmektedir. Barış masasına giden yolda hangi fedakârlıkların yapılıp yapılamayacağı, olası yol kazaları ve bunun siyasi maliyetinin hesap edilmediği ortadadır. Sadece iyi niyetle ve siyasi amaçlarla atılan adımların ise büyük hayal kırıklıklarına neden olduğu dahası çözüme dair inancı zayıflattığı görülüyor. Tarafların gerekli zihinsel devrimi gerçekleştirmeden başlattıkları 2012 barış sürecinin de Haziran 2015 sonrasında çatışmaya dönüşmesi konunun uzmanlarınca şaşırtıcı görülmemiştir. Ancak Kürt/Türk halkları çokça cana ve ağır ekonomik yıkımlara mal olan bu sorunun bitişini şiddetle arzulamaktadır.

2015 Kasım-Aralık aylarında PKK hendeklerinin ve askeri operasyonların en yoğun olduğu altı ilde yaptığım ve Washington merkezli bir enstitü tarafından Şubat ayında yayınlanan, "Resurgence of Kurdish Conflict in Turkey" adlı raporumda Kürt halkının endişe ve beklentilerini tespit etmeye çalışmıştım. Tarafların halkın mağduriyetini göz ardı ettiği eleştirisi ve şiddetin devam edeceği endişesi en belirgin noktalardı. Görüşmecilerin %88,2'si, PKK ve devletin söylem ve uygulamalarının masum halka zarar verdiğini ifade etmişti. Çatışmaların devam etmesi halinde ise bölgenin 1990'larda olduğu gibi yoğun bir şiddet batağına dönüşeceği endişesi oldukça yüksekti. "Bu süreci yaşamaya başladık" veya "süreç devam ederse 90'lardaki gibi olur" diyenler de %76,4 olarak bulunmuştu.

2016'nın sonlarına gelindiğinde araştırmacı için yeni bir durum değerlendirmesi yapma gereği ortaya çıktı. Bölgede ekonomik çöküş halkın birinci gündemini oluşturuyor. Diğer taraftan hendek-operasyon sürecinde ağır hasar gören Şırnak, Sur, Cizre, Nusaybin, İdil, Yüksekova gibi il ve ilçelerdeki evleri yıkılan halk sorunlarının çözülmesini bekliyor. Yine ülke içerisinde ordu ile PKK arasında zaman zaman şiddetlenen çatışmalar ve PKK'nin ağır bombalı saldırıları halkın korku ve endişelerini artırmaktadır. TSK'nın Suriye'de Kürt YPG güçleriyle verdiği taktik savaşı da ayrı bir gerilim alanı olarak karşımızda durmaktadır.

Kürtlerin en büyük endişelerinden biri iç politik arenada yaşanan gelişmeler. AK Parti'nin hızla Türk-ulusalcı çizgiye kayması, HDP'nin eş başkanları ve bazı milletvekillerinin dokunulmazlıklarının kaldırılıp "zorla" mahkemeye getirilmek istenmesi, PKK'yi destekledikleri gerekçesiyle bazı memurların meslekten atılmak istenmesi, bazı DBP'li belediye başkanlarının PKK'yi destekledikleri ileri sürülerek görevden alınması ve yerlerine kayyım atanması gerilimi iyice tırmandırıyor. Bütün bunlar PKK ve HDP'nin geçen bir yılda izledikleri yanlış politikalar sebebiyle kaybetmeye başladıkları toplumsal desteği "mağdur" sıfatıyla yeniden kazanmalarına fırsat veriyor. Ayrıca, son bir yılda yaşananlar sebebiyle radikalleşen ve örgüte katılan Kürt gençlerin sayısının arttığı da unutulmamalıdır.

Yaşanan bu gelişmeler Kürt ulusalcı çevrelerde ve halkta olduğu gibi AK Parti destekçisi sağduyulu kimseler arasında da endişeye neden oluyor. Onlar da partilerinin 2015 öncesi Kürt dostu politikalarına geri dönmesini arzu etmektedir. Bu olmadığı takdirde bölgede gerilimin tırmanması ve olası yoğun çatışma sürecinin çok kanlı olabileceği kanısı yaygın. Bakan Soylu'nun neye mal olursa olsun DBP'li belediyelerin "Kandil'den alınıp milletin iradesine" verileceği ifadesine karşılık PKK'li Karayılan belediyelere atanacak yöneticileri hedef alacaklarını ilan etti. Bu, ölümle tehdit olarak algılanmaktadır. Toplumun sağduyulu kesimleri suça bulaştığı iddia edilen belediyelerdeki yöneticilerin mahkeme kararıyla görevden alınabileceği kanaatindedir. Yeni başkanların da usule uygun olarak belediye meclislerince yeniden seçilmesi gerektiği düşünülüyor. Aynı şekilde hangi yöntemle PKK'li oldukları tespit edildiği belirtilmeyen memurların hangi yasal dayanakla görevden uzaklaştırıldığı da halk için muamma!

Bölgede devlet ile PKK arasında artan gerilimin ileriki aşamalarda sivil alana kayması kuvvetle muhtemeldir. Örneğin belediyelerde görevlendirilecek yöneticisinden işçisine hiç kimsenin can güvenliğini devlet garanti edemez. Görevden alınan memurların tepkileri büyüyebilir. Haklarında mahkemeye zorla getirme kararı verilen HDP'lilerin de bu karara uymayacaklarını ilan etmesi gerilimin sivil alana doğru kayma eğiliminde olduğunu gösteriyor.

Kürt ulusalcıların sosyal mobilizasyon gücünü kaybetmeleri kitlesel şiddet eylemleri düzenleme olasılıklarını azaltıyor. Ancak iktidar bu güce ulaşmaları için gerekli katkıyı altın tepsi içerisinde sunmaya hevesli görülüyor! Çatışmanın sivil alana kayması bölgede AK Partililere yönelik saldırı ihtimalini güçlendirir. Aynı şekilde yakın dönemde sıkı bir AK Parti yanlısı tavır sergileyen PKK'nin "kan davalısı" Hizbullah'ın da çatışmaya bulaştırılma ihtimali bir başka endişe sebebi. Bölgede bazı eski güçlü aileler ve korucu başları belediyelere kendilerinin yönetici atanmasını istemektedir. Deneyimimize göre bu kimseler resmi olarak yönetici atanmasa da de-facto şekilde kontrolü ellerinde tutacaklardır. Bu da açıkça PKK ile çatışmayı kabullenmek anlamına geliyor. Sonuç olarak tarihlerinde onlarca kez tecrübe ettikleri, "Kürdün Kürde kırdırılması" strateji sağduyulu Kürtleri bir kez daha korkutmaktadır.

Kürtler Türkiye'de kontrolün hızla ulusalcı anlayışa kaymasından endişe duyuyor. Bu anlayışın devletin "ötekileri" için daha fazla kan ve gözyaşı demek olduğunu bilen Kürt aklı endişeli. Yaklaşık 1 yıl önce yaptığımız araştırmadaki korku ve endişelerin yersiz olmadığı ve daha da arttığı görülmektedir. Bölgedeki gerilimi artıracak 4-5 konunun birden hükümetin önüne gelmesi de manidar bir olay!

KAYNAKÇA

(tarih yok).

Akyürek, S., Yılmaz, A. M., Atalay, E., & Koydemir, F. S. (2013). *Çözüm Sürecine Toplumsal Bakış.* Ank: BİLGESAM.

aljazeera.com.tr. (2014). *http://www.aljazeera.com.tr/haber/suriyeli-kurtler-ozerklik-ilan-etti.* 3 30, 2016 tarihinde alındı

Althusser, L. (2010). *İdeoloji ve Devletin İdeolojik Aygıtları.* (A. Tümertekin, Çev.) İst: İthaki.

AÖSBA, A. Ö. (2014). *Komün ve Meclisler.* İst: Aram.

Aras, B., Aydın, E., Bölme, S. M., Dağı, İ., Dalmış, İ., Ensaroğlu, Y., . . . Yayman, H. (2009). *Türkiye'nin Kürt Sorunu Algısı.* Ank: SETA.

Arkadaş, A. (2012). *Kıra Dayalı Şehir Gerillacılı.* ROJ Matbaası (Anonim).

Attar, A. R. (2008). *Kürtler: Bölgesel ve Bölge Dışı Güçler.* (A. Dursunoğlu, Çev.) İst: Anka.

Avcı, İ. (2016, 6 16). Güneydoğu'da Huzur Gitti Turist Bitti. *Yarına Bakış,* s. 6.

Balta, E., Yüksel, M., & Acar, Y. (2015). *Geçici Köy Koruculuğu Sistemi ve "Çözüm Süreci".* İst: SÜREÇ Araştırma Merkezi.

Baysal, E. (2016, 2 5). *http://www.memurlar.net/haber/563251/.* 4 24, 2016 tarihinde alındı

BBCNEWS. (2015, 6 22). *http://www.bbc.com/news/world-europe-33619043.*

Bensahel, N. (2006). A Coalition of Coalitions: International Cooperation Against Terrorism. *Studies in Conflict and Terrorism, 29*(1), 35-49.

Bozarslan, H. (2015). *Ortadoğu: Bir Şiddet Tarihi-Osmanlı İmparatorluğu'nun Sonundan El Kaide'ye.* (A. Berktay, Çev.) İst: İletişim.

Bozaslan, M. (2016, 2 29). *http://www.al-monitor.com/pulse/tr/contents/articles/originals/2016/02/turkey-outlawed-tak-will-not-deviate-line-of-ocalan.html.* 4 2, 2016 tarihinde alındı

BP. (2015). *2015 Dünya Enerji İstatistik Görünümü Raporu.* bp.

Bruinessen, M. v. (1989). The Ethnic Identy of The Kurds. P. A. Andrews içinde, *The Ethnic Groups of Turkey* (s. 613-621). Wiesbaden: Riechert.

Bruinessen, M. v. (2013a). *Ağa, Şeyh, Devlet.* (B. Yalkut, Çev.) İst: İletişim.

Brzezinski, Z. (1997). *The Grand Chesboard: American Primacy and Its Geostrategic Imperatives.* New York: Basic Books.

Çağlayan, E. (2014). *Cumhuriyet'in Diyarbakır'da Kimlik İnşası (1923-1950).* İst: İletişim.

Çiçek, C. (2015). *Ulus, Din, Sınıf: Türkiye'de Kürt Mutabakatının İnşası.* İst: İletişim.

Çiçek, C., & Coşkun, V. (2016). *Dolmabahçe'den Günümüze Çözüm Süreci: Başarısızlığı Anlamak ve Yeni Bir Yol Bulmak.* İst: Barış Vakfı Yayınları.

cnnturk.com. (2016, 3 17). *http://www.cnnturk.com/dunya/barzaniden-rojava-aciklamasi.* 3 30, 2016 tarihinde alındı

Cragin, K., & Gerwehr, S. (2005). *Dissuading Terror; Strategic Influence and the Struggle Against Terrorism.* Santa Monica: RAND Coorperation.

Demirtaş, S. (2015, 2 28). *http://www.ntv.com.tr/turkiye/selahattin-demirtas-bu-hukumeti-kurtarma-operasyonu-degil,zPuwb_4aDEaLZbtgWBSoxw?_ref=infinite.* 4 1, 2016 tarihinde alındı

DTSO. (2016). *Sokağa Çıkma Yasakları ve Güvenlik Sorunlarının İlimiz Ekonomisine Etkileri.* Diyarbakır.

Ekinci, T. Z. (2010). *Lice'den Paris'e Anılarım.* İst: İletişim.

Ensaroğlu, Y., & Kurban, D. (2011). *Kürtler Ne Kadar Haklı? Türkiye'nin Batısı Kürt Sorunu'na Bakıyor.* İst: TESEV.

Erder, S. (2007). İstemedikleri Halde Sürülenler- Zorunlu Göç ve Sonrası . *İstanbul*(61).

Erkan, R., & Bağlı, M. (2005). Göç ve Yoksulluk Alanlarında Kentle Bütünleşme Eğilimi: Diyarbakır Örneği. *Hacettepe Üniversitesi Edebiyat Fakültesi Dergisi, 22*(1), 105-124.

Fuller, G. E. (2010). *A World Without Islam.* New York-London: Little, Brown and Company.

Fuller, G. E., & Barkey, H. J. (1998). Turkish Government Policies in the Southeast. B. J. Henri, & G. E. Fuller içinde, *Turkey's Kürdish Question* (s. 133-155). Oxford: Rowman & Littlefield.

GABB, G. A. (2016). *Cizre, İdil ve Silopi Hasar Tespit Çalışmaları.* GABB.

Göç-Der. (2001). *Göç Edenlerin Sosyo-Ekonomik, Sosyo-Kültürel Durumları, Göçün Ortaya Çıkardığı Sorunlar; Askeri Çatışma ve Gerginlik Politikaları Sonucu Yaşam Alanlarını Terk Eden Göç Mağdurlarının Geri Dönüş Eğilimleri.* İst.

Gözaydın, İ. (2009). *Diyanet-Türkiye Cumhuriyeti'nde Dinin Tanzimi.* İst: İletişim.

Gunter, M. (2007). The Modern Origins of Kurdish Nationalism. M. Gunter, & M. Ahmed içinde, *The Evolution of Kurdish Nationalism* (s. 2-17). Costa Mesa: Mazda Publishers.

Gürcan, M. (2015, 12 23). *Çatışmanın Boğduğu Şehirler: Silopi ve Şırnak.* http://t24.com.tr/yazarlar/metin-gurcan. adresinden alınmıştır

Gürcan, M. (2015, 09 02). *PKK'nın 'Z nesli' ve Füzyon Radikalleşmesi.* radikal.com.tr. adresinden alınmıştır

http://www.usakgundem.com/yazar/763/kuzey-irlandadan-alinacak-dersler.html . (2013, 4 10). Laçiner, Sedat, Kuzey İrlanda''dan Alınacak Dersler, erişim tarihi: 10.04.2013. adresinden alınmıştır

HÜNEE. (2006). *Türkiye Göç ve Yerinden Olmuş Nüfus Hareketleri.* Ank: HÜNEE.

imctv.com.tr. (2015, 12 27). /dtk-kongresinin-sonuc-bildirgesi-aciklandi-tam-metni/: http://www adresinden alınmıştır

IRC. (2015). *Failing Syria: Assessing The Impact Of Un Security Council Resolutions in Protecting and Assisting Civilians in Syria.* IRC.

Izady, M. R. (1992). *The Kurds: A Concise Handbook.* Taylor & Francis.

Jenkins, B. M. (2009, 12 30). 12 29, 2015 tarihinde http://www.rand.org/blog/2009/12/how-a-decade-of-terror-changed-america.html. adresinden alındı

Jones , S. G., & Libicki, M. C. (2008). *How Terrorist Groups End: Lessons for Countering al Qa'ida.* Santa Monica: RAND.

Kalkınma Merkezi. (2010). *Zorunlu Göç ve Diyarbakır.* Diyarbakır: Kalkınma Merkezi.

Kaplan, İ. (2009). *Türkiye'de Milli Eğitim İdeolojisi.* İst: İletişim.

Karpat, K. H. (2004). *Studies on Turkish Politics and Society : Selected Articles and Essays.* (R. Schulze, Dü.) Leiden: Brill.

Kaya, A. (Dü.). (2009). *Türkiye'de İç Göçler – Bütünleşme mi? Geri Dönüş mü? İstanbul, Diyarbakır, Mersin.* İst: İBÜ.

Kaya, İ., Aydın, H., & Gültekin, M. (2013). *Kürt Sorunu ve Çözüm Süreci Algı Araştırması*. İst: UKAM. http://www.ukam.org/pdf/UKAM-Rapor3-TR.pdf adresinden alınmıştır

Keser, İ. (2011/a). *Göç ve Zor*. Ank: Ütopya.

Laçiner, S. (2013, 4 10). *http://www.usakgundem.com/yazar/763/kuzey-irlandadan-alinacak-dersler.html*. (USAK) 4 2, 2016 tarihinde alındı

Lewis, O. (1961). *The Children of Shanches*. New York: Random House.

MacDonald, C. G., & O'Leary, C. A. (Dü). (2007). *Kurdish Identity : Human Rights and Political Status*. Gainesville: University Press of Florida.

Marcus, A. (2007). *Blood and Belief: The PKK and the Kurdish Fight for Independence*. New York and London: New York University Press.

Mardin, Ş. (2007). *Türk Modernleşmesi*. İst: İletişim.

MAZLUMDER. (2004). *Doğu ve Güneydoğu Anadolu'da boşaltılan yerleşim birimleri nedeniyle göç eden yurttaşlarımızın sorunları ve alınması gereken tedbirler*. Erişim: 22.10.2012,.

McDowall, D. (2005). *A Modern History Of The Kurds*. New York: I.B.Tauris & Co Ltd.

Meiselas, S. (2008). *Kurdistan: In the Shadow of History*. Chicago: University Of Chicago Press.

mondragon-corporation.com/eng/. (2016, 6 9). *http://www.mondragon-corporation.com/eng/*.

ntv.com.tr. (2016, 3 4). *http://www.ntv.com.tr/dunya/john-kirby-kurtler-icin-ozerk-bir-bolge,g9TASY6PrkmWIXcj10z5_g?_ref=infinite*. 3 30, 2016 tarihinde alındı

Öcalan, A. (1982). *Kürdistan'da Zorun Rolü*. Köln: Weşanên Serxwebûn-8.

Oran, U. (2015, 9 13). *http://www.cumhuriyet.com.tr/haber/ekonomi/367941/Barisa_degil_savasa_dev_butce_ayrildi.html*. 4 24, 2016 tarihinde alındı

Örnek, Ü. (2013, 9 2). *http://www.ozyalvac.com/haber/2405-yerel-kalkinmada-mondragon-isci-kooperatifleri*.

ozgur-gundem.com. (2014). *www.ozgur-gundem.com/.../bask-modeli-kooperatifcilik-mondragon- kooperatif-hareketi*. 6 9, 2016 tarihinde alındı

ROJBAS. (2012, 1 29). *https://rojbas1.wordpress.com/.../dorduncu-stratejik-mucadele-donemi-4/*. 4 6, 2016 tarihinde alındı

ROJBAS. (2012, 1 29). *https://rojbas1.wordpress.com/2012/01/29/dorduncu-stratejik-mucadele-donemi-3/*. 4 6, 2016 tarihinde alındı

rojbas3.wordpress.com/kck-sozlesmesi/. (2015, 12 28). https:// adresinden alınmıştır

rudaw.net. (2016, 3 17). *http://rudaw.net/turkish/middleeast/syria/170320161*. 3 30, 2016 tarihinde alındı

sabah.com.tr. (2015, 12 21). *MGK'dan Hendek Raporu*. 4 23, 2016 tarihinde http://www.sabah.com.tr/ekonomi/2015/12/21/mgkdan-hendek-raporu#. adresinden alındı

Saraçoğlu, C. (2011). *Şehir, Orta Sınıf ve Kürtler*. İst: İletişim.

Sarı, F. G. (2016, 2 5). *http://www.milliyet.com.tr/bakan-sari-sur-un-icinde-toplu-konutun-ankara-yerelhaber-1197789/*. 4 24, 2016 tarihinde alındı

Sönmez, M. (2013, 2 2). *http://www.emo.org.tr/genel/bizden_detay.php?kod=96304&tipi=2&sube=6#.VvuMFdJ95dg*. 3 30, 2016 tarihinde alındı

sputniknews.com. (2016, 3 16). *http://tr.sputniknews.com/ortadogu/20160318/1021571758/suriye-turkiye-rojava-kuzey-suriye-federasyon.html*. 3 30, 2016 tarihinde alındı

Stephenson, C. (2016, 1 4). *http://t24.com.tr/yazarlar/chris-stephenson/hendekler-ozerk-bolgeler-ve-baris--irlandanin-gercek-dersleri,13594*. 4 2, 2016 tarihinde alındı

SÜREÇANALİZ. (2013-2014). *Kürt Alevileri Ve "Çözüm Süreci"*. İst: SÜREÇ Araştırma Merkezi.

t24.com.tr. (2015, 12 27). *http://t24.com.tr/haber/cemil-bayik-silahli-mucadeleye-son-vermek-icin-hicbir-neden-yok-turkiyedeki-ic-savas-agirlasacak,322005*. 4 23, 2016 tarihinde alındı

Tan, A. (2010). *Kürt Sorunu*. İst: Timaş.

Tan, A. (2011). *Değişen Ortadoğu'da Kürtler*. İst: Çıra.

TBMM. (1997). *Boşaltılan Yerleşim Yerleri ve Göç Eden Vatandaşların Sorunları*. Ank: TBMM.

TESEV. (2006). *"Zorunlu Göç" ile Yüzleşmek: Türkiye'de Yerinden Edilme Sonrası Vatandaşlığın İnşası*. İst: TESEV.

Tezcür, G. M. (2009). Kurdish Nationalism and Identity in Turkey: A Conceptual Reinterpretation. *European Journal of Turkish Studies, 10*, 1-17.

TİHV. (2016, 4 23). *16 Ağustos 2015 – 20 Nisan 2016 Tarihleri Arasında Sokağa Çıkma Yasakları ve Yaşamını Yitiren Siviller.* http://tihv.org.tr/. adresinden alınmıştır

TÜİK. (2015, 12 28). *tuik.gov.tr/UstMenu.do?metod=temelist.* http://www. adresinden alınmıştır

TÜRSAB. (2015). *ÇÖZÜM SÜRECİ VE BÖLGESEL TURİZM.*

Vali, A. (2014, 10 15). İran'ın Yok Dediği Kürt Sorunu. (O. Erdoğan, Röportajı Yapan) Aljazeera Türk.

wikipedia.org. (2016, 4 2). *https://tr.wikipedia.org/wiki/K%C3%BCrdistan_%C3%96zg%C3% BCrl%C3%BCk_%C5%9Eahinleri.*

Yanmış, M. (2015). Diyarbakır Halkının Geleneksel ve Dini Değerlerdeki Değişime Yaklaşımı Üzerine Sosyolojik Bir İnceleme (1990-2013). Bursa: Uludağ Ünv. SBE. Yayınlanmamış Doktora Tezi.

Yeğen, M. (2003). *Devlet Söyleminde Kürt Sorunu.* İst: İletişim.

Yıldız, O. (2016, 2 20). *m.nerinaazad.com/colmnists.* 4 2, 2016 tarihinde alındı

Yükseker, D. (2008/a). Diyarbakır'da Yerinden Edilme Sorunu: Geri Dönüş, Kentsel Sorunlar ve Tazminat Yasası'nın Uygulamaları. D. K. Ark. içinde, *"Zorunlu Göç" ile Yüzleşmek: Türkiye'de Yerinden Edilme Sonrası Vatandaşlığın İnşası* (s. 148-176). ist: TESEV.

Yükseker, D. (2008/b). Yerinden Edilme ve Sosyal Dışlanma: İstanbul ve Diyarbakır'da Zorunlu Göç Mağdurlarının Yaşadıkları Sorunlar. D. K. Ark. içinde, *Yükseker, D. (). . D. Kurban & D"Zorunlu göç" ile Yüzleşmek: Türkiye'de Yerinden Edilme Sonrası Vatandaşlığın İnşası* (s. 220-236). İst: TESEV.